DU MÊME AUTEUR

EN PRÉPARATION :

L'ARDENNE A L'ÉPOQUE DE LA CONQUÊTE ROMAINE

Un volume in-8° avec Cartes et Gravures.

PACHE, Ministre de la Guerre

JEMMAPPES

La Réorganisation des Armées et la Diplomatie en 1792.

Un volume in-8°.

PACHE, Maire de Paris

Histoire de la Commune de 93.

Un volume in-8°.

LOUIS PIERQUIN

Mémoires sur Pache

Ministre de la Guerre en 1792

et Maire de Paris sous la Terreur

SA RETRAITE A THIN-LE-MOUTIER

OUVRAGE

Orné de quatre Planches hors texte en phototypie

ET SUIVI D'UNE

ÉTUDE SUR L'INTRODUCTION A LA PHILOSOPHIE DE PACHE

PAR J. LEBLOND

Professeur agrégé au Lycée de Charleville

CHARLEVILLE

ÉDOUARD JOLLY (A. J.), LIBRAIRE-ÉDITEUR

PLACE DUCALE ET RUE DU MOULIN

1900

A MON BEAU-FRÈRE & AMI

Charles MENNESSON

En souvenir des soirées de Vorges

et de nos causeries sur la Révolution.

L. P.

C'est un devoir pour moi de remercier les personnes qui m'ont aidé dans mes recherches ou dont le concours a pu m'être utile :

M. Jean Bourguignon, étudiant en histoire à l'Université de Paris, qui sera mon collaborateur effectif dans les travaux ultérieurs qui seront publiés sur Pache. Je lui dois une mention particulière pour son dévouement à toute épreuve ;

Mme Veuve Cuif-Chardon, de Monclin, qui a si gracieusement mis à ma disposition les documents qu'elle possède ;

MM. E. Delahaye, Rédacteur au Ministère de l'Instruction publique :

P. Laurent, Archiviste du département des Ardennes :

Croison, Instituteur à Thin-le-Moutier :

Decq, Maire à Thin-le-Moutier ;

Duval, Notaire à Thin-le-Moutier ;

L'Abbé Satabin, Curé à Thin-le-Moutier ;

Dumay, Notaire à Launois ;

Bourdeau, Notaire à Signy-l'Abbaye ;

Nizet, Maire à Neuvizy ;

Gennesseaux-Chardron, Propriétaire à Thin-le-Moutier ;

J.-B. Brincourt, Bibliophile à Sedan ;

Sturel, Greffier en chef du Tribunal civil de Charleville ;

Jadart, Bibliothécaire de la ville de Reims.

Monsieur Gabriel ECHAUPRE

Permettez-moi de rappeler ici le sonnet de notre ami
commun Verlaine, qui vous est dédié ; c'est la plus belle
apologie de votre illustre aïeul :

Votre grand-père des temps chauds, l'honnête Pache,
Fut un républicain sérieux, simple et franc.
Il méprisa l'argent, abomina le sang
Et mourut vénéré, pur de la moindre tache.

Nous sommes en des jours autres où l'on s'attache
Au positif ainsi qu'un abcès sur un flanc,
Où le bleu comme le rouge et comme le blanc,
Tous tirent tes pis, notre France, bonne vache !

Hélas ! France, Patrie, ô vivre et voir cela !
Mais votre cœur loyal bientôt se rebella
Contre la manigance actuelle, un mystère

De sottise méchante, et, fier, se donna tout
Aux Lettres, comprimant son civique dégoût ;
Et vous mourrez très bien, comme votre grand-père.

———

Ce livre est le premier d'une série que je publierai sur quelques personnages de la Révolution à mesure que les hasards de l'existence me mettront en situation de pouvoir en rassembler les matériaux.

L'histoire de la grande époque n'est pas faite, et elle est à rectifier sur bien des points. Il s'est, en effet, formé une manière officielle et quasi orthodoxe d'en parler. Quatre façons de romans, qui sont dans toutes les mains, en constituent les évangiles. On considère comme secondaire, ou plutôt néfaste, le rôle aussi audacieux qu'humanitaire de la Commune de 93; enfin, pour tous, Carnot est le sauveur, et quelques autres avec lui sont les grands hommes.

Un descendant de Pache entretenait un jour de ces choses le docteur P..., professeur d'anatomie au Muséum, et il lui faisait part de diverses particularités concernant son aïeul de nature à modifier certaines appréciations reçues et qu'il se proposait de divulguer. Vous avez, lui dit le docteur, quelques vérités dans la main. Rien n'est plus grave. Quand vous ouvrirez cette main, les vérités iront se heurter à des « dogmes, » et elles seront mises en déroute. Cela arrive dans toutes les branches des connaissances humaines.

Michelet s'est pourtant aperçu qu'à côté de ces dogmes il y avait des faits; il a su discerner l'âme généreuse de Paris dans les événements terribles de la tourmente, et dans son XIX⁰ Siècle *il en esquisse l'apothéose.* La Commune de 93, il la dénomme « le profond centre du « monde. » — « Aucune administration, ajoute-t-il, ne fut « plus inquiète du bien du peuple, et, du plus haut au « plus bas, à ce point sentit, prévit tout. » *Un voyant,* Anacharsis Clootz, *que, naturellement, on traite de fou,* y avait reconnu le « précurseur du genre humain. »

Certes, pendant un an, elle fut « la plus féconde « intensité de la Révolution; » par son indomptable énergie, elle a sauvé la France de l'invasion étrangère et des complots de l'intérieur, et si la Convention a rayonné sur les nations, c'est à son initiative qu'elle le doit. — Et qui représentait la municipalité à la tête de cette Commune? Le maire, Pache, et le procureur, Chaumette !

On a organisé autour d'eux, surtout autour du premier, la conspiration du silence, quand ce n'est pas celle de la calomnie. Quelques mots malveillants, placés aux bons endroits dans des récits fantaisistes, constituent un résumé suffisant et une appréciation impartiale de ses actes. On ne s'étend guère volontiers que sur sa participation à la *mascarade de la Raison, participation toute forcée, du reste, mais habilement menée, et que personne n'a comprise.*

Quant au ministre des temps glorieux de 92, qui a démasqué Dumouriez et qui a préparé le lit dans lequel Carnot s'est couché assez petit pour se réveiller tout d'un coup « organisateur de la victoire, » on se borne, pour juger son œuvre, à rééditer les récriminations de ceux dont il a déjoué les plans.

Il semble même qu'une fatalité s'attache aux écrivains assez téméraires pour oser tenter la réhabilitation de ce fier méconnu : tous ceux qui ont touché à cet autre manteau de Tanit en sont morts; leurs ouvrages n'ont pas vu le jour. Et, du reste, si Pache revenait parmi nous, peut-être serait-il le premier à renier son défenseur, lui, le modeste entre les modestes. Après thermidor, pendant son emprisonnement, et durant sa retraite à Thin-le-Moutier, chargé d'iniquités et de tous les forfaits par la coterie girondine, les tripoteurs, les royalistes plus ou moins masqués, les transfuges du parti montagnard apprivoisés dans le boudoir de la catin Cabarrus, il ne daigna répondre aux aboiements de la meute déchaînée contre lui.

Les circonstances seules l'obligèrent à sortir de son mutisme; c'est quand il vit des démocrates, comme lui, sans tache, être accusés juridiquement sous prétexte de conjuration et que lui-même se vit iniquement cité devant des tribunaux : alors le lion blessé fit un bond. Dans les trois brochures qu'il publia à cette occasion, ce n'est que contraint, pour ainsi dire, qu'il touche incidemment quelques mots de son passage aux affaires, et ce n'est pas pour se hisser sur un piédestal ou se faire un titre personnel à la reconnaissance publique « Si la victoire a « plané sur les armées françaises durant tout mon minis- « *tère, dit-il, et l'esprit démocratique sur la grande* « *Commune, et, par influence, sur la France entière,* « *durant toute ma mairie, ce n'est point l'effet d'aucun* « *don, d'aucun moyen extraordinaire, c'est uniquement* « *par celui de mes attributions politiques, d'une détermi-* « *nation ferme de remplir, dans toute leur étendue, les* « *devoirs qu'elles m'imposaient, et le secours ou de mes* « *collègues ou des citoyens que j'avais engagés à se réunir* « *autour de moi et qui ont bien voulu me seconder dans* « *mes pénibles fonctions.*

« *Dès que je ne suis plus fonctionnaire, réduit à mon* « *individu, je ris de ma nullité comme de celle de tant* « *d'autres* (1). »

Du reste, une fois l'orage passé, le philosophe s'en tint là et ne donna plus signe de vie.

Je me suis toujours senti attiré vers cette austère figure, vers ce fils de concierge, sans fortune, mais puissamment doué sous le rapport de l'intelligence, qui, jeune encore, devient Secrétaire général du ministère de la marine sous la monarchie, et se démet de son emploi, autant dégoûté

---

(1) *Sur une affaire pendante à la troisième section du tribunal civil de la Seine. — Deuxième mémoire.*

*du régime qu'il sert, qu'épuisé par un labeur assidu de
quatre ans; qui, sous la République, est porté au ministère
de la guerre; ensuite, acclamé premier magistrat de la
capitale du monde à l'époque la plus prodigieuse de son
histoire; qui, travailleur acharné, et pur de toute compro-
mission, après avoir rempli sa tâche avec l'abnégation la
plus profonde et le patriotisme le plus ardent, échappé
comme par miracle à l'échafaud, et objet de persécutions
insensées, secoue la poussière de ses souliers, et, pris de
nausées, se retire au fond d'un village, où pendant vingt-
sept ans, il vit en dehors du monde, refusant honneurs et
emplois, et, pauvre, finit ses jours dans l'isolement, mais
inébranlable dans ses principes!*

*Ils sont rares, ces caractères dont la sérénité ne se
dément jamais malgré les injustices, et qui savent rester
grands après la chute. Aussi l'histoire des dernières
années de Pache n'est-elle pas la page la moins émouvante
de sa longue carrière.*

I

Arrivée de Pache à Thin-le-Moutier.
Procès politiques.

Traduit devant le tribunal criminel d'Eure-et-Loir, Pache était en prison à Chartres quand il bénéficia des dispositions de la loi d'amnistie du 4 brumaire an IV (26 octobre 1795). « Les juges se refusant d'être l'ins- « trument des royalistes furieux qui assaillaient à son « occasion la tribune de la Convention » (1) signèrent sa mise en liberté après une détention de dix-huit mois. Il regagna aussitôt Paris où était sa famille.

La Révolution, a dit Joseph de Maistre, mène les hommes, plus que les hommes ne la mènent. « Poussée « mystérieuse des masses, ajoute un écrivain plus « moderne (2), flux et reflux de la marée humaine, la « Révolution, docile à des lois que nous ignorons encore, « apporte les hommes et les emporte, les soulève et les « engloutit, les enlace dans les tourbillons de ses tem-

---

(1) PACHE. — *Sur une affaire pendante à la troisième section du tribunal civil de la Seine. — Premier Mémoire.*

(2) Journal la *Libre Parole* du 11 octobre 1898.

« pètes, et puis les abandonne nus et sanglants parmi
« les algues de la plage. » C'est ainsi que le même flot
qui, à l'aube de 92, avait entraîné Pache vers d'éclatants
triomphes, chassé par un courant contraire, le rejetait
quelques années après, meurtri, vaincu, sur le pavé de
la capitale comme une épave sur le sable.

Il passa seulement huit jours à Paris.

Quelques amis peu clairvoyants lui conseillaient de
reprendre la lutte ; avec le calme immuable (1) dont il ne
se départissait jamais, il repoussa tous leurs avis. Il se
sentait fini ; brisé par les souffrances physiques et
morales, il n'aspirait plus qu'au repos. Ses ressources,
en outre, s'épuisaient, et le soin de ses propres affaires
le réclamait.

Il était loin, du reste, d'être en sûreté à Paris. Tous
ses ennemis, tous ceux qu'il avait jadis combattus à
outrance, avaient repris faveur ou détenaient le pouvoir :
ils ne cherchaient qu'à se venger. Enfin, comme sa
présence ne pouvait qu' « exciter l'irritation de certains
« partis, et qu'au moment où l'on mettait une Constitu-
« tion à exécution, il fallait pour laisser le gouvernement
« constitutionnel s'établir, éviter qu'on ne prononçât un
« nom auquel étaient attachées des idées révolution-
« naires, » (2) il prit la résolution, d'accord avec ses
proches, « de se retirer de la Société, de s'éteindre lui-
« même » (3) et d'abandonner toutes relations politiques
en allant se fixer à Thin-le-Moutier, le seul endroit où il

(1) GARAT. — *Mémoires.*
(2-3) PACHE. — *Deuxième Mémoire.*

possédait un toit et quelques terres, et où un asile lui était assuré.

Pour dépister les mouchards, il sortit de Paris caché dans une voiture de paille ; puis, afin d'échapper en chemin à toute reconnaissance qui aurait pu lui être fatale, il prit le costume du paysan, la blouse du maquignon, et c'est sous ce déguisement, qu'un soir de novembre 1795, il vint heurter à la porte de son fermier Villière.

Son arrivée ne fit pas sensation dans ce village perdu des Ardennes, relativement demeuré calme au milieu des convulsions révolutionnaires. Si on ignorait en partie le passé public de celui qui venait s'y ensevelir, il était connu à d'autres titres, car depuis quatre ans qu'il possédait sa ferme, le souci de ses intérêts l'avait plusieurs fois appelé à Thin, surtout au début de son acquisition.

Il passa l'hiver de 1795-96 à peu près sans sortir. Ce n'est qu'au printemps, au réveil de la nature, qu'il se sentit renaître ; alors, il prit la clé des champs, heureux de vivre au grand soleil ! Souvent, dans ses promenades, « il s'asseyait au pied d'un arbre, au bord d'une fontaine « ou d'un ruisseau, et, regardant couler l'eau, il repassait « dans sa tête les bourdes avec lesquelles les gouvernants « amusaient le public à son sujet et les contes que l'on « faisait sur la Révolution — et il souriait (1). » — « Mais « soudain, pensant avec émotion à cette bonne grand'ville « qu'il avait administrée sans être orateur, ni écri-

(1) G. AVENEL. — *Anacharsis Clootz,* — et PACHE. — *Deuxième Mémoire.*

« vain, ni riche, ni intrigant, il la glorifiait dans son
« cœur (1). »

Cette abdication, ce renoncement à sa propre personne ne suffirent pas pour désarmer les colères. Pache
vivait encore et c'était trop, car il pouvait parler. C'est
ce que craignaient ses adversaires, ainsi que lui-même
l'a expliqué : « Parmi les puissants du jour, il en est que
« mon existence fatigue parce que ma position au centre
« des affaires m'a procuré sur leur conduite une connais-
« sance précise qu'ils regardent comme dangereuse pour
« eux (2). »

Carnot, principalement, redoutait les révélations, et il
connaissait bien les sentiments de l'ancien maire de
Paris à son égard (3), aussi comme membre du Directoire,
se montra-t-il des plus acharnés; c'est lui qui, avec La
Reveillère-Lepeaux (4), dirigea l'attaque; tous deux
avaient pour aide, dans leurs infernales machinations,
Merlin de Douai (5), tantôt ministre de la justice, tantôt
ministre de la police.

On essaya d'atteindre Pache par tous les moyens dans

(1) G. AVENEL. — *Anacharsis Clootz*, — et PACHE. — *Deuxième Mémoire*.

(2) PACHE. — *Premier Mémoire*.

(3) L'antagonisme entre Pache et Carnot datait de l'installation du premier
au ministère de la guerre. Dans le volume que je prépare sur cette période
de la vie de Pache, je m'étends assez longuement sur cette question.

(4) La Reveillère-Lepeaux appartenait au parti Girondin. Mis hors la loi, il
était rentré à la Convention après thermidor. C'était un républicain probe,
mais naïf. Ses moments d'égarement sont, toutefois, excusables. Il est mort
pauvre, fidèle à ses principes antimonarchiques, refusa de prêter serment à
l'empire et n'accepta pas une pension qui lui était offerte.

(5) Terroriste repenti, Merlin de Douai, toujours tourné vers le soleil levant,
s'évertuait alors, sous l'appellation de Merlin-Satan, à persécuter les monta-

ses biens et dans sa personne. On lança contre lui un agitateur à gages du nom de Touchet, qui se disait batelier de la Loire. Ce Touchet avait déjà débuté auprès du Tribunal d'Eure-et-Loir, où sa conduite avait été appréciée comme elle le méritait. Brûlé de ce côté, il était revenu à Paris pour y reprendre le cours de ses exploits. A peine sut-il que Pache avait quitté la capitale et s'était retiré à Thin, qu'il le fit citer devant le juge de paix de la section du Luxembourg pour lui réclamer des dommages et intérêts « en raison de l'acte arbitraire qu'étant « maire il avait exercé contre lui en le faisant empri- « sonner. »

Pache n'ayant pu comparaître, fut condamné à l'amende et renvoyé devant le tribunal civil de la Seine, 13e section.

C'était vers l'époque de l'arrestation des conjurés babouvistes, arrestation qui servit de prétexte à la loi du 21 floréal an IV (10 mai 1796.) D'après les articles I et III de cette loi, tout citoyen qui, mis en état d'accusation, n'avait recouvré sa liberté que par l'effet de la loi d'amnistie du 4 brumaire, était tenu de sortir du département de la Seine dans les trois fois 24 heures et de se

gnards dont il ne partageait plus les théories. Après le coup d'Etat de fructidor, il fit une pirouette et revint à ses premières amours ; en qualité de membre du Directoire, il jura fidélité à la Constitution en ces termes grotesques : « Ce serment n'est rien pour le scélérat, mais devient une religion pour l'honnête homme. » Quelques années après il fut encore une fois frappé d'amnésie. Le Consulat et l'Empire n'eurent pas de plus chaud partisan, et il fut, du reste, dignement récompensé de ce loyalisme par la place de Procureur général à la Cour de cassation, le titre de Comte et la décoration de grand Officier de la Légion d'honneur. Sous la Restauration on repoussa ses offres de services ; en qualité de régicide, il fut même forcé de s'exiler. Il ne revint en France qu'après 1830.

tenir à dix lieues au moins de la commune de Paris. Pache tombait sous l'application de ces dispositions; il ne pouvait ainsi venir plaider sa cause que muni d'une autorisation spéciale, laquelle lui eût été sans doute refusée s'il l'avait sollicitée (1).

Malgré cette situation défavorable et la pression gouvernementale exercée en faveur de Touchet, Pache sortit indemne de l'épreuve. Les juges de la 13e section ne se laissèrent pas ébranler, et dans sa séance du 7 fructidor an IV (24 août 1796), le tribunal rendit un jugement d'incompétence, déclara la demande de Touchet non recevable et la procédure nulle, et le condamna aux dépens en le renvoyant à se pourvoir devant qui il appartiendrait.

Absolument désappointés, Touchet et ses bailleurs de fonds n'abandonnèrent pourtant pas la partie; mais au lieu de s'attarder à interjeter appel de cette sentence ou d'en provoquer la cassation sans certitude de réussir, ils s'adressèrent directement au ministère de la Justice, qui fit rendre immédiatement par le Directoire un arrêté daté du 28 fructidor an IV (14 septembre 1796) absolument inconstitutionnel et arbitraire, autorisant Touchet à poursuivre « à nouveau par juges civils, en dommages

(1) Vers cette époque, Pache fit à son insu une rentrée en scène. Le numéro 317 du *Moniteur* du Directoire, du 17 thermidor an IV (4 août 1796) mentionne la « nomination des citoyens Prieur (de la Marne), Marquet, Cellier, Maignan et Pache comme commissaires aux hospices civils de Paris. » Cette nomination, due sans doute à une influence qu'on pourrait expliquer de diverses façons, n'eut pas d'effet et fut annulée quelques jours après. Le numéro 324 du *Moniteur*, en date du 24 thermidor (11 août 1796) porte que « Pache et Cellier sont exclus de l'administration des hospices. »

« et intérêts, le citoyen Pache, ex-maire de Paris, devant
« les tribunaux compétents, fins de non recevoir et
« défense réservées à ce contraire. »

L'affaire fut reprise aussitôt. Pache, assigné encore une fois devant le juge de paix de la section du Luxembourg, se fit représenter par un mandataire muni d'une procuration.

Il croyait en avoir fini avec toutes ces tracasseries quand, le 13 germinal an V (2 avril 1797), lui fut notifié un jugement de la troisième section du tribunal civil de la Seine qui avait été chargée de connaître de la nouvelle action aux lieu et place de la treizième, reconnue inaccessible aux influences.

La mesure était comble.

Mis en demeure par ce jugement de fournir, dans l'espace d'un mois, des preuves contraires aux faits articulés par Touchet, Pache, pressé par la brièveté du délai à lui imparti, rédigea hâtivement pour sa défense un premier *Mémoire* daté du 18 germinal (7 avril 1797), qui fut présenté à l'audience du 25 du même mois. Quelques jours après, le 13 floréal (2 mai 1797), il complétait ce *Mémoire* par un second écrit beaucoup plus développé.

Il les fit ensuite imprimer tous deux.

Je les reproduis textuellement ci-après en les accompagnant de quelques notes.

Cet odieux et ridicule procès cessa enfin, heureusement pour Pache ; le coup d'État du 18 fructidor (4 septembre 1797) fit perdre à Touchet ses meilleurs protecteurs ; réduit à ses seuls moyens, il se tint coi.

J.-N. PACHE

SUR UNE AFFAIRE PENDANTE A LA TROISIÈME SECTION

DU TRIBUNAL CIVIL DE LA SEINE

PREMIER MÉMOIRE

DE L'IMPRIMERIE DE R. VATAR

PARIS, RUE DE L'UNIVERSITÉ, N° 139 OU 926.

J.-N. PACHE

SUR UNE AFFAIRE PENDANTE A LA TROISIÈME SECTION

DU TRIBUNAL CIVIL DE LA SEINE

PREMIER MÉMOIRE

A Thim-le-Moustier, le 18 germinal,
an V de la République.

Durant l'été de l'an second, le citoyen P. Touchet, batelier sur la Loire, m'a présenté un mémoire et m'a demandé de lui procurer une commission qui l'eût rendu approvisionneur privilégié de Paris; il m'a dit, pour appuyer sa demande, que connaissant par son état les communes riveraines de la Loire les mieux pourvues, il s'y rendrait avec la commission de la municipalité de Paris, en intimiderait les maires et habitants, et rassemblerait ainsi pour nous et à bas prix, les œufs, beurre, légumes, etc. J'ai répondu au citoyen Touchet qu'une telle commission était contraire aux principes reçus, serait très nuisible dans les circonstances, et je l'ai refusée.

Ces prétendues commissions de la municipalité de Paris, qui n'existaient pas et dont on parlait beaucoup, à l'occasion desquelles les ennemis de la République représentaient Paris comme affectant un régime particulier, privilégié, et voulant usurper la souveraineté nationale, étaient un sujet d'animadversion des départements contre cette commune. Je venais d'engager un administrateur de Seine-et-Marne et le procureur syndic de Seine-et-Oise à ne point réclamer contre elles à la barre de la Convention, en leur montrant qu'il n'en existait pas, et en leur promettant d'annihiler tout ce qui pouvait y ressembler.

L'opinion répandue que de telles commissions existaient, servait en même temps, dans les départements plus éloignés que les deux que j'ai cités, à alimenter l'armée catholico-royale de la Vendée. Le ministre de l'intérieur m'avait prévenu qu'il y avait plus de douze hommes se disant porteurs de commissions de la commune de Paris, parcourant un de ces départements voisins de la Loire et en enlevant les approvisionnements, qui ne venaient certainement pas à Paris.

P. Touchet m'a rejoint quinze jours ou trois semaines après cette première conversation, et deux ou trois autres fois encore, en me faisant, sinon la même demande, du moins quelques propositions analogues. Je lui supposai seulement du zèle, un peu d'avidité, des vues au-dessus de sa partie, de l'entêtement et de la ténacité, comme il arrive toujours dans de telles combinaisons. Lors même que j'eusse cru de telles commissions utiles, je ne crois pas que je lui en eusse données. Il ne me paraissait point doué des qualités personnelles convenables. Je le refusai encore par les mêmes raisons que la première fois, ou par des raisons analogues. Et je lui conseillai de suivre tout uniment sa profession de batelier, ou d'aller dans les communes productives, puisqu'il s'y disait bien connu, et d'y faire, en son propre et privé nom, le rassemblement d'approvisionnements dont il parlait, de nous les amener sur son bateau, et que nous lui en aurions de grandes obligations. Je ne fus pas même alors frappé de cette idée, qu'il était étrange de voir un homme domicilié à Nantes, où l'on mourait de faim, consommer autant de temps que je lui en voyais perdre dans nos antichambres, pour nous faire adopter des moyens immanquables d'approvisionner Paris.

P. Touchet ne pouvant me déterminer à lui donner de commission, s'est retourné alors vers l'administration municipale des subsistances, qui ne lui a pas non plus accordé ses demandes.

Enfin il paraît qu'il s'est adressé à la Commission générale des approvisionnements de la République, dont il a essuyé de semblables refus.

A mesure que l'espoir de faire une fortune rapide, dont il s'était bercé, dont il avait peut-être bercé quelques autres, en obtenant une commission, s'est évanoui, il en a conçu de l'aigreur; de mécontent, il est devenu agitateur de plus en plus véhément. Il n'a bientôt plus cessé de déclamer sur les ports et sur les quais de Paris, dans les carrefours et dans les rues, que la Commission des approvisionnements, l'administration des subsistances et le maire, en refusant les moyens qu'il proposait, établissaient la famine dans Paris.

Ces déclamations ne produisaient point d'effet relativement aux administrations ou aux personnes; mais répétées dans les groupes, elles maintenaient l'inquiétude sur la chose, excitaient les citoyens aux provisions exagérées, occasionnaient du trouble dans les distributions, trouble qui intimidait ceux qui apportaient, diminuait d'autant les arrivages et nuisait ainsi beaucoup à la chose publique.

C'était un des moyens avec lesquels on préparait déjà, pour le 6 octobre 1793, l'anniversaire du 6 octobre 1789, et ce mouvement qui, basé aussi sur la disette, mais dirigé dans le sens contraire, devait venger à jamais Louis XVI et ses suppôts du premier 6 octobre. Heureusement, au second, la chance tourna, sur le soir, contre les royalistes qui l'avaient provoqué. Je dois à Touchet la justice que je ne l'ai point vu dans la colonne du rassemblement que je contins à la Commune depuis midi jusqu'à onze heures du soir.

Il a continué ses déclamations à différentes époques de l'hiver de l'an III, sans doute dans l'intervalle de ses voyages sur la Loire, et il les a répétées en pluviôse ou en ventôse, à l'assemblée générale de la section des Arcis. Elle a nommé quatre commissaires qui se rendirent le lendemain matin à la mairie; ils me dirent qu'ils venaient vérifier des faits sur les subsistances, qui avaient été dénoncés par un citoyen.

J'ai cru, au récit, reconnaître le batelier de la Loire, et je l'ai signalé aux commissaires comme un agitateur : j'ai ensuite cherché à fixer leur attention sur les inconvénients et même sur les dangers de ces déclamations journalières, ainsi que je le représentais aux citoyens dans toutes les occasions, et je les ai engagés à calmer, soit leur section, soit les individus, toutes les fois que de semblables gens augmenteraient encore le mal réel par le mal d'opinion. J'ai fait entrer alors ce batelier, je l'ai réprimandé sévèrement sur sa conduite agitatrice; je lui ait dit que s'il avait des plaintes à porter ou des projets à présenter, il devait s'adresser aux autorités supérieures, au département, au ministre, à la Convention. Ces deux objets de mon devoir étant remplis, je n'ai point traité le fond. En me conformant à cet égard aux usages établis dans la mairie et au code municipal particulier de Paris, j'ai renvoyé les quatre commissaires et Touchet par devant les administrations municipales compétentes, savoir : l'administration des subsistances, section des approvisionnements, et l'administration de police, même section.

La première a donné, en présence de Touchet, et contradictoirement avec lui, les explications qui ont satisfait les commissaires. La seconde a trouvé étonnant qu'un batelier de la Loire passât son temps, dans les rues de Paris, à déclamer sur la disette. Elle l'a retenu pour lui faire subir un interrogatoire et statuer, d'après cet interrogatoire, ce qui appartiendrait. J'ai appris ces deux résultats des commissaires qui repassèrent par mon cabinet. Je leur ai dit que je voyais avec plaisir que l'administration des subsistances les avait satisfaits, et que je les invitais à en rendre compte à leur section; que l'administration de police faisait son devoir en recherchant ce qu'était un agitateur, et que sûrement l'assemblée générale de la section ne la désapprouverait pas.

L'administration de police n'ayant point trouvé dans l'ensemble des premières réponses de Touchet et de toutes ses circonstances de quoi être parfaitement tranquille, l'a mis en arrestation pour avoir le temps de prendre des renseignements subséquents. Elle y a employé une dizaine de jours. Les rapports survenus ne lui étant point défavorables, elle l'a remis aussitôt en liberté, en prenant la précaution, pour le contenir, de le faire cautionner par deux citoyens; c'était un mode adopté alors par la police pour rendre plus facilement à la liberté les détenus de sa compétence.

Après avoir éprouvé les persécutions des différentes factions qui se sont succédé, j'ai été enfin transféré du château de Ham dans la ville de Chartres pour y être jugé. On m'a annoncé, dans ma prison, qu'un homme venait d'arriver, disant hautement aux curieux qu'il était envoyé par l'un des Comités de gouvernement, qu'il avait de grands moyens pour me faire guillotiner, qu'il s'agissait de *subsistances*.

C'était vers ce temps où quelques royalistes commençaient à exciter à Chartres, en l'an IV, ces agitations sur la disette, qui ont ensuite porté une partie égarée du peuple à ce rassemblement malheureux, et aux scènes scandaleuses après lesquelles le député Le Tellier, désespéré de cet horrible événement, s'est brûlé la cervelle d'un coup de pistolet. L'agitation n'était encore que sourde, mais on sent combien les déclamations de Touchet à mon sujet, en y mêlant toujours son mot de *subsistances*, devaient produire de fâcheux effets.

Un des jours suivants on me le dépeignit; on me dit que c'était un batelier de la Loire : il m'est alors revenu que j'avais autrefois refusé une commission à ce batelier, je n'en ai cependant point eu de regret. Je n'ai point pensé à son arrestation dont je ne croyais pas qu'on pût faire un grief.

Il paraît que le tribunal criminel d'Eure-et-Loir a apprécié l'homme et ses dénonciations. On peut le conclure de la lettre de l'accusateur public à la Convention nationale, et de celle du président du tribunal à l'un des Comités de gouvernement.

Lorsque les juges d'Eure-et-Loir, qui ont honoré l'ordre judiciaire par leur constance à se refuser d'être les instruments des passions de ces royalistes furieux qui assaillaient à mon occasion la tribune de la Convention (1), ont eu signé ma libération, après

---

(1) Clauzel. — *Séance du 30 frimaire an III (20 décembre 1794).* — Avant de donner dans la réaction, Clauzel avait été ardent révolutionnaire. Il se rallia à l'Empire.

Prémartin et Bourdon de l'Oise. — *Séance du 9 ventôse an III (27 février 1795).*

Bourdon de l'Oise. — *Séance du 5 prairial an III (24 mai 1795).*

Boissy d'Anglas. — *Séances des 6 et 8 thermidor an III (24 et 26 juillet 1795), et celle du 2e jour complémentaire an III (18 septembre 1795).*

André Dumont. — *Séance du 3 vendémiaire an IV (25 septembre 1795).*

En 93-94, Dumont était un montagnard quelque peu frénétique. A la lecture de certains de ses écrits, on aurait même pu craindre pour sa raison. Le dan-

dix-huit mois d'emprisonnement et d'inquisition, je suis revenu de Chartres à Paris où j'ai passé huit jours. On m'y a parlé avec indignation de la conduite de P. Touchet. On ne m'a point laissé ignorer ceux des gens avec qui il était en relation habituelle, dont il était mécontent parce qu'ils l'abandonnaient, ni ceux qui l'encourageaient encore, et on m'a conseillé de le poursuivre. J'avais tout pardonné.

Je suis parti pour la campagne que j'habite, et bientôt Touchet, assuré que j'étais sorti de Paris, m'a cité devant le juge de paix de la section du Luxembourg, *pour me demander des dommages et intérêts, pour raison, dit-il, de l'*ACTE ARBITRAIRE *que j'ai exercé contre lui*, en le FAISANT EMPRISONNER *pendant onze mois*. Je n'ai pu comparaître, j'ai été condamné à l'amende.

Touchet m'a cité alors au tribunal civil de la Seine, 13ᵉ section, pour répondre à ce que *lui, Touchet, venant à Paris pour l'approvisionnement de cette commune, il avait été, par un* ACTE LE PLUS ARBITRAIRE, INCARCÉRÉ, DE L'ORDRE DE PACHE, ALORS MAIRE; *qu'il a gémi dans les fers, et qu'attendu l'injuste et longue détention qu'il a éprouvée pendant plus de deux ans, tant dans les prisons que dans la commune de Paris qu'il a eue pour prison, sous cautionnement, n'ayant pu retourner à Nantes, sa demeure ordinaire, ni reprendre son commerce jusqu'au jour de la promulgation qui a fait cesser de droit l'effet des actes arbitraires, Pache fut condamné à dommages et intérêts, et à des affiches pour réparation de sa réputation et de son crédit.*

Je fus frappé de son impudence à avancer dans sa première assignation qu'il avait été emprisonné pendant onze mois, tandis que je me ressouvenais, et qu'il devait être facile d'établir par

ger passé, après thermidor, il s'acharna contre les terroristes avec autant de conviction qu'il en avait mis jadis à les louanger. Sous-préfet d'Abbeville sous l'Empire, puis exilé comme régicide sous la Restauration.

BOURDON DE L'OISE et LA REVEILLÈRE-LEPEAUX. — *Séance du 5 brumaire an IV (25 octobre 1795).*

Le 6ᵉ jour complémentaire de l'an III *(22 septembre 1795)*, une députation de la section Lepelletier était également venue dénoncer et réclamer à la Convention le jugement de Pache, Bouchotte, etc. *(Moniteur).*

des preuves irrécusables, qu'il n'avait été détenu qu'une dizaine de jours.

Je fus frappé de son impudence à transmuer, dans la seconde assignation, ces dix jours ou onze mois, en deux années, en donnant comme prison la commune de Paris, sous prétexte de son cautionnement qui n'avait cessé, disait-il, qu'à la promulgation de la Constitution, après laquelle seulement il avait pu se rendre à Nantes, tandis que ces sortes de cautionnement avaient pu et dû être sans valeur dès le 10 thermidor, tandis que ses relations avec le Comité de sûreté générale sont manifestes.

Ce cautionnement, au reste, quelle qu'ait été sa durée, n'eût point gêné Touchet pour ses voyages, s'il eût eu le désir d'en faire au moment même de sa libération. En supposant que la formule générale de cautionnement adoptée pour les habitants de Paris lui laissât quelque doute à ce sujet, il pouvait les lever à la police et à la mairie, où il avait si souvent passé beaucoup de temps. Sa ténacité à suivre la demande d'une commission près de moi, près de l'administration municipale des subsistances, près de la commission des approvisionnements ; celle à poursuivre sa vengeance auprès des Comités de gouvernement, auprès des tribunaux, lui eussent procuré de la police l'interprétation de la formule. A l'époque où il a été mis en liberté, l'administration de police l'eût assurément mieux aimé sur la Loire, nous amenant des approvisionnements, que courant les rues de Paris pour y déclamer sur une disette qui l'embarrassait et l'inquiétait infiniment ; mais il paraît qu'il regardait alors le séjour de Paris comme plus lucratif pour lui.

Je reconnus, à ces assignations, qu'il était abandonné de ses meilleurs conseillers. En effet, un homme d'une stature colossale, d'une voix stentorique, dans un costume de marinier, accompagnant son débit de larges déploiements de bras, peut crier dans des groupes : *Pache a voulu établir la famine à Paris ; Pache m'a fait arbitrairement emprisonner pendant onze mois ou deux ans ; Pache a causé la perte de ma fortune.* Il peut même appuyer sa déclamation d'un : *N'est-ce pas, citoyen ?* en fixant un homme qui ne lui répond pas d'étonnement. Il n'y a ni examinateurs, ni contradicteurs, et ces scènes produisent quelquefois de l'effet. Elles pouvaient avoir aussi du succès devant un comité de gouvernants, la plupart enflammés et désirant que je fusse enfin coupable de quelque chose ; elles en eussent encore eu devant un tribunal qu'on avait organisé selon le mode révolutionnaire, si on eût pu le monter sur ce ton. Son choix fait même honneur au tact de ses amis. Mais sous le régime constitutionnel, dans le calme moins improbable des passions, devant les tribunaux opérant conformément au code des lois ordinaires, il en est, il doit en être tout autrement.

J'ai jeté la vue sur les questions qui devraient y être traitées méthodiquement et sur leur ordre respectif. Je les ai trouvées ainsi rangées :

1° Pache, maire de Paris, a-t-il fait emprisonner Touchet ?

2° En la supposant décidée affirmativement, a-t-il usé arbitrairement de son autorité ?

3° En la supposant *idem*, a-t-il ainsi abusé de son autorité par erreur ou par méchanceté ?

4° En la supposant décidée défavorablement pour moi, la détention de Touchet est-elle d'une dizaine de jours, de onze mois ou de deux ans ?

5° Le cautionnement eût-il empêché de fait Touchet de vaquer à ses affaires, s'il en eût eu la volonté ?

6° Quel était, à l'époque de son arrestation, l'état de ses affaires ?

7° Quelles sont les pertes probables ?

8° Un batelier de la Loire perd-il sa réputation pour avoir été mis dix jours en arrestation, à une époque quelconque de la Révolution ?

Etc., etc., etc.

Comme cette série de questions ne peut être traitée juridiquement qu'autant que la première serait décidée affirmativement, savoir : que *j'ai fait emprisonner P. Touchet*, je me suis restreint à ce qui pouvait la concerner.

J'ai remarqué d'abord que ces mots : *il a fait emprisonner*, employés par Touchet dans sa première assignation, ont différente valeur, selon l'état politique du sujet de la phrase, selon que c'est un particulier ou un fonctionnaire public.

Si on dit : *Paul a fait emprisonner Pierre*, et que Paul soit un particulier, cela veut dire que Paul a, non pas donné l'ordre d'emprisonner Pierre, mais que, par des conseils ou des dénonciations, il a mis un fonctionnaire public dans le cas de donner l'ordre d'emprisonner Pierre.

Si Paul est fonctionnaire public, les mots : *Paul a fait emprisonner Pierre* signifient que Paul a donné l'ordre d'emprisonner Pierre.

Lorsqu'il s'agit d'un fonctionnaire public, les deux phrases : *il a fait emprisonner* et *il a donné l'ordre d'emprisonner*, sont synonymes, et Touchet lui-même l'a senti, puisque dans la seconde assignation, il emploie littéralement l'expression : *Pache a donné l'ordre d'emprisonner*, ce qu'il répète dans toutes les pièces subséquemment produites.

Ainsi, c'est d'avoir donné comme fonctionnaire public l'ordre de l'emprisonner, que Touchet m'accuse.

J'ai remarqué ensuite qu'en général, un *ordre* peut être *verbal* ou par *écrit* ; mais que, relativement au fait d'emprisonnement, l'ordre devait toujours être par écrit. La loi l'exige, la délicatesse le commande, et l'intérêt le plus puissant dans les subordonnés maintient l'exécution de la loi, et y rappelle celui que ses passions en écarteraient. Le concierge exige toujours l'ordre par écrit ; et de la certitude que la demande remonterait d'échelon en échelon à celui qui ordonne, quel qu'il soit, il résulte qu'on ne se le fait jamais demander. C'est peut-être, de tous les codes divers, la loi la moins enfreinte. Pour nous rapprocher par un exemple du cas que nous traitons, il n'est aucun administrateur de police qui ne dise au maire : *Signez cette pièce*, si celui-ci lui disait : *Faites emprisonner ce citoyen* ; et si le maire hésitait de signer, il appellerait certainement un refus. Ce n'est pas un point sur lequel on agisse de confiance : on n'admet pas même les remises d'un jour à l'autre.

Si j'ai donné l'ordre d'incarcérer Touchet, je n'ai donc pu être admis à le donner verbalement. Et selon la loi, et selon l'usage, j'ai donné ou signé une pièce quelconque à ce sujet, un ordre par écrit que Touchet doit représenter.

J'observai alors à mon défenseur officieux qu'aucun tribunal n'allouerait des dommages et intérêts et affiches en réparation, qu'antérieurement à tout prononcé, le fait et l'auteur du fait ne fussent légalement constatés, puis légalement jugés ; qu'en qualité de maire de Paris, président de l'administration de police, et par conséquent investi des attributions d'officier de police, j'aurais pu, sans compromettre ma responsabilité, mettre en arrestation Touchet, ou concourir à le mettre en arrestation si, d'après les circonstances de l'homme et d'après l'état du moment, dont j'étais juge, j'eusse estimé nécessaire de prendre cette mesure ; que si j'avais estimé devoir m'occuper de cette arrestation, il aurait fallu que je signe soit une réquisition, soit une délibération, soit une ordonnance, soit un mandat. Et je l'invitai à sommer Touchet de fournir cette pièce écrite quelle qu'elle soit, preuve nécessaire, seule admissible, de l'acte qu'il m'imputait.

Il paraît que la demande a embarrassé Touchet, et qu'il n'a pu fournir la preuve, mais que, pour y suppléer, il a beaucoup divagué. Ces divagations ont révélé un fait étonnant. Son défenseur officieux a dit, à la séance du 22 prairial, que le Comité de sûreté générale avait donné, des fonds de la République, à ce batelier déposant contre moi, au tribunal criminel d'Eure-et-Loir, et arrivant à cet effet à Chartres avec grand fracas, une somme de dix mille livres par forme d'avance, sur les dommages et intérêts qu'il obtiendrait pour son incarcération qui doit avoir été de dix jours. Il a même ajouté que ces messieurs étaient prodigieusement en colère contre le maire Pache, lorsqu'ils ont fait cette générosité. On voit comment ils me poursuivaient. C'est avec mon bien qu'on donnait des encouragements aux déposants contre moi. Je ne répète cette atrocité que parce qu'il faut enfin commencer à jeter quelque jour sur les causes, la marche, l'aliment de cette ridicule et monstrueuse affaire, pour empêcher que des hommes d'ailleurs honnêtes, ne se rendent les instruments des plus criminelles passions.

Le pitoyable argument auquel ce fait servait de base, y concordait parfaitement par son absurdité. Les cœurs purs, les esprits éclairés en furent également révoltés. Enfin la treizième section, instruite par ces divagations de la nature de l'affaire, a déclaré, le 7 fructidor, toute la procédure nulle, condamné Touchet aux frais, s'est déclarée elle même incompétente et a renvoyé Touchet à se pourvoir devant qui il appartiendrait.

Il a trouvé le moyen de reporter l'affaire devant les tribunaux.

Il m'a fait assigner de nouveau devant le juge de paix de la section du Luxembourg. Sur l'avis que j'en ai reçu, j'ai envoyé une procuration annonçant que j'étais toujours dans les mêmes dispositions que lors de mon passage de Chartres à Paris, et que bien volontiers je ne poursuivrais point Touchet. Je continuais de sacrifier à la concorde.

Quoique je sache très bien que les dix-huit mois d'emprisonnement, de vexations comitielles et de diffamations tribunitiales, ne suffisent point à la vengeance de la faction royaliste qui ne me pardonnera jamais ni mes opinions au conseil exécutif, ni mes actes au ministère de la guerre, ni mes opinions et mes actes à la mairie, et dans l'une et l'autre de mes fonctions, le renversement des projets des transfuges du parti populaire, au moment où le résultat de leur accommodement avec la Cour assurait le rétablissement du trône; quoique je sache encore qu'une faction sourde et formée depuis, qui tend à tourner imperceptiblement l'État vers l'aristocratie, voit en moi un importun surveillant; enfin que parmi les puissants, il en est que mon existence fatigue, parce que ma position au centre des affaires m'a procuré de leur conduite une connaissance précise qu'ils regardent comme dangereuse pour eux, je ne pensais pas que ces insensés pussent rattacher sérieusement à cette feuille pourrie le frêle tissu des fils dans lesquels ils veulent m'envelopper.

Je regardais la reprise de cette affaire comme une de ces espiégleries par lesquelles tantôt le royalisme effronté me fait incarcérer au Temple, ou émigrer à Londres, tantôt l'hypocrite aristocratie me fait parcourir les rues de Paris au bruit de ses imaginaires cors de chasse. Mais il paraît que mes ennemis ont cheminé. J'ai reçu, le 13 de ce mois, un jugement de la troisième section du tribunal civil de la Seine, qui m'impose l'obligation de m'en occuper, par le respect que j'ai toujours eu pour les lois et leurs organes juridiques.

Je lis dans son préambule LA REQUÊTE DE TOUCHET : *Attendu,* dit-il, *que son incarcération et son état de détention de l'ordre de Pache, maire de Paris, pendant trois ans, lui a fait perdre six bateaux marchands au port d'Orléans, il réclame des dommages et intérêts.* Je lis dans l'article POINT DE DROIT : qu'il

en réclame de plus pour les bénéfices qu'il estimait faire pen-
dant la circulation libre des assignats et des mandats, et tou-
jours les chères affiches au nombre de deux mille exemplaires.

Ce n'est plus dix jours, onze mois, ni deux ans d'incarcération,
c'est trois ans !

Passe pour les bateaux, mais l'agiotage sur les asssignats et
les mandats ! Vos amis sont si bons républicains, ils en font si
lestement le serment dans toutes les occasions, et vous eussiez
avili par l'agiotage la monnaie républicaine ! Mais vous avez pu
agioter avec les dix mille livres : le moment était encore bon. Si
vous étiez sous les liens du cautionnement, ces liens n'empê-
chaient point d'agioter. Si vous étiez retenu par ce cautionnement, c'était dans Paris, dont vous parcouriez les ports et les
carrefours tous les jours et où l'on agiotait aussi bien qu'à
Nantes ; et puis vos amis du comité qui levaient le cautionnement pour vous envoyer à Chartres, ne le levaient pas pour aller
au-delà ? Non, vous n'avez pas été au-delà, pas même à Orléans.
Mais dans le temps où vous étiez ainsi dans les liens du cautionnement, il n'y avait pas de mandats. Ils n'ont été créés, et décriés
bien entendu, que quatre mois après la promulgation de la loi, qui,
dites-vous dans votre première assignation, vous a rendu la liberté.
Vous demandez donc des dommages et intérêts pour le bénéfice que
vous auriez fait en agiotant avec les mandats qui n'existaient
pas encore. Peut-être, au reste, dans les productions prochaines,
l'incarcération, de l'ordre du maire Pache, aura-t-elle été de
quatre ans ; les bateaux seront-ils chargés de cannelle, et fau-
dra-t-il des dommages et intérêts pour le bénéfice que Touchet
aura estimé faire sur les nouveaux billets de la banque de
Londres.

Je vois cependant que, quoiqu'il augmente ses prétentions,
Touchet n'est pas plus fort sur la preuve nécessaire du fait en
question, du fait primordial, car il termine sa requête par
demander tout uniment qu'*en cas de dénégation desdits*
faits par le citoyen Pache, il soit reçu à les prouver par
témoins.

La preuve par témoins est en effet généralement plus facile
que celle par titres. Ce n'est pas ici le lieu d'examiner les causes
physiques et morales de cette différence, ni de rechercher les

modes qui pourraient perfectionner l'emploi de l'une et de l'autre. Elle m'est à moi aussi indifférente, cette preuve par témoins, que la preuve par titres. Malheureusement pour Touchet, ce genre de preuve par témoins, qu'il désire à l'exclusion de la preuve par titres, n'est pas admissible pour le fait principal et primordial dont il s'agit.

Parmi les actes de la compétence d'un fonctionnaire public, on ne peut lui attribuer que ceux auxquels il a concouru formellement. Lorsque son concours formel exige de sa part une pièce matérielle, on ne peut lui attribuer juridiquement un acte que sur la représentation de cette pièce.

Nous ne sommes plus à ces temps malheureux, où l'entendement humain, obscurci par des erreurs sans nombre, admettait toutes sortes de preuves, et les admettait indifféremment sur toutes sortes de délits, en les classant seulement selon les personnes.

On a rejeté les preuves qui sont absurdes, celles par l'eau, par le feu, par l'eucharistie, etc. Le genre humain en est débarrassé. Le courage des philanthropes novateurs, qui ont bravé les oppositions de quelques contemporains séduits ou intéressés, vous a assuré cet avantage. Vous n'êtes plus déclarés enfants parricides, vous n'êtes plus déclarées femmes adultères, parce qu'un escamoteur ou un fourbe ont de l'adresse et de l'impudence.

Les preuves dont on a conservé l'usage, celles par titres, par témoins, par serment, etc., sont employées avec discernement et classées selon les délits. Chaque genre de délit a son genre de preuve corrélatif. Dans le tribunal même le moins lettré, on ne demande pas de preuves par titres d'un acte qui doit s'exécuter sur un ordre verbal; on n'y admet pas la preuve, par témoins, d'un acte qui n'a pu s'exécuter que sur un ordre par écrit. Un huissier ne sera pas obligé de fournir la preuve par écrit d'un ordre qu'il reçoit verbalement, et il lui suffira d'en présenter la preuve par témoins. Un caissier ne sera point reçu à fournir, par témoins, l'ordre de délivrer cent mille livres qui ne se donne que par écrit, et il devra fournir cette preuve par titres.

Ainsi l'ordre d'emprisonner étant de la classe de ceux qui doivent être toujours donnés par écrit, la preuve qu'un fonctionnaire public a donné cet ordre doit toujours se faire par la représentation de cette pièce matérielle, doit toujours se faire par titres, et ne peut se faire par témoins.

Dès que la preuve par témoins n'est pas admissible, parce que les faits sont physiquement impossibles, un témoignage ne donne pas même le plus léger degré de probabilité; il n'est donc pas un élément de la probabilité. Dix témoignages, cent, mille témoignages, qui chacun n'ont aucune valeur, n'en acquièrent pas par leur nombre et ne forment jamais preuve.

Cent mille hommes se réuniraient et concourraient pour dire qu'un démocrate assassiné juridiquement par les despotes et les prêtres de son pays, dont tout le sang a coulé par une large blessure faite à son côté, est ressuscité trois jours après son attentat, que cela ne formerait pas une preuve.

Il en est de même lorsque les faits, étant physiquement possibles, sont de nature à être exclusivement prouvés par titres : un témoignage n'est pas un élément de probabilité : dix, cent, mille témoignages qui chacun n'ont aucune valeur, n'en peuvent acquérir et ne forment jamais preuve.

Cent mille hommes se réuniraient dans trois ou quatre ans et concourraient pour dire que le président de la troisième section du Tribunal civil de la Seine, en l'an V, a signé un jugement par lequel le Tribunal accorde des dommages et intérêts, pour un fait qui n'est pas légalement jugé, payables par un fonctionnaire qu'on ne prouve pas légalement en être l'auteur, que cette réunion de témoins ne formerait pas une preuve.

Il faut, dans ce dernier cas, la preuve appropriée au genre de fait, la preuve par titres. On dirait aux témoins nombreux : *Ne criez pas tant et fournissez la preuve.* Peut-être même que leurs cris paraîtraient, à beaucoup de gens sensés, un très haut degré de probabilité du contraire de leur assertion, probabilité qui serait changée en certitude, lorsque ces témoins n'apporteraient point la preuve demandée, savoir : le jugement ou une expédition en forme du jugement.

Je m'abstiens de toute réflexion sur la nécessité de conserver ces limites dans l'emploi des preuves. Si l'on s'en écartait, le peu de solidité qui existe déjà dans les rapports entre les hommes en serait encore beaucoup diminué.

Quant à ma *dénégation* dont parle Touchet, et sur laquelle il se fonde pour demander cette preuve par témoins, je le répète, un tribunal qui s'estime compétent, pour juger une demande en dommages-intérêts à l'occasion d'un ordre d'arrestation donné par un fonctionnaire public, ne peut prononcer sur la demande que le délit ne soit légalement jugé.

Un tribunal qui s'estime compétent pour juger l'ordre d'arrestation donné par un officier de police, le premier terme de la série des actes judiciaires dans lequel l'officier de police remplit en même temps les fonctions et les devoirs sacérs de juge et de juré, ne peut prononcer sur l'abus de l'acte et attribuer l'abus, que l'acte lui-même et *son auteur ne soient légalement constatés.*

Si le fonctionnaire public avoue être l'auteur de l'acte, la procédure peut être suivie.

Mais si le fonctionnaire public, qu'on accuse de l'acte, nie qu'il en soit l'auteur, sur cette dénégation, sur la demande juridique faite à celui qui accuse de fournir la preuve légale, sur l'aveu qu'il ne peut la fournir, le tribunal déboute le demandeur et le condamne aux frais; c'est ce qui peut lui arriver de moins malheureux.

Ma dénégation suffit donc à ma défense; elle suffit encore à l'état de mon cœur en ce moment, et je ne dois pas plus aller au delà devant la troisième section du Tribunal que devant la treizième.

Oui, je suis persuadé, quelle que soit la puissance momentanée dont jouissent mes adversaires, qu'il n'existe pas en France un tribunal qui prononce une condamnation en dommages et intérêts contre un fonctionnaire public, qu'il n'ait été antérieurement constaté par preuves légales qu'il en est l'auteur; qu'il n'y a pas un tribunal en France qui ne repousse un demandeur en dommages et intérêts, qui ne peut fournir la preuve légale que l'auteur du délit supposé est celui à qui il l'attribue, c'est-à-dire, dans l'espèce présente, l'*ordre par écrit d'emprisonner*: j'ai cette confiance, et elle ne sera pas trompée.

En continuant de lire le préambule du jugement, j'y trouve, à l'article POINT DE FAIT, que *cet acte arbitraire a été commis par le citoyen Pache, lors Maire de Paris, qui alors, pour voiler cette action, s'est servi du nom de la section des Arcis, qui n'en avait point le droit, et qui n'y a point participé*; et à l'article Point de droit, *le citoyen Pache a, sans droit ni qualité, privé Touchet de sa liberté.*

Je n'avais pas besoin de voile comme on le suppose dans cette nouvelle version de la fable, dans ce nouvel *imbroglio*, puisque je pouvais, sans compromettre ma responsabilité, mettre ou concourir à mettre en arrestation P. Touchet. Mais en supposant que j'aie voulu voiler ce prétendu acte arbitraire, je ne pouvais avoir recours à la section des Arcis, puisque, selon le rédacteur des articles, elle n'en avait pas le droit et n'y participait pas.

Enfin, on me qualifie de *Maire*, dans l'article Point de fait, et cependant on lit dans l'article Point de droit, que je *n'avais ni droit ni qualité*. Mais si j'étais Maire de Paris, *j'avais qualité*; j'étais président de l'administration de police; je pouvais y signer, y délibérer, y voter, en recueillir les opinions, signer les délibérations et les mandats d'arrêt, etc., etc. C'est bien quelque droit. Peut-être en viendra-t-on à prouver *par témoins* que je n'étais pas Maire. En attendant, je ne peux, dans la même affaire, être Maire dans le *point de fait*, et particulier dans le *point de droit*, comme on le veut dans ces deux articles.

Il faut que l'on se décide pour l'un ou pour l'autre état politique qu'on veut me donner. Ils me sont absolument indifférents : j'ai traité l'affaire comme fonctionnaire public. Je la traiterai quand on voudra sous celui de particulier. Ce n'est pas à moi à commencer.

Ces deux articles du préambule sont suivis du jugement du tribunal, selon lequel, *dans le délai d'un mois, Touchet fera preuve, tant par titres que par témoins, des faits par lui articulés, sauf à Pache la preuve contraire dans le même délai. Signé : Joubert, président; Bumbin, Desroziers, Muzeant et Vignier.*

La troisième section a donc senti qu'elle ne pouvait adjuger des dommages et intérêts sans constater les faits pour lesquels on les demandait. Elle exige enfin que Touchet fournisse juridiquement les preuves si longtemps attendues des faits articulés.

Elle emploie ces mots, *preuves par titres et par témoins des faits,* parce qu'elle ne peut rien préjuger de l'impossibilité où Touchet se trouvera de fournir la preuve nécessaire du fait principal et primordial; et qu'en supposant, comme elle le doit, qu'il la fournisse, elle embrasse dans son jugement tous les faits dont l'examen suivra, savoir : les effets du cautionnement, les pertes sur les mandats, etc., à quelques-uns desquels faits les deux sortes de preuves par titres et par témoins peuvent se rapporter.

Au sujet des preuves par titres du fait principal et primordial, j'ai lieu de croire que Touchet ne pourra en fournir ; mais si, par impossible, il en présentait, vu mon absence forcée de Paris, en exécution de la loi du 21 floréal, an IV, j'espère que le tribunal ordonnera que les copies collationnées et certifiées de ces pièces me seront envoyées, afin que j'y réponde ; je ne peux d'avance discuter ces pièces dont je chercherais en vain à me former une idée.

Sur la preuve par témoins, comme elle est inadmissible dans l'espèce présente pour le fait principal et primordial, je n'ai point à m'en occuper en ce moment. Si, par impossible, le tribunal admettait des témoins, il voudrait bien obtenir du Ministre de la justice qu'il m'envoie une autorisation de me rendre à Paris, en exception de la loi du 21 floréal, an IV. Cette disposition est indispensablement nécessaire, car un accusé ne peut débattre des dépositions de témoins qu'en personne et contradictoirement avec les témoins aussi en personne.

J'attends des lumières de la raison, des sentiments d'équité naturelle, et de l'exécution des lois positives, que ces observations seront prises en considération. Un tribunal qui s'en écarterait ne jugerait point le fait en question, ou le jugerait sur des preuves inadmissibles dans l'espèce, ou le jugerait sur des preuves admissibles, mais n'en ayant entendu qu'une des parties. Quoique je ne redoute aucune de ces trois sortes d'erreurs de la part de la troisième section, j'ai cru, vu l'éloignement forcé où me retient une loi, devoir les consigner dans ce *Mémoire,* pour être lues à l'audience du 25 germinal et déposées ensuite sur le bureau.

Si j'avais fait emprisonner dans ces temps de crises, de troubles, de tumultes et d'exagération, je ne dis pas durant trois ans, mais durant trois jours, un citoyen dont la conduite ne présentait aucun caractère de nocibilité, j'irais à lui, je lui dirais : excuse-moi, l'homme est sujet à l'erreur ; si ses plaies étaient encore ouvertes, je chercherais à y porter le baume le plus précieux ; mais lorsque je vois une lâche intrigue employée pendant dix-huit mois, sous le régime révolutionnaire, pour me faire perdre la vie, se raviver depuis quinze, sous le régime constitutionnel, pour salir ma mémoire par l'attribution d'une prétendue faute que je n'ai pas commise, je me crois enfin parvenu à ce terme où la modération devient pusillanimité, où la longanimité devient faiblesse, où le mépris cesse d'être élévation, où le pardon cesse d'être générosité, et j'userai à l'avenir des droits d'une légitime défense.

PACHE.

J.-N. PACHE

SUR UNE AFFAIRE PENDANTE A LA TROISIÈME SECTION

DU TRIBUNAL CIVIL DE LA SEINE

SECOND MÉMOIRE

DE L'IMPRIMERIE DE R. VATAR

PARIS, RUE DE L'UNIVERSITÉ, N° 139 ou 926.

J.-N. PACHE

SUR UNE AFFAIRE PENDANTE A LA TROISIÈME SECTION
DU TRIBUNAL CIVIL DE LA SEINE

SECOND MÉMOIRE

J'ai dit, dans un premier *Mémoire*, que le citoyen Touchet avait trouvé le moyen de reporter sa demande devant les tribunaux. Obligé de l'envoyer pour l'audience du 25 germinal, je ne pouvais y parler de ce moyen avec le développement qu'il mérite, et j'ai remis à en traiter dans un second *Mémoire*.

La treizième section du Tribunal civil de la Seine avait été insensible au grand argument, qu'il fallait me condamner à des dommages-intérêts, parce que MM. du Comité de sûreté générale avaient commis un crime atroce, celui de donner à un homme déposant contre moi au Tribunal criminel d'Eure-et-Loir, une somme de dix mille livres, par forme d'avance de ce qu'on lui allouerait quand, par l'effet de toutes ces nobles et religieuses poursuites, je serais détruit.

Cette section du Tribunal, suffisamment instruite de la nature de l'affaire, avait déclaré la demande de Touchet non recevable, la procédure nulle avec dépens, en le renvoyant d'ailleurs à se pourvoir par devant qui il appartiendrait. Touchet et ses amis se trouvèrent dans l'embarras.

S'ils eussent pensé qu'il y avait lieu à l'appel, l'article 219 de la Constitution traçait la marche : *L'appel des jugements pro-*

noncés par le Tribunal civil se porte au Tribunal civil de l'un des trois départements les plus voisins.

S'ils eussent pensé qu'il y avait lieu à recours en Cassation, ils pouvaient agir selon l'article 255 de la Constitution : *Ce Tribunal casse les jugements rendus sur des procédures dans lesquelles les formes ont été violées,* OU QUI CONTIENNENT QUELQUE CONTRAVENTION EXPRESSE AVEC LA LOI, *et renvoie le fond du procès au Tribunal qui doit en connaître.*

Ils ont estimé que ni les tribunaux des départements voisins, ni le tribunal de cassation ne se prêteraient à cette basse intrigue. Ils ont trouvé plus facile de s'adresser au Ministère de la Justice, et bientôt le Directoire a signé l'arrêté suivant.

MINISTÈRE DE LA JUSTICE

LIBERTÉ — JUSTICE — ÉGALITÉ

EXTRAIT du Registre des Délibérations du Directoire exécutif.

Paris, le 28 fructidor, an IV de la République.

Le Directoire exécutif, après avoir entendu le rapport du Ministre de la Justice, vu la pétition présentée par le citoyen P. Touchet, par laquelle il expose que la détention qu'il a subie par l'ordre du citoyen Pache, alors Maire de Paris, lui a causé un préjudice considérable, que l'ayant assigné en dommages et intérêts devant le Tribunal civil du département de la Seine, il a été déclaré non recevable dans sa demande, parce que l'article 203 de l'acte constitutionnel défend aux juges de citer devant eux les administrateurs pour raison de leurs fonctions ; considérant que l'article VI de la loi du 4 brumaire, etc..., a réservé à ceux qui prétendraient avoir été lésés par des administrateurs accusés de délits révolutionnaires, le droit de les poursuivre par juges civils ; arrête, conformément à l'article 196 de l'acte constitutionnel, que le citoyen Touchet, etc., est, et demeure autorisé à poursuivre, par juges civils, en dommages et intérêts, le citoyen Pache, ex-Maire de Paris, devant les tribunaux compétents, fins de non recevoir et défense réservées à ce contraire, charge le Ministre de la Justice de l'exécution du présent arrêté qui ne sera point imprimé.

Pour copie conforme :

Signé : L.-M. RÉVEILLÈRE-LEPAUX,

Président.

Par le Directoire exécutif :

Le Secrétaire général,

Signé : LAGARDE.

Une nouvelle section du Tribunal civil, supposée sans doute moins délicate que la treizième, non instituée, ni organisée par conséquent pour juger des actes de la nature de celui dont j'étais accusé, cumulant toutes les questions, et sur l'existence de l'acte qui m'était imputé, et sur le prétendu arbitraire de cet acte, et sur ses résultats, prévenue, par la tournure adroite de l'arrêté, de cette fausse idée qu'il ne s'agissait que de prononcer des dommages et intérêts, devait, durant mon absence forcée de Paris, conduire cette affaire à son terme, avec une obscurité dans la marche et un éclat à sa fin qui convenait à mes adversaires. La troisième section n'a pas opéré aussi aveuglément ; elle a rendu un jugement pour avoir les preuves des faits par titres et par témoins. On m'en a instruit, en me demandant des renseignements sur ces faits ; j'en ai donné quelques-uns.

Les assignations-Touchet m'obligent de me défendre d'une accusation, je le ferai ; les arrêtés-Merlin m'obligent d'attaquer le Directoire, car c'est aussi une partie de la défense légitime que de repousser les auxiliaires de son ennemi, je le ferai ; je le dois encore pour l'intérêt de l'ordre social.

L'arrêté du Directoire a deux parties. Dans la première, il ordonne au Tribunal civil de juger une demande en dommages-intérêts, d'après l'article VI de la loi du 4 brumaire. Dans la seconde, il casse, en vertu de l'article 196 de la Constitution, un acte d'administration et il renvoie l'ex-Maire de Paris devant le Tribunal civil. Je vais examiner ces deux dispositions.

§ Ier.

Considérant que l'article VI de la loi du 4 brumaire a réservé à ceux qui prétendraient avoir été lésés par des administrateurs accusés de délits révolutionnaires, le droit de les poursuivre par juges civils, le Directoire arrête que le citoyen Touchet est et demeure autorisé à poursuivre, par juges civils, en dommages et intérêts, le citoyen Pache, ex-Maire de Paris.

Il y a d'abord un faux matériel dans la citation de la loi qui sert de base à l'arrêté.

L'article VI de la loi du 4 brumaire ne parle point *d'adminis-*
trateurs.

Cet article VI ne parle point de *délits*.

Et dans tout le cours de la loi du 4 brumaire, le législateur
n'a pas employé une seule fois les expressions réunies de *délits*
révolutionnaires; cela même était contraire à l'esprit de la loi.
On pourra juger dans la suite du but de ce faux matériel.

L'article III de la loi du 4 brumaire porte : *La Convention*
abolit, à compter de ce jour, tout décret d'accusation ou d'ar-
restation, tous mandats d'arrêt mis ou non à exécution,
toutes procédures, poursuites et jugements portant sur des
faits purement relatifs à la Révolution.

Cet article défend donc toute poursuite sur des faits purement
relatifs à la Révolution.

L'article VI, *par une exception* justement apportée à cette
disposition générale, à cette prohibition générale de toute poursuite pour quelque cas que ce soit, permet les poursuites au civil
pour les cas y énoncés : *Tous ceux qui sont ou seront accusés*
de dilapidation de la fortune publique, concussions, taxes et
levées de deniers avec retenue du tout ou de partie, au profit
de ceux qui les auront imposés, ou de tout autre fait sem-
blable, survenu pendant le cours et à l'occasion de la Révo-
lution, pourront être poursuivis, soit au nom de la nation,
soit par les citoyens qui prouveront qu'ils ont été lésés; mais
les poursuites se feront seulement par action civile et à fin de
restitution, sans aucune autre peine.

Dans les lois, un article portant prohibition générale, suivi
d'un autre article portant exception, conserve sa force prohi-
bitive pour tous les cas non compris dans l'exception. On n'a
jamais élevé de contestation sur ce principe; ainsi on pourra
poursuivre par action civile, pour les cas compris dans l'article
d'exception, mais pour tous les autres cas possibles, on ne peut
entreprendre aucune poursuite.

Il paraît que, dans les premiers moments de l'exécution de la
Constitution, quelques cœurs étaient encore agités comme l'eau
des lacs ou de la mer reste en fluctuation après que les vents ont
cessé. Il paraît que certains juges, d'un caractère au-dessous de
la sublimité de leurs fonctions, se prêtaient à interpréter cet

article de la loi, et à en faire une fausse application, en recevant des demandes en dommages et intérêts pour des mises en arrestation.

Le Ministre de la Justice, prédécesseur de Merlin (1), dont les patriotes ont vu avec peine la démission, avait dicté à ce sujet un Message du Directoire au Corps législatif. Il est ainsi conçu :

« 26 germinal, an IV.

« Un décret du 12 août 1793 a ordonné que tous les gens sus-
« pects seraient mis en arrestation. Deux autres du 21 germinal
« et du 1er prairial, an III, ont ordonné le désarmement et
« l'arrestation des agents de la tyrannie qui précéda le 9 ther-
« midor. Par un quatrième décret du 7 prairial, des femmes ont
« été soumises aux mêmes mesures de sûreté et de police.

« Tous ces décrets de révolution et de réaction n'ont été rap-
« portés que le 15 vendémiaire dernier. Enfin, le 4 brumaire
« suivant, la Convention a aboli les poursuites, les mandats, les
« accusations, les jugements portant sur des faits *purement*
« *relatifs à la Révolution*, et n'a réservé que l'action civile, *à*
« *fin de restitution*, sans aucune autre peine.

« Il semble que, dans cet état des choses, on ne puisse plus
« porter en jugement, pour des faits *purement relatifs à la*
« *Révolution*, que des demandes *à fin de restitution* ; cependant
« les tribunaux civils retentissent des demandes, *à fin de dom-*
« *mages et intérêts*, formées par des citoyens qui ont été *incar-*
« *cérés* à chacune de ces diverses crises de la Révolution.

« Ces demandes sont accueillies avec empressement par beau-
« coup de tribunaux, et notamment par des juges, qui, ayant
« eux-mêmes été incarcérés, prononcent dans des causes qui ne
« leur sont pas étrangères, et c'est ainsi que se ruinent les ré-
« publicains depuis qu'ils ne peuvent plus s'assassiner.

« Outre l'injustice de ces actions judiciaires, nous devons vous
« les déférer comme produisant deux grands maux politiques :
« 1o Elles nourrissent l'esprit de parti, la diffamation, le désir et

(1) GÉNISSIEUX. — La Reveillère-Lepeaux en fait, dans ses *Mémoires*, un portrait indigne. (Tome 1er, pages 384-385).

« l'espérance d'une prochaine vengeance ; elles produisent une
« succession déplorable d'actions et de réactions, au milieu des-
« quelles vous remarquerez que l'opinion publique reste incer-
« taine, et que les meilleures institutions, les meilleures lois,
« n'ont point affermi l'ordre public.

« Mais le plus grand de tous les maux qui résultent de ces
« poursuites civiles, est le refus formel de concourir à l'exécution
« des lois répressives ; refus que le gouvernement n'éprouve que
« trop fréquemment dans plusieurs tribunaux. Les émigrés, les
« prêtres réfractaires, les rebelles, les déserteurs et ceux qui les
« recèlent, jouissent d'une faveur aussi ouverte que scandaleuse.
« L'exemple du passé amortit l'amour du bien public, et à peine
« ose-t-on dénoncer ces hommes qui conspirent si manifestement
« contre la République.

« Vous ne pouvez donc trop tôt établir ce principe de justice
« et de concorde, que des citoyens qui ont ordonné ou effectué
« des arrestations à des époques antérieures à l'établissement de
« la Constitution, n'en doivent pas être civilement responsables,
« parce qu'en effet c'est le gouvernement qui a donné la première
« impulsion des actes de rigueur qui ont suivi le 31 mai 1793 ;
« parce que c'est le gouvernement qui a donné la première
« impulsion des arrestations d'hommes et de femmes effectuées
« en prairial dernier ; parce que c'est au gouvernement qu'il
« appartiendra, dans un temps plus heureux, et qui sans doute
« n'est pas éloigné, d'accorder des secours et des indemnités aux
« citoyens qui ont éprouvé des malheurs non mérités ; et qu'en
» attendant cette époque désirée, le législateur ne doit pas
« souffrir, quoique dirigé par des principes différents, que des
« citoyens soient individuellement actionnés pour avoir secondé
« l'impulsion d'un gouvernement tantôt révolutionnaire et tantôt
« rétrograde. »

Le Message, après avoir été lu au Conseil des Cinq-Cents, fut
renvoyé à une Commission. Le rapporteur s'est présenté plusieurs
fois à la tribune, a proposé un projet de résolution qui a été
ajourné, et le Corps législatif n'a rien prononcé.

Quel que soit le projet, la loi du 4 brumaire reste à cet égard
dans toute son intégrité, dans toute sa vigueur, et doit être
littéralement exécutée. Cela est incontestable. C'est même la

doctrine que Merlin, Ministre de la Justice, a eu occasion de développer dans un Message sur un autre objet.

Celui-ci montre que le Directoire était persuadé, en germinal, an IV, qu'un citoyen ne pouvait en poursuivre un autre pour mises en arrestation, ni former à cette occasion des demandes en dommages et intérêts, et qu'il réprouvait fortement les juges qui se permettaient de semblables poursuites.

On pourrait lui demander s'il est de l'essence de régime constitutionnel qu'il change, selon les lunes, le sens des lois et qu'elles Signifient *oui* en germinal, et *non* en fructidor ; on se procurerait son calendrier ; ou bien qu'il change ce sens selon les personnes, et qu'elles signifient *oui* pour un citoyen et *non* pour un autre ; on se procurerait son tableau de classification des personnes. Mais, sans perdre plus de temps à mettre en opposition le girouétisme condamnable du Directoire avec la fixité nécessaire du sens des lois dans un état policé, occupons-nous de rechercher le sens littéral propre de chacun des mots de cet article, sens qui convient seul au langage des lois.

Il ne présente aucun doute. L'article VI veut que *tous ceux qui sont ou seront accusés : 1° de dilapidation de la fortune publique ; 2° de concussion ; 3° de taxe ; et 4° de levées de deniers avec retenue du tout ou de partie au profit de ceux qui les auront imposées, ou de tout autre fait semblable, puissent être poursuivis par action civile et à fin de restitution.* C'est à ces quatre cas que se borne l'exception. Hors ces quatre cas, et les faits qui leur sont semblables, il n'admet point de poursuites.

Mon adversaire ne me poursuit pour aucun de ces quatre cas ; ce ne peut être alors que pour des *faits semblables*. Il range donc les mises en arrestation parmi les *faits semblables* énoncés dans l'article d'exception.

Que Touchet, dont la combinaison s'est développée en os et en muscles, comme celle de certains arbres se développe en boutons à bois ; que Touchet, qui, par la trop injuste inégalité dans la répartition ancienne de l'éducation, n'a pas eu l'avantage d'étayer la faiblesse naturelle de son entendement par quelques connaissances théoriques, ne sache à quoi rapporter les mots, *ou d'autres faits semblables*, ne sache pas quelle est leur valeur, il n'y a rien d'étonnant.

Mais que Merlin, dont l'organisation délicate est plus nerveuse et plus nervine, qui, si nous en croyons les mémoires déjà imprimés sur cette petite merveille, a eu le bonheur d'être élevé au collège d'Auchin ; que cet homme, qui eût été compris par Baillet dans ses *Enfants illustres*, et pour lequel on fera certainement un supplément à cet ouvrage, ne découvre pas à quoi se rapporte ces mots : *ou autres faits semblables*, et ne sente pas leur valeur, c'est un objet vraiment digne de surprise.

Je me reporte avec plaisir à l'enfance de Merlin, où il doit se replacer lui-même sans peine, puisque déjà il jouissait d'une gloriole, précurseur de la gloire qui l'attend ; il ne manquait point alors d'*émulation*, à ce qu'il parait, et, cependant, j'entends sa chère tante de Douay, qui avait cinq bonnes mille livres de rente, lui disant : « *Merlinet, si tu sais bien ton musa, mon ami, je te donnerai une biscotte, un macaron, un massepain, ou* QUELQU'AUTRE CHOSE SEMBLABLE *qui flattera ton goût.* »

Avez-vous jamais cru, Merlin, que par ces mots *ou quelqu'autre chose semblable*, votre chère tante de Douay vous promit un castor ou une guinguette brodée, des souliers neufs ou un habit de drap ? Non sans doute, vous avez compris qu'elle vous promettait *quelqu'autre chose semblable* aux objets qu'elle avait énoncés précédemment, et dont elle ne voulait point continuer l'énumération, par exemple, des dragées, des confitures, une pastille, etc., etc. ; et n'avez-vous pas été confirmé dans cette opinion lorsque vous avez entendu le reste de la phrase de cette chère tante : je te promets un biscuit ou quelqu'autre chose semblable *qui flattera ton goût* ? Ne vous a-t-il pas paru que c'était quelqu'autre chose à manger, et, de plus, bonne à manger, l'eau ne vous en est-elle pas venue à la bouche ?

Revenez, ministre Merlin, à votre intelligence enfantine ; ne confirmez pas le proverbe : *Enfant spirituel, homme sot.*

Ridiculum.... fortius ac melius secat res.... Cependant cet arrêté est d'un grand intérêt ; il porte sur tous les citoyens qui ont pris part aux arrestations multipliées faites à toutes les époques de la Révolution depuis 1789 ; il porte sur tous les citoyens qui, par quelqu'autre circonstance révolutionnaire que ce soit, ont pu occasionner le moindre dommage réel ou imaginaire à un de leurs voisins ; deux classes très nombreuses que l'on pourrait, d'après cet arrêté, poursuivre comme moi devant les tribunaux civils pour des demandes en dommages et intérêts, avec des affiches en réparations. Je dois donc en venir à des raisonnements rigoureux.

A quoi se rapportent-ils donc ces mots : *ou autres faits semblables ?* Il suffira de le demander aux hommes les moins lettrés, mais pourvus d'un entendement sain, aux écoliers les plus faibles du plus mince collège, comme aux membres les plus forts de l'Institut national. Vous aurez toujours la même réponse. Ils vous diront tous de concert que c'est à la dilapidation de la fortune publique, à la concussion, aux taxes et levées des deniers, avec retenue du tout ou de partie au profit de ceux qui les auront imposées. L'ordre grammatical de la phrase le veut. On ne peut y rapporter ces derniers mots qu'aux expressions qui les précèdent.

Quelle est la valeur de ces mots? Qu'est-ce, en général, qu'*un fait semblable à un autre ?*

Tous les mots exprimant des faits présentent à l'esprit une idée principale, avec ou sans idées accessoires.

Lorsque des mots présentent à l'esprit la même idée principale sans idées accessoires, ou avec les mêmes idées accessoires, ces faits sont dits être *les mêmes.*

Lorsque des mots présentent à l'esprit la même idée principale et des idées accessoires différentes, les faits sont dits être *semblables.*

Lorsque des mots présentent à l'esprit des idées principales différentes, quelles que soient les idées accessoires, les faits ne sont dits ni les mêmes, ni semblables, mais *différents.*

Vol et vol présentent la même idée principale sans idées accessoires différentes, ce sont le *même fait ;* assassinat et assassinat sont le *même fait.*

Mais pillage et vol présentent la même idée principale de l'envahissement du bien d'autrui, avec des idées accessoires différentes, ce sont des *faits semblables;* assassinat, empoisonnement présentent la même idée principale d'attentat à la vie d'autrui, avec des idées accessoires différentes, et sont des *faits semblables.*

Enfin, vol et empoisonnement ne sont ni les mêmes faits, ni

des faits semblables : ce sont des *faits différents*, parce qu'ils diffèrent dans l'idée principale, dont l'une est l'envahissement du bien d'autrui, et l'autre, l'attentat à la vie d'autrui, quelles que soient les idées accessoires, quoique tous les deux soient des crimes, quoique tous les deux, etc.

Il me serait plus doux de parler de vertus; mais telle est la fâcheuse position où me place l'injustice de quelques hommes et la faiblesse de quelques autres, que, pour les empêcher d'en consommer un, il faut que je leur parle de crimes.

Dans le cas particulier d'une énumération de faits dans une loi, qu'est-ce qu'un *fait semblable* à ceux précédemment énoncés?

C'est un fait qui concorde avec l'idée principale de chacun des faits précédemment énoncés, quoiqu'il s'en écarte dans les idées accessoires, ou bien avec l'idée principale commune à quelques-uns de ces faits, ou à tous ces faits.

Lorsqu'une loi parle de la dilapidation de la fortune publique, de concussions, de taxes, de levées de deniers avec retenue de tout ou de partie au profit de ceux qui les ont imposées, ou *autres faits semblables*, ces mots, *ou autres faits semblables*, signifient ou autres faits qui présentent la même idée principale que quelques-unes des expressions employées dans l'énumération, ou bien la même idée principale commune à quelques-unes ou à toutes ces expressions.

Si ces quatre expressions présentent à l'esprit quatre idées principales différentes, il peut y avoir quatre classes de *faits semblables*; mais il ne peut y en avoir une cinquième, puisqu'un fait, pour être assimilé, doit se rapporter à l'une des quatre idées principales, type de la similitude.

Si ces quatre expressions présentent à l'esprit une seule idée principale, commune à toutes les quatre, il ne peut y avoir qu'une classe de *faits semblables*, qui se rapporte à ce type unique de similitude.

Ici, c'est le dernier cas. Les quatre expressions présentent une idée principale commune.

Quelle est cette idée principale commune aux expressions : dilapidation de la fortune publique, concussions, taxes et levées de deniers avec retenue du tout ou de partie au profit de ceux qui les ont imposées ?

Il ne peut y avoir dilapidation de la fortune publique, concussions, taxes et levées de deniers avec retenue du tout ou de partie au profit de ceux qui les ont imposées, qu'il n'y ait perception médiate ou immédiate de sommes indûment employées ou indûment retenues, avec un profit direct ou indirect.

Cette idée est le *sine qua non* des quatre faits auxquels elle est commune ; elle est donc l'idée principale commune.

Tout fait qui présente l'idée principale de perception médiate ou immédiate de sommes indûment employées ou indûment retenues avec profit direct ou indirect, sera un *fait semblable*.

Tout fait qui ne présente pas une telle idée n'est pas un *fait semblable.*

Maintenant la mise en arrestation présente-t-elle quelque chose de cette idée principale commune ? Non. Elle présente seulement l'idée de l'emprisonnement. La mise en arrestation n'est donc pas un *fait semblable* à ceux pour lesquels la poursuite civile est permise par l'article VI de la loi du 4 brumaire.

Mais quels sont les *faits semblables*, quels seraient les faits qu'on pourrait *assimiler* ? Je vais vous en indiquer, en me rapprochant même des arrestations.

Lorsque le Comité de Sûreté générale de la Convention ordonna qu'on nous fouille, hommes et femmes jusques *in extremis* pour nous ôter nos assignats, et que le Comité de Salut public prit un arrêté approbatif et confirmatif, qui en commandait l'exécution à l'Administration de la police, arrêté signé des Septemvirs, Carnot, etc., arrêté imprimé et affiché dans nos prisons, nous déposâmes nos fonds entre les mains de ceux qui étaient chargés de l'exécution de l'arrêté. Ce n'est pas une dilapidation, concussion, taxe et levée de deniers, c'est un dépôt. Si les percepteurs ont indûment employé ou retenu à leur profit direct ou indirect les sommes déposées, ce n'est pas un fait *différent* puisque l'idée principale commune s'y trouve, ni le *même* fait, puisqu'elle s'y trouve avec des idées accessoires différentes, c'est un *fait semblable* ; et nous pouvons, d'après l'article VI de la loi du 4 brumaire, poursuivre *par action civile*, à fin de restitution, les exécuteurs, fabricateurs ou confirmateurs de l'arrêté.

Lorsqu'un homme, servant avec zèle la République, et sans égard aux intérêts de corps du Septemvirat, méritait d'être arrêté en vertu d'un mandat signé par les Septemvirs, Carnot, etc., et qu'un agent du Comité de sûreté générale prenait son arme pour la porter dans la salle à ce destinée près du Comité, ce n'était ni dilapidation, ni concussion, ni taxe, ni levée de deniers, c'était un désarmement. Si l'arme a été indûment retenue au profit de l'arrestateur ou du désarmeur, c'est un autre *fait semblable* pour lequel on pourrait poursuivre à fin de restitution.

Vous direz : *Nous n'autorisons pas la poursuite pour la mise en arrestation, mais pour le dommage résultant de la mise en arrestation.*

Je pourrais vous répondre que vous n'avez pas le droit de changer ainsi le texte des lois, et de supposer le mot *dommage* où il n'est pas, et de poursuivre en conséquence de cette supposition ; mais, je le veux bien, considérons l'objet sous ce nouveau point de vue.

Recherchons si un dommage occasionné par une mise en arrestation est un fait semblable à un dommage occasionné par dilapidations, concussions, taxes et levées de deniers avec retenue du tout ou de partie au profit de ceux qui les ont imposées.

Le dommage de cette dernière espèce est l'effet de la perception médiate ou immédiate de sommes indûment employées ou retenues avec profit direct ou indirect. Mais le dommage occasionné par une mise en arrestation n'a aucun rapport avec cette idée principale commune. Ce dommage n'est point l'effet de la perception d'aucune somme que l'arrestateur ait indûment employée ou retenue ; ce dommage n'a procuré aucun profit, ni direct, ni indirect, à l'arrestateur. Il est essentiellement différent, il n'est pas un fait semblable, il ne peut être assimilé.

Et s'il y avait le moindre doute à ce sujet, la suite de l'article qui n'autorise à poursuivre qu'à *fin de restitution* le détruirait. L'acte de restituer est exclusivement corrélatif de celui de percevoir. Dans tout acte, où l'on n'a rien perçu, on ne peut rien *restituer*. Le dommage occasionné par une mise en arrestation, n'ayant pas donné lieu à percevoir, ne peut donner lieu à restitution. Cette espèce de dommage, exclu par le commencement de l'article, l'est encore par la fin.

Enfin vous n'ignorez point qu'en France, lorsqu'il y a dommage par perception, on poursuit en demande à fin de restitution; tandis que, lorsqu'il y a dommage pour tout autre cause, on poursuit en demande à fin de dommages et intérêts.

Vous insistez : *Il y a dommage par la dilapidation, la concussion, etc.; il y a aussi dommage par arrestation. C'est dommage et dommage, puisqu'on peut poursuivre pour l'un, on peut poursuivre pour l'autre.*

Cela n'est pas très exact. *Il y a fagots et fagots*, comme disait Sganarelle. Une loi positive autorise les poursuites pour tous dommages en général, ou elle les autorise seulement pour une clause de dommages qu'elle spécifie, et exclut les poursuites pour toutes les autres classes.

La loi du 4 brumaire est de ce dernier ordre. Elle autorise des poursuites pour dommages occasionnés par dilapidation, et elle les défend pour toutes les autres espèces de dommages, dont ceux occasionnés par les arrestations font partie.

Et quels seraient donc ces autres espèces de dommages également exclus?

Je vais vous en indiquer. Les dommages occasionnés par des dénonciations qui auraient donné lieu à changer de domicile, à cesser ainsi son travail ou l'emploi de son industrie, les dommages occasionnés par des actes qui auraient donné lieu de fuir ou de se cacher de manière à être portés sur la liste des émigrés, à abandonner ainsi le soin de son bien qui aurait été remis à l'administration des biens nationaux; les dommages occasionnés par des destitutions qui auraient privé de fonctions ou même d'emplois pour lesquels on avait précédemment quitté des occupations lucratives, etc.

Enfin, direz-vous, et vous l'avez mis en toutes lettres dans votre arrêté : *L'article VI autorise les poursuites par les citoyens qui pourront être lésés par des administrateurs accusés de délits révolutionnaires.*

Qui pourront être lésés... Mais pourquoi lésés? par l'effet des actes précédemment énoncés, par les dilapidations ou autres faits semblables. La loi, en autorisant la poursuite des citoyens lésés par cette espèce de faits, défend toutes poursuites pour la lésion résultante de toute autre espèce de faits, et par conséquent de la mise en arrestation.

Qui pourront être lésés par des administrateurs accusés de délits révolutionnaires. Ces mots *par des administrateurs accusés de délits révolutionnaires* ne sont pas dans la loi, c'est un faux matériel dans votre arrêté.

Mais par qui lésés? par les auteurs, quels qu'ils soient, des faits pour lesquels la loi autorise des poursuites, par les auteurs de dilapidation, ce qui exclut les auteurs de toute autre lésion dont la poursuite est défendue par la loi.

Le texte de cette loi est net, l'ordre grammatical est exactement suivi sans inversion, sans transposition; le sens littéral propre de chaque mot est clair; le sens composé de la phrase ne l'est pas moins; tous les mots, tous les membres de la phrase correspondent parfaitement; il ne peut y avoir aucun doute. Je ne connais, moi, que la loi. Ainsi je serais fondé à m'arrêter ici; mais pour ne rien laisser à désirer sur cet objet important, je vais rechercher l'intention du législateur.

Voulait-il autoriser les poursuites en général? Non; s'il l'eût voulu, l'article d'exception eût été bien plus facile; il l'eût fait d'un seul mot.

Voulait-il associer les dommages pour mises en arrestation aux autres? Non; s'il l'eût voulu, il lui eût suffit d'ajouter ces mots à la fin de l'énumération, ou mieux de faire un second article d'exception, parce qu'en effet ces diverses espèces de dommages n'ont point d'analogie entre elles.

Il n'a fait ni l'un ni l'autre; malgré cette facilité, il n'en avait donc pas l'intention.

Enfin, avec un sens droit et un cœur équitable, on sent la raison de la différence que le législateur met entre l'espèce de dommages pour laquelle il admet des poursuites, et les autres espèces de dommages pour lesquelles il les défend.

Les faits occasionnant l'espèce de dommages pour laquelle il les admet, sont éternellement répréhensibles; ils n'ont jamais été autorisés par des lois positives.

Les faits occasionnant l'espèce de dommages pour laquelle il les défend, ont été, je ne dis pas autorisés, mais commandés par des lois positives. Elles existent dans tous les recueils, les lois qui commandaient les mises en arrestation, les dénonciations, et qui ont dû causer beaucoup de dommages à des particuliers; personne ne peut mieux que Merlin connaitre ces lois aux deux époques de l'action et de la réaction. Et comment pourrait-on poursuivre des citoyens pour des actes qui leur étaient commandés par des lois? C'est donc par raison et par justice que le législateur a autorisé et dû autoriser la poursuite de la première espèce de dommages; qu'il a défendu et dû défendre la poursuite des autres espèces, et qu'il a posé la limite qu'on ne peut dépasser sans enfreindre les lois.

Ainsi, non seulement le texte de la loi règle la conduite que doit tenir le Directoire, les tribunaux et les citoyens, l'intention du législateur est manifeste au 4 brumaire, mais le sentiment de l'équité naturelle indique que tel était le devoir de ce législateur, que telle a dû être la limite, qui ne pourrait encore être changée aujourd'hui par le législateur actuel, sans une notable et révoltante immoralité.

Dans cette analyse minutieuse, je crois avoir porté jusqu'au genre d'évidence qui lui est propre, la démonstration que toute poursuite pour mise en arrestation, et toute demande en dommages et intérêts à cette occasion, sont défendues par les articles III et VI de la loi du 4 brumaire.

Partout où la langue française et les lois de la République sont admises, et où le bon sens n'est pas obscurci par de viles passions, ces poursuites et ces demandes seront rejetées.

Si tel est le texte de la loi, si tel est son sens littéral propre, si tel est le sens primitivement adopté par le Directoire, si la loi est encore dans son intégrité et dans sa vigueur, parce que le Corps législatif n'y a apporté aucun changement, que doit faire Merlin, Ministre de la Justice, dans le cas où des *sentiments* personnels ravaleraient des juges et les égareraient au point de les entraîner à une forfaiture, en recevant ces demandes et ces poursuites? Il doit exécuter la Constitution, c'est-à-dire, aux termes de l'article 262, proposer au Directoire un arrêté pour dénoncer *au Tribunal de Cassation, par la voie de son commissaire, et sans préjudice du droit des parties intéressées, les actes par lesquels ces juges excéderaient leurs pouvoirs,* en admettant de telles demandes, contre la défense positive de la loi du 4 brumaire

Et si Merlin ne le fait pas, il est dans le cas d'être poursuivi selon l'article 152 de la Constitution : *Les Ministres sont respectivement responsables de l'inexécution des lois.*

Merlin fait précisément le contraire. L'esprit qui anime les juges du Tribunal civil de la Seine, ne leur fait point rechercher de semblables affaires. Il s'en présente une : malgré ce que peut avoir d'imposant l'argument tiré de la conduite du Comité de sûreté générale, et cette sorte de notification officielle de l'intérêt que ces messieurs du feu Comité et leurs amis prennent au succès de la cause de Touchet, la treizième section l'éconduit. Merlin, voyant de mauvais œil ce bon esprit du tribunal, veut, contre le texte, contre le sens littéral propre de la loi, admettre cette demande en dommages et intérêts pour mise en arrestation. Il se met dans une position bien plus coupable que par la seule inexécution des lois.

Depuis un demi-siècle, les philosophes français de toutes les classes se sont occupés à distinguer, différencier, diviser les faits et à attribuer à chacun des signes propres, afin de prévenir la confusion dans les idées, par la précision des signes. Ceux de la classe légiste n'ont pas été en retard. La Révolution, en réalisant en France les plus sublimes conceptions de la philosophie, n'a point négligé cette branche du perfectionnement de l'entendement humain, et par conséquent de la société civile. Elle a été taillée, émondée, soignée par les hommes les plus distingués de l'Assemblée Constituante, de la Législature et de la Convention. Et voilà qu'un Ministre, prétendu républicain, vient à la fin du dix-huitième siècle et de la Révolution, nous plonger dans une confusion qui n'existait pas dans les temps de barbarie. Il nous ordonne de confondre des levées de deniers avec des mises en arrestations, des dommages d'une espèce avec des dommages d'une autre, des demandes à fin de restitution avec des demandes à fin de dommages et intérêts. Ces distinctions, déjà connues au quatorzième siècle, il les oublie; il veut les faire oublier aux tribunaux; il couvre de honte, pour le moins, ceux qui l'ont porté au ministère de la justice, et dont la protection l'y maintient. Il est moralement impossible que, dans une science qui lui est aussi familière, Merlin n'aperçoive pas de différence entre des idées aussi distinctes : ce serait confondre un picotin d'avoine avec un picotin de son, et il n'en est pas là. Merlin pèche sciemment, il pèche volontairement.

Mais Merlin, non-seulement vous commettez un crime sous le rapport judiciaire, en ordonnant aux tribunaux cette confusion et l'infraction d'une loi qui n'est ni rapportée ni changée, vous en commettez un autre sous le rapport politique, d'autant plus punissable que votre prédécesseur avait fait connaître le danger par le Message de germinal. Vous faites, ou vous tentez de faire un mal affreux ; vous fertilisez avec le fumier de vos arrêtés le champ des dissensions qui n'est que trop productif dans ces temps d'orage. Si l'on donnait quelque valeur à votre opinion, cent mille Français, qui ont été mis en arrestation ou dénoncés, ou bannis, les uns par les autres, se déchireraient devant les tribunaux par des demandes en dommages et intérêts et couvriraient les murs de placards en réparation qui ne répareraient rien, qui, loin de là, exciteront de nouveaux dommages.

Non pas, nous prendrons des arrêtés qui mettront en cause seulement ceux que nous voulons tracasser. C'est-à-dire que les lois sont et seront encore en France, sous votre ministère, comme elles ont été sous les Rois, des massues pour assommer ceux qui ne pourront pas prononcer *miphéboseth*, avec l'accent du parti. Prenez donc des arrêtés contre moi, car probablement jamais je n'aurai l'accent du vôtre. Envoyez-les au Tribunal civil, troisième section.

J'ai lieu de croire que depuis le Message raisonnable, moral et politique du Directoire, de germinal, il y a eu infiniment peu de demandes en dommages et intérêts pour arrestation. En effet, le Français n'est point vindicatif ; il est connu parmi les autres nations pour se livrer avec franchise à un premier mouvement lorsqu'il est blessé ; mais il est distingué entre elles par son éloignement pour la rancune et pour les passions longuement haineuses. Si Atrée se reconnait du sang des Dieux par une soif inextinguible de vengeance, je sens que je suis du sang d'une Française à mon éloignement pour cette horrible passion.

Je l'ai embrassé dans mon cachot, après cent jours du secret le plus sévère, le membre du Comité de sûreté générale qui, par faiblesse et croyant sans doute d'un grand intérêt politique de me détruire, avait assisté à mon arrestation pour la rendre plus imposante; je l'ai accueilli et consolé à Ham, autant qu'il était en moi de le faire, celui qui, par zèle mal entendu plus que par méchanceté, se laissant charger de toutes les mauvaises commissions, s'était gonflé, boursouflé, monté, pour me lire mon mandat d'arrêt; et celui qui, dans des idées aussi fausses d'intérêt politique, m'a fait traîner la nuit par un froid de dix-huit degrés au-dessous de glace, du Luxembourg à la tour de Ham, lorsque je l'ai su traduit à Vendôme, mes vœux l'ont suivi, et l'accompagnent sur les sombres et tristes gradins.

Je ne l'ai point poursuivi, le Septemvir (1) qui, dans le temps qu'il envoyait, avec ses six camarades, les hommes à la guillotine par charretées de vingt-cinq à soixante-huit, signait mon incarcération que devait suivre mon encharrettement. Je ne l'ai point poursuivi, celui qui répondait aux questions d'un patriote à mon sujet : *Il faut s'en défaire; il a été, il est contraire au Comité septemviral.* Je ne les ai point poursuivis, ceux des deux partis opposés qui, après le 9 thermidor, et dans le temps que l'habitude exécrable de mettre *hors la loi* était en pleine vigueur, jetèrent ma tête entre leurs deux partis, comme un moyen de raccommodement. Je ne l'ai point poursuivi, celui qui demanda mon envoi au Tribunal criminel séant à Chartres, ville dont il croyait pouvoir diriger les esprits, où il me supposait de nombreux et ardents ennemis, par suite des événements révolutionnaires de 1789 et 1793: et qui, excitateur impudent, quitta les Comités pour y venir quatre jours après mon arrivée; je ne l'ai point poursuivi celui qui, alors que les journaux royalistes avaient répandu avec éloge les récits des massacres nombreux et impunis de prisonniers qu'on transférait d'un département à l'autre, se rendit à Noyon, y passa la matinée de la journée où je devais y arriver pour la dînée, fit une pause à Compiègne où je devais arriver le soir, et se rendit le lendemain, de Paris à Versailles, pour faire précéder mon arrivée, dans tous ces lieux, de propos propres à enflammer et égarer le peuple plus sage que de semblables députés; je ne l'ai point poursuivi celui qui, pour mériter la

(1) CARNOT.

protection de quelques royalistes de la section de la Bibliothèque, appuyait leur pétition, lorsque préparant vendémiaire, ils vinrent demander ma tête à la barre; je ne l'ai point poursuivi celui (1) qui, sortant des boudoirs et pour faire sa cour à quelques femmelettes, répétait tous les trois jours à la tribune l'urgence de mon prétendu jugement; je ne l'ai point enfin poursuivi cet autre (2) qui, dans la journée de prairial, lorsque j'étais enfermé au fort de Ham, et dans l'impossibilité physique de prendre aucune part à ce qui se passait à Paris, proposait de me faire juger à cette occasion et sans déplacer, pour plus prompte expédition, par une Commission militaire; qui, étant envoyé à Chartres pour la malheureuse affaire de Letellier, au lieu de s'en occuper, fit, dès en arrivant, la demande à l'accusateur public du carton des charges contre moi; qui, de retour à Paris, et voyant dans la fermeté du Tribunal d'Eure-et-Loir l'impossibilité de l'amener à un crime, arrêta, dans un dîner de dix de ses collègues, parmi les pots et les verres, que, puisque le Tribunal ne voulait pas me

(1) BOISSY D'ANGLAS (Voir note de la page 33). — Type parfait du politicien toujours à la hauteur des circonstances et qu'un coup de chapeau, d'ailleurs usurpé, a rendu célèbre. A la Constituante, il soutient les principes modérés de la Révolution; à la Convention, il siège d'abord prudemment parmi les muets, signe la protestation des 73, puis se rétracte. Retrouve la parole après la chute de Robespierre et passe à la réaction; condamné à la déportation au 18 fructidor, il y échappe par la fuite. Reparaît comme bonapartiste après le 18 brumaire, devient sénateur, comte de l'Empire, grand officier de la Légion d'honneur. Adhère à la déchéance de Napoléon, en 1814, et acclame Louis XVIII. Aux Cent-Jours, revient à l'Empire. Après Waterloo, fait encore une fois volte-face, obtient son pardon de la Restauration et entre à la Chambre des Pairs. Meurt très honoré en 1826.

(2) BOURDON DE L'OISE. — *Séance du 5 prairial an III (24 mai 1795).* — Montagnard intrépide jusqu'au moment où Robespierre contrarie ses projets, le démasque et le fait exclure des Jacobins. Il donne alors dans la contre-Révolution et se signale parmi les plus fougueux thermidoriens. Homme pratique, il sut mener de front le salut de la France et la sauvegarde de ses propres intérêts. Il s'était constitué des revenus sérieux par d'heureuses spéculations sur les assignats et les biens nationaux. Rangé, dès lors, dans le parti des « honnêtes gens, » amis de l'ordre et surtout approbateurs des faits accomplis, il ne cessa d'aboyer contre les patriotes restés plus riches de principes que d'argent. Il ne songeait qu'à consolider et à jouir en paix de sa fortune quand le 18 fructidor vint anéantir ses rêves de bonheur. Condamné à la déportation, il mourut peu après son arrivée à la Guyane.

faire périr, la Convention, usant de sa puissance suprême, devait ordonner ma déportation, et en fit la motion expresse et infâme. Je ne les ai point poursuivis : serais-je donc meilleur que les autres Français? Non, je suis l'ordre le plus commun sur ce point, comme sur tous les autres.

Il existe ainsi, probablement depuis quelque temps, très peu de demandes en dommages et intérêts pour des mises en arrestation. Et si la dépravation du cœur faisait naître dans l'esprit de quelqu'homme l'idée d'en former, ne serait-il pas retenu par les plus simples considérations de la prudence? Le plus passionné sent facilement dans quel inextricable labyrinthe il se lancerait en faisant ces demandes. Elles lui en attireraient bientôt de semblables à lui-même, surtout si l'on admettait la preuve par témoins. Il n'y a pas un homme voulant la République, il n'y a pas un homme voulant la tranquillité de son pays, il n'y a pas un homme doué, je ne dis pas de sentiments d'humanité, mais pourvu d'un peu d'esprit de conduite, qui ne fasse le sacrifice de ces sortes de *vengeances*. Il faut être aussi vicié que les protecteurs habituels de Touchet, pour faire et appuyer ces poursuites : et comment l'un d'eux peut-il être élevé au ministère de la justice; comment la dignité de cette haute fonction ne le rappelle-t-elle pas à lui-même?

Quel contraste entre le titre et les occupations! Qu'il fournisse, ce Ministre de la justice, la liste de ces sortes de demandes jugées par le Tribunal civil de la Seine depuis six mois; je l'en somme. J'ai assez bonne opinion de la nation française pour être persuadé qu'elle sera courte. On verra que ce n'est que pour moi, et pour moi seul, que cette intrigue est montée, et que, même dans ces temps de troubles et d'égarements, la nation française n'est pas descendue à ce point, que les monstres à vengeance y soient devenus communs.

Cédant, non pas à mon ressentiment, non pas à un peu de cette malignité dont Sterne prétend que le cœur humain a tant de peine à se débarrasser, mais au besoin de vous rappeler à la prud'homie, je suppose, Merlin, que j'adopte votre système sur les articles III et VI de la loi du 4 brumaire; je fais en conséquence assigner Carnot, par exemple, devant un juge de paix, et je le traîne au Tribunal civil de la Seine, troisième section, où je lui demande, à l'occasion de mon arrestation, des dommages et intérêts pour base desquels il ne faudra pas que j'aie recours à l'imagination de mon défenseur, et des affiches en réparation, dont je n'ai pas besoin. Quelle marche prendrez-vous?

Vous direz peut-être qu'il était *membre de la Convention*, et de plus, *de ce Comité de salut public qui exerça tant de pouvoirs*.

Je vous demanderai ce que cela fait à ma poursuite?

Vous me répondrez, sans doute, que *la Constitution déclare les députés irresponsables*.

De quelle Constitution parlez-vous donc? il n'en existait pas.

Le fantôme, appelé autrefois *droit public de France*, dont personne n'avait d'idées claires, et auquel ceux qui en parlaient ne croyaient pas plus que ne croient à la Trinité ceux qui la prônent, s'est évanoui au 14 juillet 1789. La nation française s'est mise en état de Révolution. Elle a cherché à se donner une Constitution qui ne blessât ni les droits de l'homme, ni la raison.

La Constitution de 1791, en contradiction avec elle-même dans ses articles principaux, donnée à la nation française sans qu'elle y prît part, ou plutôt commandée, dans les moments de terreur qu'avait inspirée le massacre du Champ-de-Mars, par les traîtres reviseurs que la Cour avait achetés à deniers comptants, a été déchirée le 10 août 1792. La nation française s'est remise en état de révolution; elle a cherché de nouveau à se donner une Constitution conforme aux droits de l'homme et à la raison.

Chez une nation en révolution, les Codes des droits civil et criminel conservent toute leur force, mais le Code des droits politiques est annulé, puisque c'est des droits politiques qu'elle est mécontente, et que la Révolution a pour but la rédaction d'un nouveau Code politique.

Une nation en révolution est donc, à l'égard des droits politiques, dans l'état de nature dont elle cherche à sortir, et dont elle ne sort que par la formation de la Constitution qu'elle médite, ou par l'adoption de la Constitution qu'on a méditée pour elle. Ainsi vous ne pouvez réclamer aucune Constitution convenue et positive, puisque l'antérieure est détruite et que l'ultérieure n'est pas faite.

Dans cet état de révolution, il n'existe de droits politiques que les droits naturels de l'homme appliqués à chaque instant et pour chaque événement, ou chaque série d'événements, à l'ordre politique; il n'existe que les principes du droit public universel. Cette proposition sort de la nature même des choses.

On ne pourrait en refuser l'application sans détruire les bases de la Révolution française, sans dresser les actes d'accusation des constituants patriotes, et même de ceux qui, sur la fin malheureuse de cette session de l'Assemblée constituante, ont trahi les intérêts de la nation et vendu le peuple au tyran, puisque c'est de leur adhésion primitive à cette proposition, et des premières actions faites en conséquence, que découle tout ce qui a suivi. On ne pourrait en refuser l'application sans présenter comme criminels et punissables, dans leurs personnes et dans leurs biens, tous les Français qui ont pris la moindre part active ou passive à cette Révolution, et n'ont pas présenté activement la résistance contre-révolutionnaire des royalistes forcenés, conspirateurs, commissionnés dans l'intérieur ou enrôlés dans les armées soit de Condé, soit de Stofflet. On ne pourrait en refuser l'application sans détruire tout ce qui a concouru à constituer le gouvernement, sans détruire, par conséquent, le gouvernement actuel lui-même.

Ces principes de droit public universel, appliqués à l'ordre politique chez un peuple en révolution, répugnent complètement à ce que des hommes chargés par leurs égaux d'établir les moyens de conservation d'un objet qui leur est plus cher que la vie, puissent opérer sans être responsables envers leurs commettants. Ils maintiennent, au contraire, tout entière cette utile et honorable responsabilité. Bien lâche et bien immoral est celui qui, dans l'alerte d'une révolution, ne vole pas au secours de la chose publique, sans penser même à se couvrir, contre des frères dans les rangs desquels il se place, de la frêle et misérable cuirasse de l'irresponsabilité. Dans ces situations extrêmes, dont sortent, au milieu des tonnerres et des éclairs, la liberté ou la tyrannie, le bonheur des nations ou leurs calamités. soyez à votre poste, quel qu'il soit, fidèles aux principes du droit public universel, et vous aurez la récompense la plus douce dans votre cœur. Si vous vous écartez, ou de votre poste, ou des principes, le blâme et les punitions doivent vous atteindre. Vous ne par-. viendrez jamais à faire croire qu'un homme probe, un démocrate à qui le peuple en révolution a remis une fonction quelconque, ne doive pas répondre de sa conduite pour tout et sous tous les rapports. Vous ne parviendrez jamais à faire croire qu'un homme probe, qu'un démocrate, dans cette position, puisse ne pas vouloir être responsable de sa conduite pour tout et sous tous les rapports. L'irresponsabilité absolue est entièrement contraire à la morale; l'homme probe la refuse; elle est contraire aux principes de droit public universel; le démocrate en révolution et la dédaigne et la repousse. Il faudrait une loi positive pour en couvrir un lâche, et vous avouez qu'elle vous manque, puisqu'il n'y avait plus de Constitution.

Mais, insisterez-vous, *la Convention avait des droits que lui avait transmis le peuple français au moment de l'élection des Conventionnels.*

Cela est vrai. La Convention avait des droits que lui avait donnés le peuple français, conformément aux principes du droit public universel.

Et quels étaient ces droits? Celui de juger Capet; celui de préparer une Constitution conforme aux droits de l'homme et de la raison; celui de présider, jusqu'à l'acceptation et la mise à exécution de cette Constitution future, au mouvement de la machine politique, comme l'avait fait la législature dans l'intervalle de la destitution et de l'emprisonnement de Capet à l'installation de la Convention.

Puisqu'elle devait présider au mouvement de la machine politique, elle avait le droit que l'ancienne Constitution assurait à la législature.

Non pas, n'oubliez point que l'ancienne Constitution de 1791 fut lacérée au 10 août 1792. La législature, à partir de cette époque, n'eut que les droits fondés sur les principes du droit public universel, applicables et appliqués, dans chaque moment et pour chaque événement ou série d'événements, à l'ordre public, et la Convention, assimilée à cet égard à la législature, ne peut réclamer des droits que celle-ci n'avait pas.

Je ne lui appliquerai pas ces vers connus :

> Elle a trop fait de bien, pour en dire du mal,
> Elle a trop fait de mal, pour en dire du bien.

J'en parlerai, je serai équitable envers elle, comme elle aurait toujours dû l'être envers les patriotes. Elle a fait un bien indicible, elle a mérité la reconnaissance de la nation et de l'humanité entière, lorsqu'elle a pris pour guide les principes du droit public universel; elle en est devenue malheureusement l'opprobre, lorsqu'elle s'en est écartée. Voilà pour le corps collectif. Quant aux membres, chacun a une part, non pas égale, mais proportionnelle et relative à sa conduite constante. Tel défenseur invariable des principes du droit public universel, ne mérite que des éloges et point de blâme ni de punition; tel sophiste, successivement au service des factions successivement dominantes qui blessaient ces principes, ne mérite que du blâme, des punitions et point d'éloges; tels autres méritent les unes et les autres pour une bonne ou mauvaise conduite à différentes époques, ou sur différents objets.

Mais la Convention s'est regardée, ainsi que ses membres, comme irresponsable.

Qu'importe à la raison universelle, qu'importe aux droits du peuple toujours et envers tous imprescriptibles, que la Convention, intéressée dans sa propre cause, déclare que ses membres n'encourront point de responsabilité? Les Capets ne se déclaraient-ils pas aussi irresponsables? Ils avaient aussi leur chancelier Marillac: il disait en propres termes : « *Tenez-vous tranquilles; souffrez. Si les princes abusent de leur pouvoir, Dieu, qui est là haut, est leur juge, il ne manquera pas d'y pourvoir.* »

Les droits du peuple ne sont-ils pas sortis des décombres d'une tyrannie où ils avaient été enfouis durant dix-huit siècles? Ils ne seront pas irretrouvables sous ceux d'une tyrannie de deux années. La Convention ne pouvait déclarer que ses membres n'étaient point responsables, et croire que, sur sa parole, on s'en remettrait aussi à cet égard au *jugement dernier;* ils restent aux yeux de la raison et du droit essentiellement responsables.

Vous voyez que vous ne pouvez vous appuyer de Constitutions qui n'existaient pas, et que vous ne pouvez, selon les principes du droit public universel, soutenir l'absurde prétention de l'irresponsabilité absolue des membres de la Convention.

Si vous le voulez cependant, j'admettrai qu'il y avait une Constitution. Elle existait en effet, celle de l'an II, lorsqu'on a signé les mandats de mon arrestation, ainsi que celui de beaucoup d'autres patriotes conventionnels et extra-conventionnels. Elle était de droit en pleine vigueur, puisqu'elle avait été acceptée par l'immense population française. Et quoique, par une perfidie dont les Septemvirs surtout sont et seront éternellement responsables sous tous les rapports à la nation, cette Constitution ne fût pas mise à exécution ; prenez-y, je vous l'accorde, les articles qui peuvent être favorables à votre client.

Que disent-ils? Article 43 : *Les députés ne peuvent être recherchés, accusés, ni jugés en aucun temps, pour les opinions qu'ils ont énoncées dans le sein du Corps législatif.*

C'est pour les opinions qu'ils ont énoncées dans le sein du Corps législatif que les députés sont déclarés irresponsables d'après cette loi positive, par une dérogation aux principes du droit public universel, de la morale et de l'honneur.

Cette maxime sur la liberté des opinions, cette maxime sur l'irresponsabilité des députés pour leurs opinions, adoptée par le Code constitutionnel de l'an II, est fondée en raison dans une domination monarchique ; mais elle est inadmissible dans un gouvernement républicain.

La nation française, justement mécontente de l'horrible domination qui pesait sur elle depuis dix-huit siècles, en a voulu la réformation. Les Etats généraux ont été convoqués. La nation a dû provoquer, exiger même que ses députés pussent librement énoncer toutes les opinions favorables à cette réformation, et les mettre, par l'irresponsabilité sur leurs opinions, à l'abri des recherches ultérieures du tyran.

C'est dans ce sens que la maxime est morale et juste ; c'est dans ce sens qu'elle a été avancée et soutenue par la nation, qu'elle est devenue loi à cette époque et qu'elle a tant gêné le tyran. Mais ce n'est point de l'irresponsabilité absolue qu'il s'agissait, c'est de l'irresponsabilité envers le tyran.

Lorsque la royauté a été détruite par le vœu du peuple, il n'y avait plus lieu à placer dans une Constitution démocratique la maxime de l'irresponsabilité pour les opinions, ni sous une expression absolue, puisque dans ce sens elle est immorale et contraire à toute bonne politique, ni sous une expression relative à une royauté qui n'existait plus.

Aussi, ce n'est pas sans étonnement qu'on a vu cette maxime reproduite dans le Code constitutionnel de l'an II, et on en a pu conclure, dès lors, que ceux qui l'inséraient pouvaient avoir des projets dont le développement ultérieur exigerait de leur part l'émission d'opinions pour lesquelles ils désiraient se couvrir de cette irresponsabilité.

On ne l'a pas vu avec moins d'étonnement répétée dans la Constitution de l'an III.

Elle ne se trouve, cette maxime réduite en loi, dans la Constitution d'aucun gouvernement ancien ni moderne fondé sur la raison et l'équité.

Et comment y serait-elle ? Comment voudriez-vous que les premiers fonctionnaires ne soient pas responsables d'opinions qui peuvent faire le malheur de leurs commettants ? *Ce sont des opinions,* disent-ils ; sans doute, mais ce sont ces opinions qui *commandent les actions* ; ce sont ces opinions qui deviennent des lois ; ce sont ces opinions d'où découle le mode d'existence publique ou privée, fortunée ou malheureuse de vingt-cinq millions d'hommes ; elles sont bien plus que les *actions,* elles sont les mères, les génératrices, les causes irrésistibles.

C'est dans les assemblées primaires que tout citoyen peut énoncer une opinion sans en être responsable. Il y est pour son compte. Son opinion fait partie de lui-même. Il n'encourt, en l'énonçant, que la responsabilité morale. Mais dans un Corps législatif, le député que le peuple y envoie avec la commission de maintenir sa souveraineté, de conserver ses droits les plus sacrés, ne peut énoncer des opinions qui, contraires à cette commission dont il s'est volontairement chargé, altèrent ces droits ou tendent à les altérer, sans encourir non seulement la responsabilité morale, mais toute autre responsabilité.

Le député n'est point pour son compte au Corps législatif, il y est pour celui de ses commettants, pour celui de la nation, pour celui de son souverain, devant lequel il est responsable sous tous les rapports de toutes opinions provocatrices de mesures ou d'actions médiatement ou immédiatement, directement ou indirectement contraires à la souveraineté, aux droits, au bonheur de la nation, dont il a accepté l'honorable commission. Les députés ne peuvent même, collectivement ni individuellement, réclamer une irresponsabilité absolue, les uns sans se déclarer coupables pour le passé, les autres sans faire pressentir pour l'avenir leur lâche disposition à une trahison plus ou moins prochaine, plus ou moins voilée.

Ainsi, c'est par une erreur, si ce n'est par un crime, que l'article de l'irresponsabilité absolue pour les opinions se trouve dans la Constitution de l'an II, et qu'il y est textuellement porté que *les députés ne seront point responsables pour leurs opinions énoncées dans le sein du Corps législatif.*

Mais en adoptant même cette dérogation immorale et honteuse, en l'adoptant parce qu'elle est portée dans la loi positive que je vous ai accordée, elle n'est applicable qu'aux opinions, et il s'agit ici d'une action du ressort du pouvoir exécutif; recherchons ce qui concerne ces sortes d'actions.

La Convention avait été nommée sans autres formes, sans autres conditions, sans autres privilèges, sans autres fonctions, sans autres droits positifs, sans autre objet que ceux que j'ai rapportés ci-dessus. Tout ce qu'elle a exercé au-delà est usurpation. Voulez-vous que je vous trace l'origine, les moyens et les progrès de cette usurpation; voulez-vous que je vous nomme les usurpateurs en chef et ceux qui les servaient en second; voulez-vous que je vous spécifie et les lieux et les temps?

Je vous épargne ces détails qui pourraient vous embarrasser; je reviens au principe que les droits du peuple sont imprescriptibles. Son silence n'est jamais une autorisation, et lorsque, dans son ambition délirante, la Convention, entraînée par ces intrigants, saisit d'une main astucieuse et retint d'une main ferme le sceptre exécutif contre les principes du droit public universel, les députés qui l'ont reçu d'elle se sont soumis à toutes les conditions sous lesquelles on exerce ce genre de pouvoir; la Convention n'a pu dire que les membres qu'elle chargeait de l'exercice du pouvoir exécutif, sous le nom de Comité de salut public ou autre, pouvaient tout faire et ne répondre de rien : *ils sont essentiellement responsables de leurs actes de pouvoir exécutif.*

Préférez-vous la Constitution de l'an III? je vous l'accorde : donnez à cette Constitution un effet rétroactif, je le veux bien.

Vous trouverez, article X : *Les citoyens qui ont été ou qui sont membres du Corps législatif ne peuvent être recherchés,*

*accusés, jugés, en aucun temps, pour ce qu'ils ont dit ou écrit
pendant l'exercice de leurs fonctions.*

C'est donc encore dans celle-ci, à l'exercice des fonctions
législatives, que se borne l'irresponsabilité individuelle des
députés. Là est la limite. Cette éponge ne lavera point leurs actes
dans l'exercice du pouvoir exécutif.

Voulez-vous la Constitution de 1791? je vous l'accorde encore.
Donnons-lui de la valeur, alors même qu'elle n'existait plus par
l'effet du 10 août.

L'article 7 de la section 5 du chapitre 1 du titre 3, en traitant
de *la réunion des représentants en assemblée législative,*
s'exprime ainsi : *Les représentants de la nation sont invio-
lables; ils ne pourront être recherchés, accusés ni jugés dans
aucun temps, pour ce qu'ils auront dit, écrit ou fait dans
l'exercice de leurs fonctions de représentants.*

Quelles étaient les fonctions du corps des représentants dont il
s'agit dans ce chapitre? *Les fonctions législatives,* et rien autre.
Ce n'était point les fonctions exécutives, puisque celles-ci étaient
textuellement remises entre les mains d'un roi, sous la ridicule
fiction d'un autre représentant héréditaire.

Je vais au-delà. Voulez-vous prendre le vœu des cahiers donnés
par la nation à ses députés au commencement de 1789? J'ai
extrait, dans le temps, tous ceux qui ont été imprimés. La nation
les envoie pour faire des lois; aucun cahier ne les autorise à
s'immiscer dans l'exécution; aucun cahier n'a ainsi l'occasion
de provoquer leur irresponsabilité dans un cas qui n'est pas
supposé.

Si les principes du droit public universel, si les titres donnés
par le peuple, si toutes les Constitutions que vous appelez à votre
secours n'attribuent l'irresponsabilité qu'aux fonctions législatives; si les mêmes principes, les mêmes titres, les mêmes lois
positives déclarent *responsables* tous hommes chargés du
pouvoir exécutif; si la Convention elle-même vient, dans ces
derniers temps, de faire l'application de ces principes et de ces
lois, en donnant le grand exemple d'infliger un juste châtiment
au chef criminel du pouvoir exécutif, que dix-huit siècles de
préjugés paraissaient mettre à l'abri de cette punition, à quel
titre voudraient-ils, les Septemvirs, n'être point responsables des

actions du pouvoir exécutif qu'ils exerçaient comme les membres du Conseil exécutif, comme les membres du Directoire, comme les rois, comme les ministres, comme les généraux, comme les administrateurs, comme les juges, comme tous les fonctionnaires actifs, qui sont, qui ont été, qui seront à jamais responsables de leurs actions ?

Vous n'aurez, certes, rien de raisonnable à me répondre, vous n'aurez rien à objecter à ma demande devant le Tribunal civil de la Seine, troisième section, devant la raison éternelle, devant la raison des siècles.

Vous aurez encore moins de chicane à m'opposer lorsque je vous citerai ce grand et sublime principe gravé dans tous les cœurs honnêtes et libres, proclamé dans les déclarations des droits de 1789, 1791, 1793, et qui n'a pas été effacé de celle de 1795 : *La loi est la même pour tous, soit qu'elle protège, soit qu'elle punisse*, et nous ne sommes pas arrivés à ce point d'aristocratie, où l'on tend, dans lequel la marche juridique adoptée pour un citoyen n'est pas suivie pour un autre.

Vous n'avez pas vécu, Merlin, dans les démocraties, et moi j'ai eu cet avantage. J'y ai vécu par la pensée lorsque j'étais forcé d'habiter la France sous un roi ; j'y ai vécu de fait, lorsque les circonstances m'ont permis de m'y retirer pour fuir le spectacle qui révoltait mon cœur, de la royauté dévorant en substance vingt-cinq millions d'hommes, sans plaisirs, sans jouissances, en bâillant et pour se désennuyer. Lorsque je m'y suis retiré pour jouir des avantages inestimables pour moi de la liberté et de l'égalité, eh bien, je vous dirai, d'après mon observation et d'après mon expérience propre, qu'il n'y a pas d'Etat où la marche juridique tenue pour un citoyen soit plus exactement suivie pour un autre, et que, bon gré mal gré, il faudra que le Septemvir Carnot passe par où j'aurai passé. Si ce n'est pas par mon fait, ce sera par celui d'un autre ; si ce n'est pas dans une année, ce sera dans une autre. Ah ! croyez-en mon augure, abandonnez votre système d'interprétation de la loi du 4 brumaire, faux en lui-même et imprudent dans ses conséquences, ne fût-ce qu'en conduisant à traiter de semblables questions.

Merlin, législateur au 4 brumaire, est de la force de Christophe de Beaumont. *Avez-vous lu mes mandements ? Et vous, Mon-*

seigneur ? lui répondit Piron. Merlin semble n'avoir pas la première idée de ses lois. L'article III porte : *La Convention abolit, à compter de ce jour, tout décret d'accusation ou d'arrestation, tout mandat d'arrêt, mis ou non à exécution ; toute procédure, poursuite et jugement portant sur des* FAITS *purement relatifs à la Révolution ;* et l'article IV s'exprime ainsi : TOUS DÉLITS *commis pendant la Révolution et prévus par le Code pénal, seront punis de la peine qui s'y trouve prononcée contre chacun d'eux.*

Cette loi du 4 brumaire distingue donc clairement les FAITS *relatifs à la Révolution, des* DÉLITS *prévus par le Code pénal.*

Les délits sont des actes en contravention avec les deux Codes criminel et civil conservés pendant la *tourmente révolutionnaire.* Les faits relatifs à la Révolution, sont les actes politiques exercés sans égards au Code politique, annihilés par *l'insurrection révolutionnaire,* et exécutés, soit conformément aux principes du droit public universel, soit à des lois de circonstances, faites momentanément pendant la tourmente.

Toutes mises en arrestation par les Comités révolutionnaires, toutes mises en arrestation exercées par un citoyen sans être membre d'un Comité révolutionnaire, comme il s'en est opéré dans cette lutte extrême des républicains contre les royalistes, *sont des faits relatifs à la Révolution ;* il suffira, pour s'en convaincre, de rappeler ce qui concerne ces arrestations, aux diverses époques de la Révolution.

Elles commencèrent avec le 14 juillet 1789 : en ce moment grand et terrible, les patriotes arrêtèrent et menèrent à la maison commune tous les hommes qui leur étaient suspects. Un Comité révolutionnaire monta une machine pour recevoir des dénonciations, atteindre ceux de ces gens suspects dénoncés qui se cachaient et pour les faire arrêter. L'Assemblée constituante étant venue à Paris par suite des journées des 5 et 6 octobre, son Comité des recherches continua d'exercer les mises en arrestation.

Le peuple renversant le trône au 10 août reprit l'exercice des mises en arrestation. Le Comité de sûreté générale de la législature le seconda et continua ensuite les arrestations.

L'exercice des arrestations par le peuple était encore une fois tombé en désuétude, et le Comité de sûreté générale de la Convention seul en ordonnait, lorsque les trahisons répétées de la faction royaliste par accommodement, et la défection ostensible de Dumouriez, général affidé de cette faction, mirent la patrie dans un nouveau danger, aussi grand au moins que celui d'août 1792. Les Autrichiens furent réintroduits sur le territoire de la République, occupèrent plusieurs de nos places fortes, s'avancèrent sur un rayon moins long et moins difficile à parcourir; et la Vendée, adroitement préparée, s'avançait simultanément sur le rayon opposé, plaçant la Convention et Paris entre deux feux. Ces dangers firent renaître dans les esprits l'idée de recommencer les arrestations.

Alors la Convention ordonna spontanément la clôture des barrières de Paris et une visite domiciliaire, disposition qui emportait l'arrestation des gens suspects trouvés dans cette visite : la faction royaliste par accommodement, pour dissiper de son mieux les soupçons trop fondés qu'on avait contre elle, en avait appuyé elle-même la proposition, ainsi que celle de créer, dans chaque section, des Comités de surveillance, qui mettraient en arrestation les hommes suspects.

Cependant les arrestations, ainsi laissées entre les mains du peuple ou de fonctionnaires très rapprochés de lui, étaient peu nombreuses. Le caractère de la nation française a toujours été, dans des circonstances semblables, d'en imposer par d'éclatantes menaces, de faire beaucoup de bruit et peu de mal ; ceci est avéré, non seulement par ce qui s'est passé dans cette Révolution, mais par les récits historiques de celles qui l'ont précédée, quoiqu'ils nous aient été transmis par des écrivains presque tous aux gages des rois, pour aggraver les torts des peuples et diminuer ceux des tyrans, et que les censeurs royaux n'eussent pas permis à des hommes véridiques de publier des mémoires qui n'auraient pas chargé le peuple ; cette vérité importante saille de toutes les histoires.

Longtemps après l'établissement de ces Comités de surveillance, il se forma tout à coup dans les Comités de gouvernement, et par une sorte de prodige inouï, une coalition d'hommes, très divers sous tous les rapports intellectuels et moraux, et très opposés sous tous les rapports sociaux et politiques. Les arrestations fixèrent leur attention.

Les Comités révolutionnaires devaient, depuis six mois, mettre en arrestation les gens *suspects*. Le vague de ce mot avait jusqu'alors retenu les plus ardents. Ce que l'un des membres regardait comme une condition de suspicion, l'autre souvent ne le regardait pas comme tel, et l'on ajournait.

La nouvelle coalition, le *monstre septemviral*, voulut activer ces arrestations. Il pressa le Comité de sûreté générale qui pressa celui de législation de s'en occuper.

La loi de septembre 1793 fut rendue. En déterminant les conditions auxquelles on devait mettre les gens en arrestation, elle dissipa ce qu'il y avait de plus obscur et détruisit l'effet modé-rantin de ce vague. Elle défendit à la Commune toute communication avec les Comités révolutionnaires au sujet des arrestations, et établit leur relation exclusivement avec le Comité de sûreté générale.

Immédiatement après cette loi de septembre 1793, dont Merlin, alors terroriste, fut un rédacteur, les arrestations se multiplièrent au point que la Commune put à peine suffire à fournir d'un moment à l'autre des bâtiments pour loger les détenus. Les membres des Comités révolutionnaires, échauffés par les exhortations des Comités de salut public et de sûreté générale, croyaient manquer à leur devoir, dès que, sur la moindre indication d'une condition exprimée dans la loi, ils ne mettaient point en arrestation. Chacun de ses membres craignit bientôt d'être destitué et mis lui-même en état d'arrestation, par ordre des Comités de Gouvernement, s'il balançait à prononcer celle des gens contre lesquels il n'avait aucun soupçon, dès que cette moindre indication d'une condition exprimée par la loi, lui était présentée; tel fut l'effet de la loi de Merlin.

Je dis par ordre des Comités de gouvernement, parce que, quoique le Comité de sûreté générale fût chargé spécialement de ces exécutions, il n'était véritablement que l'instrument passif du Comité de salut public, ou plutôt des Septemvirs, dans le cabinet desquels les députés du Comité de sûreté générale arrivaient chaque soir avec le portefeuille, pour rendre compte de leurs opérations, recevoir de nouveaux ordres, rarement des approbations, quelquefois des réprimandes, et toujours des excitations qu'ils rendaient ensuite aux Comités révolutionnaires.

On voit comment les membres de ces derniers furent entraînés dans l'action la plus rapide. La Commune crut apercevoir quelques excès. Elle avait occasion de conférer avec les Comités révolutionnaires pour d'autres objets. Elle se proposa d'en profiter pour les entretenir fraternellement de ce qui lui était revenu sur les arrestations, et rappeler, sans autorité, et seulement par voie d'instruction, à une mesure convenable, ceux qu'un zèle trop ardent ou trop peu éclairé semblait en écarter. Elle prit un arrêté pour convoquer le lendemain deux membres de chacun des quarante-huit Comités révolutionnaires.

A peine l'arrêté est-il mis aux voix, que les Comités de gouvernement en sont informés par les espions qu'ils entretenaient à la Maison commune. Je me rends au Comité de salut public, où je trouve les deux Comités de gouvernement réunis et délibérant déjà sur ce sujet. Je n'ai point de peine à justifier les intentions de la Commune, qui, certes, ne pouvait vouloir empêcher les arrestations, mais seulement prévenir, sous la forme d'instructions fraternelles, des abus qui lui étaient dénoncés. On résumait l'accusation et la justification, sinon dans *une vérité parfaite*, au moins avec quelque modération. Carnot, d'abord royaliste, aujourd'hui aristocrate, alors non pas démocrate, mais terroriste dans le grand genre, appuya la motion exagérée faite antérieurement, selon laquelle on devait présenter à la Convention un rapport sur l'attentat de la Commune, qui avait voulu s'immiscer dans les arrestations pour ralentir l'ardeur des Comités révolutionnaires, en obtenir un décret portant défense, etc.

Le lendemain, la Convention rend, à l'ouverture de la séance, le décret demandé; il est expédié et envoyé sur-le-champ, par des ordonnances, à la Commune, et aux quarante-huit Comités révolutionnaires. Je fis part aux membres de ces Comités, qui s'étaient déjà rendus dans la salle du Conseil général de la Commune, du contenu du décret. Ils se retirèrent en concluant, de ce coup même, l'importance qu'on mettait à ce qu'ils continuassent les arrestations avec la plus grande vigueur, et présumant le traitement qui les attendait, s'ils n'incarcéraient à toute outrance, d'après la manière dont la Commune était flagellée, pour avoir seulement désiré d'entrer en explication sur des excès qu'on lui avait dénoncés.

Les arrestations redoublèrent; bientôt elles ne se bornèrent plus aux royalistes, on y comprit les patriotes qui n'étaient point de la faction septemvirale.

Le 9 thermidor est très heureusement arrivé sous le rapport de la destruction de la tyrannie des Septemvirs; il m'a sauvé la vie, et sans doute à beaucoup d'autres; mais il était incomplet, et cette circonstance a produit de grands maux. Après quelques mois de redressement et de tendance à l'équité, la lutte entre les deux partis s'établit pour l'exercice du pouvoir.

Un agent très adroit de Louis XVIII remplissait alors à Paris, avec une grande distinction, un article de ses instructions fort important, celui auquel il tenait, comme au tronc principal, toutes les autres branches de contre-révolution, celui qui a produit dans le fait une contre-révolution momentanée. Ce moyen principal devait entrainer la rentrée de beaucoup d'émigrés, celle des prêtres réfractaires, le rétablissement du fanatisme, l'accroissement de la famine, la dépréciation des assignats, la révification de la chouannerie, les traités soporifiques, l'attiédissement de l'esprit public, le dégoût du régime républicain, la persécution et les assassinats des patriotes, leur destitution des administrations, leur expulsion de la Convention, leur déplacement des commandements militaires, la retraite en deçà du Rhin, et enfin le célèbre vendémiaire.

Ce seul article des instructions royales, aussi profond que laconique, qui devait produire tant et de si grands effets, et que nous avons vu dans la correspondance découverte de l'agent, était conçu en ces mots : *Enthousiasme pour les 73*; tout le reste n'était que du remplissage.

Les journalistes royaux les plus accrédités servaient parfaitement bien cet agent de Louis XVIII, et des membres de la Convention, cédant à je ne sais quel charme étranger à la Révolution, où le député ne doit prendre en considération que la liberté de son pays, concoururent puissamment, quoique sans intentions criminelles sans doute, à l'exécution de cet article fondamental des instructions de Louis XVIII; *ils enthousiasmèrent pour les 73*. La Convention reçut dans son sein les restes de la faction royaliste par accommodement. Quoiqu'il y eût certainement parmi eux quelques hommes mal à propos taxés de royalisme, et qui avaient suivi les chefs de file sans connaître leur but, quoique quelques autres aient sincèrement abandonné le royalisme depuis qu'il est bon d'être républicain, c'était en général rétablir les choses dans l'état où elles étaient avant le 31 mai, et l'on a vu ce qui est résulté de ce rétablissement; on a vu, par ce qu'ont opéré les frères *ignorantins* de la faction, ce qu'en eussent fait les frères *jésuites*.

Il existait dans la Convention une coterie de *médiocres*, bien distincte de la coterie des *modérés*, et de celle des *mitoyens*, dont l'une répugnait, par le sentiment, aux mesures extrêmes, et dont l'autre cherchait, par principes, à tenir le milieu entre les extrêmes. La coterie des médiocres donnait au contraire dans les extrêmes à la mode, cependant la médiocrité de ses talents la laissait toujours en seconde ligne; mais cette position lui procurait la facilité de passer, sans éclat, du service d'une faction à l'autre. Cette coterie des médiocres qui avait servi originairement la faction royaliste par accommodement, qui avait ensuite servi la faction septemvirale, qui avait ensuite servi les thermidoriens, suivit, selon sa coutume, le parti qui acquérait la supériorité, et la lui assura.

Elle adopta le mot *humanité*, comme ses maîtres, et fit ses preuves, au profit des royalistes, en persécutant les patriotes, comme elle les avait faites précédemment, au profit des Septemvirs, en poursuivant ces mêmes royalistes. Elle appuya les arrestations, les refus d'élargissement des républicains, leur mise en jugement pour des niaiseries ou des erreurs inséparables du tumulte d'une grande Révolution, et il sortit de la fabrique de Merlin, comme une amende honorable, un projet de loi pour juger les patriotes, avec un *minimum* de jurés. Conception aussi neuve que celle d'un *maximum de défenseurs officieux* pour les malheureux livrés à la Commission militaire du Temple, et que l'ombre de l'Hôpital n'enviera pas à Merlin. La versatilité dans les opinions est un défaut de l'entendement; mais le passage *volontaire* du service persécuteur pour le compte d'une faction, à celui d'une autre faction contraire, est un vice de cœur. C'est la caractéristique qui entache la coterie des médiocres. C'est celle de Merlin.

A cette seconde époque des arrestations, elles ont été un peu moins nombreuses, mais elles ont été plus pénibles par la translation des individus dans différents forts et châteaux, selon l'ancien mode royal. Les Comités de gouvernement ont aussi, durant cette période, envoyé moins de gens à l'échafaud ; mais on en a assassiné davantage sans les formes juridiques, trop appréciées pour qu'on les employât ; il y en a plus que compensation, les actes publics en déposent.

Ainsi, dans la première époque, on voit la Convention, mue par le vœu des patriotes, donner au peuple une violente impulsion pour les arrestations révolutionnaires ; dans la seconde, on la voit, mue par les royalistes, donner aux victimes et aux émigrés pourvus en radiation, une violente impulsion pour les arrestations contre-révolutionnaires.

Tant que le mouvement révolutionnaire est resté dans le peuple, suffisant pour faire marcher le char de la Révolution, il en résultait cependant plus de bruit que d'effets, plus de peur que de mal, et l'action portait sur les seuls royalistes ; lorsque le gouvernement s'est emparé du mouvement révolutionnaire, sous le prétexte de le diriger, il l'a, d'une part, activé à l'extrême, et de l'autre, les gouvernants l'appliquant à leur intérêt privé et à l'intérêt de leur corps, sous le prétexte de l'intérêt de la République, les patriotes les plus purs ont été maltraités comme les royalistes.

Par opposition, le mouvement contre-révolutionnaire, placé dans le gouvernement, a présenté moins d'hommes envoyés à l'échafaud, moins d'assassinats sous forme juridique ; mais ce mouvement contre-révolutionnaire remis, ou laissé par la Convention aux victimes et aux émigrés, et, par ceux-ci, à leurs sicaires, a produit plus de meurtres, plus de guet-apens, des arrestations plus vexatoires, et a été plus cruel que tout ce qui s'est fait dans la Révolution.

A juger des unes et des autres arrestations révolutionnaires et contre-révolutionnaires, par leur objet, les premières tendaient à l'établissement des principes sacrés de la souveraineté du peuple, de la liberté du citoyen et de l'égalité des droits, et les secondes tendaient à leur destruction.

Les premières sont donc hors de blâme en elles-mêmes, les secondes sont très coupables envers la République et l'humanité.

Les premières étaient un moyen nécessaire pour opérer la Révolution et établir la liberté et l'égalité : *qui veut la fin, veut les moyens ;* et elles ont rendu des services éminents aux grandes époques de la Révolution, le 14 juillet, le 10 août, lors de la défection de Dumouriez. Elles ont même prévenu les plus grands maux pour plusieurs particuliers, en les empêchant de concourir à des actes de révolte qui eussent été plus sévèrement punis.

En défendant ces arrestations comme moyen de révolution, je suis bien loin d'approuver les excès qui ont été commis ; mais il est de l'équité de ne point les rapporter aux citoyens, ni aux membres des Comités révolutionnaires, instruments passifs des autorités supérieures. Le tort est tout entier à ceux qui, revêtus par leurs fonctions d'une autorité à laquelle rien ne pouvait résister, ont activé ce mouvement et ont empêché la Commune d'éclairer les acteurs sur les excès auxquels ils pouvaient être entraînés. Vainement ces chauffeurs, même ceux de la coterie des médiocres, les Merlin, les Carnot, ont-ils abandonné les hommes confiants qui n'avaient agi que par leur impulsion, par leurs ordres ; vainement les ont-ils diffamés, les ont-ils fait poursuivre, l'un, en proposant à la tribune des *minimum* de jurés ou des *maximum* de défenseurs officieux, l'autre, en y déclarant que la Convention doit, avec *ses bras de géant écraser* les unes contre les autres toutes les factions, car son idée dominante c'est d'écraser, c'est de détruire : disposition très heureuse dans un administrateur, qui appelle d'ailleurs faction tout ce qui ne sert pas son aristocratie ; on commence à s'éclairer sur tous ces faits et sur tous ces hommes. Les Russes esclaves se contentent de la formule : *le Czar l'a dit,* pour tout symbole de vérité. Le Français libre ne se contente pas de la formule : *on l'a dit à la tribune.* Il était passé en proverbe : *menteur comme un arrêt du Conseil d'Etat du roi ;* ne faites point qu'on lui substitue : *comme une proclamation ou un arrêté du Directoire.*

Toutefois, ces arrestations exercées par des Comités révolutionnaires ou par de simples citoyens, à quelqu'époque que ce soit de la Révolution, et sous quelque forme que ce puisse être, ces arrestations, soit révolutionnaires, soit contre-révolutionnaires, sont, comme on voit, des actes politiques tendant à établir une forme de gouvernement ou à s'y opposer, et inspirés par les sentiments du droit public universel, ou commandés par des lois de circonstance dans la Révolution ; ce sont essentiellement des *faits relatifs à la Révolution*, elles sont toutes comprises dans les articles III et VI de la loi du 4 brumaire. *Quoique Merlin en dise dans ses arrêtés*, il est textuellement *défendu aux tribunaux de recevoir à leur occasion aucune poursuite par action civile pour dommages et intérêts.*

J'ai dû employer ces feuilles pour rétablir le sens de cette loi, et en rectifier l'application ; je l'ai dû, puisque, selon le Directoire de germinal, une fausse interprétation de cette loi peut causer de grands maux ; je l'ai dû, puisque le Directoire de fructidor en détruit cependant les dispositions positives dans un de ses arrêtés ; je l'ai dû pour l'intérêt public.

Je ne profiterai pas de ce rétablissement du vrai sens des articles III et VI de la loi du 4 brumaire. *Une mise en arrestation par le Maire de Paris* ou par une autorité constituée, dans les attributions générales de laquelle se trouvait la faculté d'ordonner des arrestations, *n'est pas un fait* ESSENTIELLEMENT *relatif à la Révolution.* Elle peut avoir eu un objet de la compétence de cette autorité dans le cours ordinaire de ses fonctions.

Puisqu'une *mise en arrestation décernée par le Maire de Paris n'est pas un fait* ESSENTIELLEMENT *relatif à la Révolution*, les articles III et VI de la loi du 4 brumaire ne lui sont pas *nécessairement* applicables. Cette mise en arrestation, attaquée comme *abus d'autorité*, comme *arbitraire*, peut être considérée comme étant comprise dans l'article IV de la même loi, concernant les *délits prévus par le Code pénal.*

Quoiqu'il soit de principe de prendre toujours dans l'application des lois la chance favorable aux prévenus, cependant le Ministre de la Justice n'y étant pas strictement obligé, cette mise en arrestation, par le Maire de Paris, sera considérée, pour plus de sûreté, comme comprise sous l'article IV de la loi du 4 brumaire ; c'est, je crois, vous servir sur les deux toits.

Ce n'est point alors au Tribunal civil que l'accusé Pache devait être envoyé. L'article IV de la loi du 4 brumaire s'y oppose : *Les délits commis pendant la Révolution, et prévus par le Code pénal, seront punis de la peine qui s'y trouve prononcée contre chacun d'eux.* Et l'article 237 de la Constitution trace la marche : *En matière de délits portant peine afflictive ou infamante, nulle personne ne peut être jugée que sur une accusation admise par les jurés.* C'est donc du Tribunal criminel que je suis justiciable.

Je trouverai assez piquant, après avoir été dix-huit mois en prison sous les deux factions, septemvirale et royaliste par accommodement, après que ces deux factions ont fait pendant cette longue durée, et bien auparavant ce temps, toutes les inquisitions possibles, et imaginé les romans les plus bizarres et les plus absurdes pour m'attribuer des crimes ; après que les deux Comités de gouvernement, si puissants, maîtrisés par ces deux factions, ont dépensé des sommes énormes pour atteindre ce but coupable ; après que, sous leur influence, Touchet a présenté sa dénonciation au Tribunal criminel d'Eure-et-Loir, qui était à mon égard une Commission par laquelle on m'enlevait à mes juges naturels, Commission organisée sur le mode révolutionnaire, avec le *minimum* de jurés, le jury spécial, et tous les agréments, après que cette dénonciation en a été dédaignée, je trouverai piquant de me rendre une seconde fois en prison pour la même dénonciation, et d'être retraduit à un autre Tribunal criminel. Un tel exemple est peut-être utile dans une république naissante ; et quoiqu'amant de la tranquillité, j'eusse vu sans peine qu'un autre avait l'avantage de le donner, cependant je ne me refuserai point à cette suite de la persécution.

Je passe à la seconde partie de l'arrêté du Directoire.

§ II.

Le Directoire arrête, conformément à l'article 196 de l'acte constitutionnel, que le citoyen Touchet est et demeure autorisé à poursuivre le citoyen Pache, ex-Maire de Paris.

L'article 196 de la Constitution est ainsi conçu : *Le Directoire peut aussi annuler immédiatement les actes des administrations départementales ou municipales. Il peut suspendre ou destituer immédiatement, lorsqu'il le croit nécessaire, les administrateurs, soit de département, soit de canton, et les envoyer devant les tribunaux de département lorsqu'il y a lieu.*

En vertu de la première partie de l'article, le Directoire annule donc immédiatement un acte d'administration.

Mais, Merlin, vous qui avez lu plus de projets de lois à la tribune que tous les Charondas ensemble n'en ont pu créer; vous qui, travaillé de la *nomo-manie*, passiez avec raison pour un des légis-facteurs les plus féconds, vous n'entendez donc pas le sens du Code constitutionnel plus que celui de la loi spéciale du 4 brumaire, ou vous affectez de ne pas l'entendre. Cet article dont vous vous appuyez, est sous le titre : *Corps administratifs et municipaux.* Il s'agit uniquement et *exclusivement,* dans ce titre, des actes des administrations départementales ou municipales proprement dites, de leurs actes *administratifs* ; et l'acte que vous cassez n'est point de cette classe ; c'est une ordonnance d'arrestation, dont il est traité au titre : *Pouvoir judiciaire.*

Cet acte est, en effet, le premier terme de la série des actes judiciaires. Tout ce que la Constitution a fait en faveur du Directoire, c'est de lui accorder, article 145, *la faculté de décerner des mandats d'amener ou d'arrêt, lorsqu'il soupçonnerait conspiration, sauf à lui à renvoyer les prévenus sous deux jours devant l'officier de police;* et elle ne lui accorde nulle part la faculté d'annuler les mandats d'arrêts, ordonnances d'arrestation ou autres actes judiciaires des officiers de police.

Le mandat d'arrêt décerné, ou l'ordonnance d'arrestation rendue après un premier interrogatoire, ne peuvent être levés que par l'officier de police même, sur de nouvelles informations, ou par un juge supérieur devant lequel l'officier de police envoie le prévenu.

Vous voulez induire les autres en erreur par le mot *administration,* dont je suis encore obligé de rétablir le sens.

Une commune est la réunion des citoyens habitant un même lieu, présentant un ensemble de mêmes circonstances, cohabitation qui donne à ses habitants un système indivisible d'intérêts communs.

Lorsque dans l'Assemblée constituante, les reviseurs achetés par le roi s'occupèrent de Paris, ils observèrent combien cette grande et populeuse ville devait avoir d'influence sur le maintien ou le renversement de la Constitution qu'on leur payait si bien, et à la conservation de laquelle étaient attachées les grâces futures dont la Cour les berçait; ils cherchèrent comment ils pourraient l'empêcher d'y nuire; et ils estimèrent devoir faire un Code communal particulier pour Paris.

Ils n'entreprirent pas de détruire la Commune, faible reste mais témoin respectable, même dans l'échevinage, des anciennes démocraties gauloises, auxquelles César avait cru de sa prudence de ne point toucher, que les rois Goths, Bourguignons et Francs n'osèrent attaquer directement, et que leurs successeurs se bornèrent à miner par les moyens astucieux de la politique.

Les reviseurs n'imaginèrent pas d'instituer plusieurs communes dans une commune, dans un même local, dans une même enceinte, ce qui eût été une contradiction avec l'essence de la chose, même en changeant le titre de ces corps hétérogènes, en les appelant, par exemple, *municipalités*, car les changements de noms ne changent point l'essence des choses.

Ils laissèrent donc subsister la Commune dans son tout indivisible. Mais la grandeur du bien communal, et le nombre des communiers leur fournirent un motif plausible de partager, pour la facilité des opérations de détail, ce tout communal en sections, ce qui n'impliquait point contradiction avec l'essence de la chose, et d'établir que ces sections nommeraient des représentants communaux pour traiter les affaires communales.

Ils n'osèrent point non plus dépouiller le peuple du droit sacré de nommer immédiatement tous ses fonctionnaires communaux, et encore moins exiger que les principaux de ces fonctionnaires communaux fussent confirmés par le pouvoir exécutif; ils avaient bien moins d'audace que leurs successeurs.

Les quarante-huit sections communales élisaient donc chacune trois fonctionnaires, dont la réunion formait la commune délibérante sur les affaires communales, sur les affaires d'un intérêt commun aux habitants de Paris, formait la représentation de la commune, du tout communal, le Conseil général de la commune.

Comme ils avaient profité des circonstances de l'espace communal et du nombre des communiers pour partager le tout communal en quarante-huit sections, et établir une représentation, ils profitèrent de la multiplicité et de la variété des affaires pour en partager l'expédition. Ils firent ce partage selon la nature des affaires. Autre opération très plausible. On partagea donc les affaires en cinq classes principales.

Les quarante-huit sections communales choisirent immédiatement trente-six fonctionnaires, parmi les cent-vingt membres qu'elle avait précédemment nommés au Conseil général, pour en former un Conseil plus étroit, sous le nom de Corps municipal, et ceux-ci choisirent entre eux douze membres qui furent chargés d'administrer ces affaires réparties en cinq classes. On appela ces douze membres *administrateurs*, et la collection des administrateurs qui traitaient les affaires d'une même classe fut nommée *administration*.

Ainsi il y eut l'administration des subsistances et approvisionnements, l'administration des domaines et revenus, l'administration des travaux publics, l'administration des établissements publics, et enfin l'administration de police.

On donna à cette dernière toutes les attributions de l'ancienne police, comprises sous les deux mots *propriété* et *sûreté*, dont une partie appartient à l'ordre administratif, et l'autre à l'ordre judiciaire.

L'essence des fonctions ne change point par l'attribution qui en est faite à tel ou à tel : ce qui appartient à l'ordre administratif conserve ce caractère ; il en est de même pour ce qui appartient à l'ordre judiciaire.

Le Directoire peut casser, conformément à l'article 196 que vous citez, les actes de l'administration communale de police qui se rapportent à l'ordre administratif ; mais il ne peut, en vertu de cet article, casser des actes de cette administration qui se rapportent à l'ordre judiciaire. Ceux-ci, premiers termes de la série des actes judiciaires, quoique exercés par des hommes appelés *administrateurs*, dans le Code communal de Paris, ressortissent immédiatement et exclusivement à des tribunaux supérieurs.

Vous entraînez donc le Directoire à s'immiscer dans les fonctions judiciaires, contre la défense positive portée en l'article 202 de la Constitution de l'an III : *Les fonctions judiciaires ne peuvent être exercées par le pouvoir exécutif*; vous l'entraînez dans une forfaiture dangereuse pour la République.

Certes, si le Directoire joint à l'habitude fatale des Commissions militaires celle d'annuler à volonté les mandats d'arrêt ou les ordonnances d'arrestation, il dispose, par la première, de la vie d'hommes souvent purs, et, par la seconde, il soustrait à la crainte salutaire des tribunaux tous les coupe-jarrets assez criminels pour mériter sa protection, en servant ses vues ambitieuses, lorsqu'il en aura.

Quels débordements dans la société si l'homme, arrêté par le magistrat du peuple, est enlevé aux juges naturels, sur un arrêté du Directoire, qui casse l'ordonnance d'arrestation, est rendu à ses habitudes vicieuses, à ses passions anti-sociales; s'il peut, quoique prévenu et non jugé, recommencer ses délits, sans avoir à en redouter la répression juridique, parce que le Directoire se sera arrogé le pouvoir de casser les mandats d'arrêt ou ordonnances d'arrestation !

Quels débordements encore plus grands, en considérant l'emploi de ce pouvoir vraiment despotique, en faveur de la classe opulente, dont les passions ne seraient plus contenues par l'indispensable frein des tribunaux ! Ils se renouvelleraient, ces temps où les puissants se permettaient toutes les atrocités et les indignités les plus révoltantes contre les particuliers, assurés qu'ils étaient d'échapper, par des expédients semblables à vos arrêtés, au jugement et aux peines encourues ; ces temps dans lesquels nous avons tous vu le comte, le marquis, le duc, le fermier-général, le trésorier-général, le banquier, assassinant l'un son domestique, l'autre sa maîtresse, le troisième empoisonnant son père, le quatrième ravissant une fille timide, le cinquième faisant une banqueroute frauduleuse, et arrachés ainsi aux tribunaux, en être quittes pour quelques mois de disgrâce, d'exil ou d'emprisonnement dans un château royal.

Non seulement vous cassez l'acte, en vertu de la première partie de l'article 196 du Code constitutionnel, mais, d'après la seconde, vous me renvoyez devant le Tribunal civil du département de la Seine.

Ainsi, parce que vous vous supposez en droit de casser un acte de l'administration de police, et d'envoyer les administrateurs devant les tribunaux, vous y envoyez le Maire. *Risum teneatis, amici*. C'est à peu près comme si, lorsqu'on se plaint d'une faute qui peut avoir été commise par Pierre, Paul ou Jacques, vous envoyez Paul en jugement. Votre jugement était troublé. Il faut que je remonte à l'origine des institutions.

Lorsque les constituants reviseurs parvinrent, dans le travail pour le Code communal de Paris, à l'article concernant le Maire, ils observèrent que s'ils laissaient subsister ses attributions, comme celles des maires des autres communes, il pourrait acquérir une influence qui le rendrait très dangereux au roi, à la royauté et à la précieuse Constitution royale de 1791, si bien payée, et dont la conservation donnait encore l'espérance d'autres grâces ; ils résolurent d'y pourvoir.

Ils n'imaginèrent pas, encore une fois, d'exiger que la nomination du Maire fût confirmée par le pouvoir exécutif, mais ils le dépouillèrent le plus qu'ils purent. Toutes les affaires adressées au Maire, toutes les pièces relatives à ces affaires, et tous les plus petits détails durent être renvoyés par lui aux administrations, seules habiles à les examiner, discuter, traiter pour les décider ou les rapporter au Conseil municipal, au Corps municipal ou au Conseil général. Le Maire fut seulement chargé de présider, soit ces corps, soit ces administrations, d'y donner sa voix et d'y recueillir celles des autres. Voilà pour les affaires administratives en général, et pour les affaires administratives de la police en particulier.

Quant aux affaires de la police relatives à l'ordre judiciaire, aux mandats d'arrêt, aux interrogatoires, aux ordonnances portant arrestation, aux ordonnances portant élargissement, actes dans lesquels le Maire pouvait intervenir selon les circonstances, il est de principe que ce sont ceux qui opèrent, Maire ou administrateurs, auxquels elles sont imputées. Parce que *les administrateurs de police* ont rendu, après un interrogatoire, une ordonnance portant qu'un citoyen serait tenu en arrestation pour plus ample information, ce qui a exigé une dizaine de jours de détention à la chambre de police, après lesquels ils ont prononcé son élargissement, il n'y a donc pas lieu à autoriser le plaignant à poursuivre *le Maire* devant les tribunaux. *Le Maire s'y défendra*. — A merveille, et je le pense comme vous. Mais vous deviez lui épargner l'ennui de cette discussion ; les souvenirs et le spectacle des vilenies, vous savez qu'elles l'affligent. C'était votre devoir ; vous ne deviez pas renvoyer nominativement le Maire, puisque vous cassiez un acte, vous deviez renvoyer les auteurs, quels qu'ils fussent de l'acte.

Ce *quiproquo* montre que vous avez encore enfreint l'article de la Constitution, qui suit celui que vous avez si maladroitement cité et si faussement appliqué. Il est dit dans cet article 97 : *Tout arrêté portant cassation d'acte, suspension ou destitution d'administrateur, doit être motivé.* Votre arrêté portant cassation d'acte, n'est point motivé.

Pour motiver un semblable arrêté, il faut exposer, non pas simplement le contenu de la pétition du plaignant, mais la réponse de l'administrateur défendant ; et après avoir comparé l'une à l'autre, établir la défectuosité de l'acte d'administration qu'on casse. Vous ne parlez dans votre arrêté que du dire du plaignant : *Vu la pétition du citoyen P. Touchet.* Quoiqu'il mérite bien toute votre confiance, vous n'en deviez pas moins recevoir les éclaircissements d'une administration ou d'un administrateur dont vous cassiez l'acte et les relations dans votre arrêté.

Pour motiver un arrêté qui casse un acte d'administration, si l'on ne veut pas entendre ou voir la défense de l'administration, il faut au moins voir l'acte qu'on casse. Vous ne l'avez pas vu cet acte. Si vous l'eussiez vu, vous n'eussiez pas renvoyé devant les tribunaux le Maire qui n'est pour rien dans l'acte.

En m'amusant quelquefois au pied d'un chêne ou d'un hêtre, au bord d'une fontaine ou d'un ruisseau, à repasser toutes les bourdes dont ces Messieurs ont amusé et amusent le public sur mon compte, je m'étonne et d'eux et de moi-même. En prenant les palais des grands, ils ont donc pris leurs vices et jusqu'à leurs petitesses ! Mais si petits qu'ils soient devenus, ces nouveaux Magnats, comment se peut-il que moi, chétif, je fixe encore leur attention ?

Si j'ai forcé Dumouriez de laisser conquérir la Belgique par les volontaires, ce qu'ils eussent fait sans lui plus rapidement avec moins de pertes, en prenant l'armée autrichienne et ses bagages, et en poussant jusqu'au Rhin au lieu de s'arrêter sur la Roër ; si j'ai empêché Custine d'exécuter le projet pour lequel il militait de s'enfoncer dans la Franconie, ce qui eût livré les volontaires aux périls d'une retraite forcée dans un pays difficile, en présence des Autrichiens, des Prussiens et des troupes des Cercles ; si j'ai résisté à la volonté des royalistes par accommodement, appuyés en Comité de discussion générale par Carnot, alors suivant de cette faction, qui exigeait que je dégarnisse les armées du Nord et du Rhin où nous étions en pleine activité, où nous eussions eu le dessous, pour porter des forces aux Pyrénées où nous n'étions pas en guerre et où les Espagnols ne pouvaient commencer d'hostilités avant dix mois ; si j'ai empêché la dissémination des volontaires dans les trois parties du monde, que commandait, dans un de ces Comités de défense générale, la faction royaliste par accommodement sans autre but que de nous affaiblir dans celle-ci et de livrer la mère-patrie au monarque par accommodement ; si j'ai retardé le plus qu'il a été possible l'universalisation de la guerre si perfide, à l'époque où nos moyens n'étaient pas, ne pouvaient pas être développés, que la faction provoquait pour nous faire succomber sous le nombre, ne pouvant nous faire succomber sous la valeur ; si j'ai empêché Dumouriez de mettre obstacle au jugement de Capet, l'un des objets pour lesquels la Convention avait été convoquée, comme il en avait formé le projet avec la faction, en parlant au nom de ce qu'il appelait son armée, pour conserver dans la personne de leur roi une pierre d'attente à la royauté ; si quatre cent mille hommes, partis en juin, juillet et août 1792 de leurs foyers spontanément, *ex abrupto*, et par conséquent avec ce qu'ils avaient sur le corps, dont les habillements, équipements, armements, étaient hors de service à l'entrée de l'hiver, ont été entretenus, quoi qu'en publiât Dumouriez et la faction qui le soutenait, tellement que les magasins de la Belgique n'étaient pas dégarnis, lorsqu'il les a livrés aux Autrichiens, et que j'ai retrouvé dans le château de Ham des capotes françaises sur les prisonniers allemands, qui m'en ont révélé l'origine ; si j'ai contenu Dumouriez et Custine jusqu'à la fin de mon ministère, en sorte que ce n'est que six semaines après mon exclusion, lorsque tout a été désorganisé, que Dumouriez a osé se faire battre pour préparer sa défection, et Custine quitter ses positions pour abandonner

Mayence ; si malgré les efforts, non seulement de la faction royaliste par accommodement, mais malgré l'appui que lui prêtaient pour ce point tous les intrigants des diverses autres factions, partis, ou coteries de la Convention, qui brûlaient de s'immiscer dans l'exécution, j'ai maintenu la séparation des deux pouvoirs tant que j'ai resté dans le Conseil exécutif, et si la confusion des pouvoirs d'où sont sortis tous nos maux, n'a été effectuée qu'après mon exclusion du Conseil exécutif ; si, le huitième jour de ma mairie, j'ai empêché l'effusion du sang dans le pillage de la rue des Lombards, qu'avait préparé la faction royaliste par accommodement, pour donner occasion à Dumouriez de marcher sur Paris avec son armée, ineffusion du sang qui rendit sa lettre, dictée à l'avance, ridicule par l'authenticité de son mensonge, et vaine par la manifestation de l'intrigue ; si j'ai dissipé, sans coup férir, le rassemblement du 10 mars, à l'occasion duquel des patriotes égarés m'ont diffamé et me diffament encore tous les jours ; si, lors de la trahison enfin déclarée de Dumouriez, d'où suivit comme un torrent la rentrée des Autrichiens dans la Belgique, l'occupation de plusieurs de nos places frontières, la position de leurs avant-gardes à quarante-cinq lieues de la Convention, la perte de nos conquêtes sur le Rhin, l'invasion du département du Bas-Rhin, l'accroissement simultané de la Vendée qui s'approchait aussi de la Convention, j'ai maintenu le calme dans Paris et empêché que les députés, traîtres, protecteurs du général traître, ne fussent victimes de la juste indignation des républicains exaspérés de tant de trahisons ; si, dans le mouvement, à l'occasion du renversement de la Commission des onze, modèle des tyrannies depuis instituées pour parvenir au renversement de la royauté par la destruction des patriotes, j'ai maintenu, durant les journées du 31 mai, 1 et 2 juin, un ordre tel que Paris n'en a pas été bouleversé et démoli à n'y plus trouver pierres sur pierres, comme s'en flattaient les deux factions royalistes, qui ne célaient, pas plus l'une que l'autre, leur haine pour cette ville, un ordre tel qu'il n'y a pas eu dans ce grand acte de la justice du peuple, qui a sauvé la République à cette époque, une seule égratignure, qu'il n'y a pas eu une vitre cassée ; si dans les premiers moments, après ces journées mémorables qui ne convinrent à aucune

faction, à aucun parti, à aucune coterie, parce qu'elles ne conve-
naient qu'à la nation, les membres des Comités, incertains, sans
concordance, divisés, épars, laissant flotter les rênes, tandis que
les agitateurs les plus puissants parcouraient avec les plus grands
moyens les départements qu'ils tentaient d'égarer, redoublaient
d'efforts dans la Vendée, organisaient la chouannerie, j'ai calmé
les cœurs, éclairé les esprits, j'en ai imposé à l'un, j'ai adouci
l'autre, et soutenant presque seul le mouvement des rouages
dans cette divagation des moteurs, empêché la dissolution de
l'Etat désirée par la plupart; si le résultat de ces grandes et
mémorables journées a été la première Constitution démocratique promulguée dans ce beau pays depuis l'anéantissement
des démocraties gauloises par Jules César, et si les avantages
qu'on peut espérer de la Constitution de l'an III sont incontestablement dus à la préexistence de la Constitution de l'an II; si un
autre résultat de ces grandes journées, au moment de la proclamation si solennelle de cette première Constitution démocratique, a été un tel enthousiasme dans la nation entière, dans le
corps de la nation, dans la *Nation*, qu'elle a provoqué et pris
cette grande mesure, réparatrice de la perfidie de l'universalisation de la guerre, réparatrice de la perfidie de la défection des
généraux, qui a produit six cent mille nouveaux combattants
avec lesquels, depuis ce temps, la République a soutenu les
efforts de tous ses ennemis coalisés, dégoûté les uns, vaincu les
autres et marché à une stabilité définitive qu'aucun effort extérieur ne pourra ébranler; si, au milieu de tous ces embarras, j'ai
supporté tout le faix de cette pénurie préparée par quatre années
de régime contre-révolutionnaire, soit sous le Roi, soit sous les
Royalistes par accommodement, et pour l'organisation de laquelle
Louis XVI et Monsieur avaient des agents encore plus instruits
dans leurs parties, encore plus pratiques et aussi actifs que ceux
qui ont été chargés depuis d'enthousiasmer pour les 73, de l'em-
bauchage, de la direction des élections, de la dépréciation des
assignats; si mon administration est singulièrement remarquable, parce que dans le choc, le plus terrible des factions les
plus puissantes, les plus astucieuses, les plus aigries, presqu'au
moment de la naissance de la République et cependant de sa
probable destruction, les rives de la Seine n'ont point été ensan

glantées, et si je marche avec une écharpe sans tache, entre les horribles massacres du Champ-de-Mars, les funèbres événements du 2 septembre et les malheureuses répressions des égarements du 10 thermidor et du 13 vendémiaire, qu'un Maire bien intentionné eût prévenus; enfin, si me servant ouvertement de tous les partis lorsqu'ils présentaient des vues et des tendances utiles à la marche de la Révolution et à l'établissement de la République, et les contrariant tous aussi nettement lorsqu'ils se livraient aux projets de leurs intérêts particuliers, la victoire a plané sur les armées françaises durant tout mon ministère, et l'esprit démocratique sur la grande Commune, et par influence sur la France entière, durant toute ma mairie, ce n'est point l'effet d'aucun don, d'aucun moyen extraordinaire, c'est uniquement par celui de mes attributions politiques, d'une détermination ferme de remplir, dans toute leur étendue, les devoirs qu'elles m'imposaient, et le secours ou de mes collègues ou des citoyens que j'avais engagés à se réunir autour de moi et qui ont bien voulu me seconder dans mes pénibles fonctions.

Dès que je ne suis plus fonctionnaire, réduit à mon individu, je ris de ma nullité comme de celle de tant d'autres. Je ne suis ni orateur, ni écrivain, ni riche, ni intrigant. Je n'ai eu que deux passions dans ma vie; la première est éteinte; la seconde, l'amour de la liberté et de l'égalité, était satisfaite par mon rétablissement dans un canton démocratique; elle l'est encore plus par l'établissement de la démocratie dans cette France où je suis né, où j'ai été élevé, où j'ai eu mes premières habitudes, où mes plus douces affections morales ont pris leur origine; dans ces départements dont j'admirais les avantages physiques, en m'attendrissant sur le sort de leurs habitants qui étaient si loin d'y répondre; dans ce Paris dont je n'ai jamais parcouru les rues sans que quelques monuments ne rappellent à mon cœur les plus aimables émotions.

Nul désir secondaire ne se joint à cette unique passion. Je ne dirai pas pour la liberté et l'égalité, *sic vos non vobis*, je veux aussi en jouir; mais je le dirai pour tous les accidents politiques auxquels les hommes inexpérimentés et non saturés attachent du prix. Si j'eusse voulu des places, je pourrais peut-être aujourd'hui figurer avec Dumouriez et quelques autres sur la liste

active des ministres d'un roi ; si j'eusse voulu de l'argent, j'eusse pu passer, comme quelques-autres, des marchés à mes alliés ou à ceux de mon domestique ; et dans une sincère appréciation de moi-même, sans être indifférent sur mon renom, je n'ai pas été tourmenté de la folie de gloire. Comment se peut-il donc qu'ils me persécutent ? Qu'y a-t-il de commun entre eux et moi ?

Tu as détruit les projets des uns ; tu peux encore, sinon agir, au moins surveiller ceux des autres. — J'en conviens.

Mais croyant qu'après avoir payé par actions et par passion ma quote-part à la Révolution, je pouvais prendre un moment de repos ; croyant, après une vie aussi laborieuse, pouvoir me livrer au tant doux *farniente* ; pensant que dès que l'on mettait enfin une Constitution à exécution, il fallait, pour laisser le Gouvernement constitutionnel s'établir, éviter qu'on ne prononçât un nom auquel étaient attachées des idées révolutionnaires ; persuadé encore qu'il était très utile à la chose publique de ne pas fournir aux royalistes et aux aristocrates la moindre occasion, toujours facilement saisissable dans les commencements d'une République, de faire adopter des mesures liberticides, sous le prétexte d'assurer la liberté, j'ai pris la résolution de m'abstenir de toute part active aux affaires publiques.

J'ai fait plus : par goût pour la campagne, par dispositions relatives à mes affaires domestiques, et encore pour éviter d'entretenir, par ma présence, l'irritation, quoiqu'injuste, de quelques royalistes forcenés, ou d'exciter la jalousie aussi peu fondée de quelques néophytes aristocrates, je me suis retiré de la société, je me suis éteint moi-même, je suis venu dans ce village où je vis seul. Là, sans relations politiques, ne voyant les affaires publiques que par leur résultat le plus général, satisfait à la fin de chaque période de juger au ton de mes voisins que cette République démocratique se maintient par la volonté toute puissante du plus grand nombre, malgré les fautes ou les trahisons de quelques-uns des gouvernants ; satisfait de sentir ainsi un mois de son existence ajouté à l'autre, parce qu'il en est des Etats comme des hommes à leur naissance, je me livre à la méditation sur le sort futur de cette population nombreuse ; je me complais à voir les citoyens acquérant de leurs droits et de leurs devoirs une connaissance plus claire et plus précise, par la diffusion de l'instruction, juger plus sûrement des événements dans leur relation à la félicité privée et publique, juger plus sûrement des hommes sous ces deux rapports, et les employer plus utilement comme instruments de cette double félicité; accroître tous, par un travail mieux entendu et une meilleure répartition de leurs moyens et de leur industrie, leur aisance absolue, quelles que soient d'ailleurs les différences dans leurs aisances relatives, et joindre au sentiment du mieux-être physique le sentiment du mieux-être moral et politique, qui les élève à concevoir presque de l'orgueil du nom français. Ainsi vivant tout entier avec la postérité, je ne blesse aucun contemporain. Ah! sans doute, cette idée, qu'on me persécute, est une imagination dont je suis dupe! — Et je continue ma promenade. Mais lorsqu'en rentrant, je trouve les assignations-Touchet ou les arrêtés-Merlin, je suis forcé de reconnaître qu'il y a un peu de réalité.

Ainsi, dans d'autres temps, je plaignais Rousseau de cette persécution dont il se plaignait lui-même. On me disait, dans les belles sociétés, c'est une fantaisie. Je fus à Genève, je fus dix fois au Val-Travers, j'allais promener fréquemment dans l'île du lac de Bienne, je vérifiais partout qu'elles n'étaient que trop réelles ces persécutions. Rousseau, vieux, sans moyens, ne pouvant plus écrire, n'en était pas moins poursuivi par le royalisme, l'aristocratie et le fanatisme qui se relayaient tour à tour. Ces monstres, dont une des passions est la vengeance, le déchiraient pour avoir concouru par son éloquence puissante à rappeler l'homme à la raison, à rappeler l'idée de la souveraineté du peuple; ces monstres, dont un des tourments est l'inquiétude, redoutaient qu'un mot de sa bouche ne pût nuire encore à leur profession anthropophage. Je suis loin de me comparer à Rousseau, je suis loin de son talent profond et sublime; mais j'ai eu quelque part à l'exécution. Un architecte avait enflammé les Athéniens du désir d'un monument superbe et nécessaire. *Ce qu'il a dit, faisons-le*, s'écrièrent quelques hommes. Le peuple entier le voulait, des millions de bras ont agi, nous avons une Constitution démocratique!...

Lorsque, pour ma part, j'ai reçu l'arrêté-Merlin, je l'ai déposé précieusement sur un coin de ma table, comme pièce pour servir un jour à *l'histoire de l'égarement de l'esprit et du cœur*. Le jugement intervenu depuis m'a obligé de l'analyser. Il est évident qu'il est plein de vices. Il présente un faux matériel dans la citation de l'une des lois qui lui sert de base; il autorise une poursuite qui est contraire au texte et au sens littéral propre d'une loi qui est dans toute son intégrité; il provoque les dissensions civiles, contre le texte de la loi, l'instruction et le devoir du législateur; il enfreint la Constitution en cassant un acte judiciaire hors de la compétence du Directoire; il l'enfreint en cassant un acte d'administration sans en motiver la cassation, sans que le Directoire ait même vu l'acte qu'il casse, sans qu'il en ait seulement une idée; il est absurde, en renvoyant nominativement un administrateur pour un autre devant les tribunaux.

La double infraction de l'acte constitutionnel, opérée sciemment et volontairement, est une autre révolte. L'ordre donné aux tribunaux d'agir contre le texte et le sens littéral propre d'une loi, en est une autre. Ces deux délits sont très graves en eux-mêmes, et réunis à l'excitation, aux dissensions civiles, ils forment un ensemble très dangereux de la part d'une autorité aussi puissante que le Directoire exécutif.

Cette qualification des délits du Directoire n'est point l'exagération d'une tête exaltée par le sentiment d'une injustice particulière, par les premiers mouvements d'une sensibilité vive et d'une excessive susceptibilité; il y a plus de six mois que j'ai reçu cet arrêté, sans y donner, sur ce qui me concerne, une sérieuse attention. C'est l'application calme des principes les plus sacrés et des lois les plus importantes à l'ordre social, c'est le mot propre à la chose, tellement que dans la République bien assise, si, sur ma dénonciation en forme, le Corps législatif ne mettait pas en accusation le Directoire, il se dégraderait aux yeux de la nation, se couvrirait de honte devant les nations étrangères et la postérité, et reconnaîtrait officiellement que les lois, même constitutionnelles, en France, ne sont qu'un jeu de tréteaux, pour amuser la foule des hommes de bonne foi, pendant qu'un petit nombre de roués les volent et les assassinent.

Le Directoire devrait donc être mis en accusation sur ma dénonciation soutenue d'une copie certifiée de son arrêté. Mais comme nous achevons de nous former sous le canon des batteries ennemies, peut-être faut-il des ménagements, peut-être l'emploi de ce moyen deviendrait-il nuisible et en quelque sorte contre-révolutionnaire. Tout en dénonçant les torts du Directoire et de ses Ministres, tout en couvrant quelques-uns de ces messieurs du mépris qui leur est dû pour leur conduite passée et présente, les républicains doivent maintenir le Directoire comme Directoire, et le protéger, fût-ce à leurs dépens personnels.

Cependant il y a un autre péril très grand à lui laisser étendre, sous cette protection même, et dans la confiance de notre générosité, des traînasses nuisibles aux rejets précieux des semences de liberté, d'égalité, de sûreté, de propriétés livrées à cette terre heureuse et si bien disposée. Si on ne peut, dans une République naissante, mettre le Directoire en accusation, on ne peut non plus, dans une République naissante et bien assise, lui laisser la faculté de prendre journellement des arrêtés contraires à la Constitution et aux lois spéciales, sans surveillance, sans moyens légaux, et, surtout, sans des moyens très faciles de répression.

De l'existant, on peut conclure le possible. Il est à craindre que le Directoire ne prenne, de temps en temps, de ces arrêtés défectueux. Il y a lieu de croire qu'ils ne seront pas toujours aussi vicieux, ni par l'accumulation des fautes, ni par leur nature, ni par la volonté, et que souvent ces arrêtés contiendront seulement une erreur unique et involontaire.

Il serait imprudent toutefois de s'en remettre pour le redressement de ces arrêtés, comme on le faisait pour celui des arrêts du Conseil du roi, à ce qui se passera un jour dans la *vallée de Josaphat*. Quoique plusieurs de ces arrêtés puissent par leur objet venir échouer devant les tribunaux, il en est beaucoup qui devront échapper à l'ordre judiciaire. Et comme une partie de la nation ne croit plus à cette *vallée de Josaphat,* si commode pour les dominateurs royalistes ou aristocrates, qui la font prêcher non seulement par leurs prêtres, mais par leurs Marillacs ce mode religieux d'un redressement en perspective, très insuffisant dans la réalité, l'est encore dans l'opinion ; il faut un autre mode, un mode de ce monde, un mode politique et actuel de redressement.

Je dois en convenir, il n'existe dans la Constitution de l'an III aucun mode de ce genre, aucun moyen de parvenir à une annulation d'un arrêté du Directoire, quel qu'il soit. Ce corps peut à son aise enfreindre la Constitution ou les lois spéciales par ses arrêtés journaliers. Toutes les fois que le citoyen modéré ne voudra pas réclamer le moyen extrême de le mettre en accusation, ou toutes les fois que le Corps législatif ne voudra pas en user pour des actes applicables à des particuliers ou par la considération que c'est une simple erreur, les arrêtés directoriaux enfreignant les lois spéciales et la Constitution, auront leur plein et entier effet, aux risques et périls des citoyens qui en seront les objets et les victimes. Le Directoire contractera l'habitude de les enfreindre d'abord par erreur et légèreté, ensuite par intérêt de corps ou par intérêt privé, et, avec le temps, la Constitution même deviendra une brochure.

A cet égard, la Constitution de l'an III établit une analyse plus que de nom, une analyse de fait, une analyse très fâcheuse. *Elle se sent des lieux que fréquentait l'auteur.*

Le Corps législatif l'a reconnu lui-même. J'apprends que déjà plusieurs fois on l'a observé dans le Conseil des Cinq-Cents, et qu'on y a mis en question la prétention de quelques membres, que le Corps législatif peut casser un arrêté du Directoire. Etablir ce point sous la forme de question, n'est-ce pas la décider ? Le mettrait-on en question, s'il y avait dans la Constitution quelque article qui donne ce droit au Corps législatif ? Il n'y en a véritablement aucun. Et comme cette attribution est du nombre de celles qui doivent être positivement prononcées par la Constitution, le Corps législatif n'a point ce pouvoir.

Cependant il pourrait arriver que ceux qui mettent le point en question, veuillent, au défaut d'un texte positif, soutenir leur prétention par induction ; avancer, par exemple, *que qui peut le plus, peut le moins.* Cette maxime n'est pas applicable à l'objet. De ce que le Corps législatif peut mettre le Directoire en accusation, il ne s'ensuit pas qu'il puisse casser ses arrêtés ; car l'acte par lequel il casserait des arrêtés, serait définitif, tandis que l'acte par lequel il met en accusation, n'est que préparatoire, et le Corps législatif exercerait un pouvoir plus influent, quoique moins éclatant, en cassant les arrêtés journaliers de Pouvoir exécutif qu'en le mettant une fois en état d'accusation. On pourrait opposer, par une autre induction, l'article 264 de la Constitution, selon lequel le *Corps législatif ne peut annuler les jugements du Tribunal de cassation, quoiqu'il puisse faire poursuivre personnellement les juges qui auraient encouru la forfaiture.*

Au reste, il n'est pas possible d'admettre l'induction, quelle qu'en soit la base ; si ce mode était reçu pour cet objet, il ne serait pas récusable pour beaucoup d'autres. Le Corps législatif et le Directoire exécutif sont destinés dans leur durée à éprouver quelques-unes de ces variations d'énergie, dépendantes des éléments qui les composent. Le Corps législatif l'emporterait-il en génies entreprenants ? Toutes les inductions favorables à l'accroissement de sa puissance se succéderaient avec rapidité. La chance de composition des deux corps tournerait-elle ? Toutes les inductions favorables au rétablissement et à l'accroissement d'une puissance non moins exagérée du Directoire seraient réclamées et se succéderaient avec la même vélocité. Durant *ce régime par induction,* la France, dans des alternatives continuelles, comme une balance folle, serait livrée à de nouvelles calamités. Il faut éviter de nous plonger dans cette situation, en nous tenant au matériel des signes. Hélas ! les relations sociales n'ont pas trop de solidité ! Ne les affaiblissons pas en admettant le système des inductions pour des objets aussi graves ; il faut se cramponner au texte de la Constitution de l'an III, enfin mise à exécution.

La vérité étant qu'elle n'a conféré ni au Corps législatif, ni à aucun autre corps, ni à aucun établissement, la faculté d'annuler les arrêtés du Directoire, il y a une lacune, une omission fâcheuse.

Comment cette omission peut-elle être réparée ?

La Constitution divise tous les objets de la législation française en deux classes : l'une, des objets constitutionnels ; l'autre, des objets extra-constitutionnels.

Ces derniers seuls sont du ressort de la législature, les premiers lui sont étrangers.

Les attributions des autorités constituées, et notamment des deux premiers pouvoirs, sont des objets constitutionnels ; elles sont textuellement déterminées dans la Constitution.

S'il existe un vice, par excès ou par défaut, dans ces attributions, il ne peut être réparé que par le peuple en assemblées primaires, sur le rapport d'une assemblée de révision.

Ainsi le veulent la raison, le droit public universel et la Constitution.

En effet, le jour où l'on attribuera au Corps législatif le pouvoir de casser les arrêtés du Directoire, l'existence de la législature sera très différente de ce qu'elle est aujourd'hui. Le jour où les arrêtés du Directoire seront cassables par la législature, l'existence du Directoire sera très différente de ce qu'elle est aujourd'hui. L'existence de ces deux corps serait encore très différente, selon qu'on adopterait tel autre mode qui remplirait l'objet d'annuler les arrêtés défectueux du Directoire, sans en attribuer le pouvoir à la législature ; soit qu'on veuille laisser ce corps tout entier à ses devoirs législatifs, ce qui serait très raisonnable ; soit que l'on ne veuille point renforcer l'une des deux premières autorités aux dépens de l'autre, et rompre l'équilibre et l'indépendance qu'il serait si nécessaire d'établir et de conserver, ce qui serait encore très sage. Ainsi l'adoption d'un parti quel qu'il soit, apporterait un grand changement dans la Constitution française, dans la République ; ces réflexions n'exigent point de développement.

La Constitution défend positivement à la législature d'apporter de tels changements ; l'article 375 porte : *Aucun des pouvoirs institués par la Constitution n'a le droit de la changer dans son ensemble ni dans aucune de ses parties.*

Ce vice, considéré sous tous ces rapports, ne peut donc être réparé que par le vœu du peuple souverain en assemblées primaires, sur la présentation qui lui sera faite d'un mode convenable, par une assemblée de révision. Il faut, le plus tôt qu'il sera possible, que les patriotes du Conseil des Anciens proposent la convocation d'une assemblée de révision pour cet objet constitutionnel, afin que cette proposition, étant adoptée par trois législatures, à la distance de trois années, nous sortions enfin de ce cas anarchique.

Il faut ensuite que, d'ici à ce temps, les patriotes du Corps législatif, du Directoire exécutif, des administrations départementales, des tribunaux, les citoyens se prêtent mutuellement à prévenir les mauvais effets de cette fraction d'anarchie, en conduisant les affaires avec la circonspection et les ménagements qu'exige un char aux roues duquel il manque des rayons.

S'il existait au moins un jury constitutionnaire, on pourrait y dénoncer les infractions que le Directoire exécutif fait à la Constitution ; mais cette idée a été rejetée par les rédacteurs ou les présentateurs du Code constitutionnel de l'an III, qu'il faut conserver malgré ses imperfections parce que le Gouverne· ment est enfin organisé conformément à ce mode, et parce qu'il est perfectible, si l'on est de bonne foi, au moyen des assemblées de révision.

Ainsi, dans la partie de l'affaire qui m'est suscitée, je serais conduit à demander l'accusation du Directoire pour avoir violé sciemment et volontairement, à mon *dam*, la Constitution et les lois spéciales ; déterminé par des considérations politiques de bien général à ne point user de mes droits, je suspends ce genre d'action. Désirant y suppléer par une annulation de l'arrêté du Directoire, je m'aperçois qu'il manque dans la Constitution de l'an III un mode légal et facile de parvenir à cette annulation.

Reconnaissant ensuite que ce qu'on a mis à ce sujet en question dans le Conseil des Cinq-Cents, n'en peut former une, et qu'il serait également possible et dangereux que la législature fût entraînée à disposer d'un pouvoir qu'il appartient au peuple seul de conférer, je recherche, à cette occasion, s'il existe dans la Constitution quelque mode légal de réparer une usurpation possible du Corps législatif sur les droits du peuple. J'aperçois une nouvelle omission dans cet acte constitutionnel de l'an III.

Cette Constitution établit incontestablement en France une démocratie de droit.

Les hommes habitant un pays y vivent en état de société, de rassemblement ou d'isolation.

Ils sont en société, lorsqu'un intérêt commun les a déterminés à se soumettre, par un acte d'association, à la volonté générale.

Ils sont en état de rassemblement lorsque, par une suite de circonstances malheureuses, ils sont soumis à une autre volonté que la volonté générale.

Ils sont en état d'isolation, lorsque, sans convention ni contrainte, ils suivent, quand ils se rencontrent, les impulsions naturelles de leurs passions momentanées.

En société, la souveraineté, qui est la faculté d'ordonner,

est dans le peuple. La volonté générale ordonne ; c'est la DÉMO-CRATIE ou la *souveraineté du peuple*.

En rassemblement, cette souveraineté a été soustraite au peuple, au profit de plusieurs individus ou d'un seul. La volonté de plusieurs individus ordonne, ou la volonté d'un seul ordonne. Dans le premier cas, c'est l'ARISTO-CRATIE ou la *domination-des-grands*; dans le second, c'est la MON-ARCHIE ou la *domination-d'un-seul*.

En état d'isolation, les individus ne sont soumis à aucune volonté supérieure ; ils sont *sans-souveraineté, sans-domination*, c'est l'AN-ARCHIE.

Dans la démocratie, lorsque le peuple exerce habituellement lui-même la souveraineté et ordonne sur les objets spéciaux et de détails, comme sur les objets fondamentaux et généraux, c'est une *démocratie primaire*. Elle ne peut s'établir et subsister avec avantage que dans les pays d'une très petite étendue, d'une population très peu nombreuse, de mœurs très simples, etc.

Lorsque le peuple s'est borné à ordonner définitivement sur les objets fondamentaux et généraux dans un acte constitutionnel, et qu'il choisit périodiquement les citoyens en qui il a confiance, pour les charger de la fonction temporaire d'ordonner des objets spéciaux et de détails, c'est une *démocratie secondaire*.

Les espèces de démocraties secondaires varient selon le nombre et la nature des objets déterminés par l'acte constitutionnel, selon le retour périodique et les circonstances des élections immédiates ou médiates de ces hommes de confiance, etc., variétés qui se règlent sur l'étendue du pays, la population, le naturel des habitants, l'état de l'instruction, etc.

On voit que, lorsque nous n'ordonnons pas tout nous-mêmes, c'est : 1º dans la faculté d'ordonner sur les objets fondamentaux et généraux, par un acte constitutionnel inviolable, 2º dans la faculté de nommer périodiquement ceux qui ordonneront temporairement sur les objets spéciaux et de détails, que consiste la souveraineté du peuple, la DÉMO-CRATIE.

C'est à ces notions simples que se réduisent les conceptions les plus compliquées du droit public universel, base nécessaire des droits publics spéciaux des diverses nations.

Or, la Constitution de l'an III proclame la souveraineté du peuple, et présente les deux éléments indispensables de tout Gouvernement : 1° l'inviolabilité de la Constitution agréée par le peuple, à laquelle il ne peut être fait aucun changement que par le peuple; 2° la libre élection périodique, médiate ou immédiate de ses magistrats inhéréditaires et temporaires. Elle établit donc une démocratie de droit.

Mais cette première base du Gouvernement constitutionnel de l'an III, l'inviolabilité de la Constitution par le Corps législatif, n'est que sur le papier. Il n'existe, dans l'acte constitutionnel, aucun moyen légal de prévenir ou d'arrêter les usurpations sur les droits du peuple que se permettrait un Corps législatif ambitieux, en faisant des lois sur des objets constitutionnels, en violant ainsi cette Constitution. On a même écarté avec soin, défendu positivement les moyens les plus ordinaires, les plus simples, les plus naturels, les moins sujets à inconvénients, de parvenir à cette fin. Les précautions ont été prises à un tel point qu'il ne reste au peuple que l'insurrection pour redresser les atteintes que le Corps législatif porterait à la Constitution de l'an III, et comme on ne peut pas plus l'insurger tous les jours que mettre le Directoire en accusation tous les jours, la violation de l'acte constitutionnel par le Corps législatif, exercée avec quelque ménagement et par parcelles à peine perceptibles pour des yeux encore inexercés, est non seulement praticable, mais facile. Cette omission d'une garantie légale au profit du peuple contre le Corps législatif, pour l'inviolation de la Constitution de l'an III, est un autre vice anarchique. Si les deux fractions d'anarchie n'équivalent pas, elles sont au moins bien près d'é-quivaloir un entier.

Cette nouvelle omission est d'autant plus dangereuse, que les prérogatives du Corps législatif sont plus grandes, et que l'im-mensité de ces prérogatives est un attrait plus vif, et en même temps un moyen plus puissant pour les accroître. Autant il est fatigant pour les âmes élevées, autant il est agréable pour les âmes communes, d'exercer ce qu'on appelle autorité; et c'est ce qui a gâté, j'en suis sûr, la plupart des hommes qui, entrés avec de bonnes dispositions dans la carrière révolutionnaire, se sont écartés de leurs devoirs, à mesure qu'ils ont bu dans la coupe, enchanteresse pour eux, du dangereux pouvoir. Rousseau n'a pu trop recommander d'être en garde contre cette tendance funeste des fonctionnaires et encore plus des corps, à étendre leur autorité. C'est aussi une des premières observations et un des premiers préceptes consignés dans les rudiments politiques. Il faut donc supposer que, dans sa durée indéfinie, le Corps législatif français peut se laisser entrainer par des vues ambitieuses, tendre vers l'aristocratie, comme l'ont fait, avec plus ou moins de succès, toutes les magistratures démocratiques anciennes ou modernes, et profiter de l'immensité de ses prérogatives pour y arriver. Un sommaire de ces prérogatives peut donner une idée de la facilité qu'il aura, avec le secours de cette seconde omission, à décliner les dispositions de l'acte constitutionnel qui y sont contraires.

La législature française remplit, au nom du peuple, les fonctions de corps électoral, pour nommer aux places du Directoire exécutif; elle ne peut y porter à volonté que des hommes dévoués à des principes d'anti-démocratie communs avec elle, ou même des hommes nuls, ce qui remplirait également son objet aristocratique; et, dans tous les cas, elle les retient dans sa dépendance, parce qu'elle peut les accuser ou les absoudre, selon qu'ils restent soumis ou non à ses vues. Elle ne prépare pas les lois spéciales pour les présenter au peuple, elle les lui impose, sans vérification, sans examen, sans aucune formalité; la division du Corps législatif en deux Chambres, dont l'une propose, et l'autre adopte ou rejette, ne détruisant pas l'unité de corps de la législature, ni l'identité d'intérêt de corps qui en résulte. Elle ne propose pas au peuple de payer des contributions, elle les lui commande, et elle en applique à son gré le produit, qui peut ainsi servir au maintien ou à l'oppression de la liberté publique. Elle ne lui demande pas des levées d'hommes, elle les lui prescrit, et retire ainsi de la masse les citoyens les plus fiers, pour les assouplir par le régime militaire, pour les former à l'obéissance passive, et les y contenir dans des brigades dont une partie peut encore être employée pour ou contre la liberté publique. Elle ratifie les traités négociés sous son influence par le Directoire, et peut laisser subsister, dans des articles secrets, des clauses portant, de la part des puissances étrangères, garantie de la forme du Gouvernement, en sorte qu'en l'altérant à son gré et au gré de ces puissances, celles-ci interviendront pour le maintenir avec ces altérations, et que le peuple français aurait payé et paierait des subsides à des rois étrangers pour le contenir dans l'esclavage. Elle remplit, par rapport à ses membres, le premier degré de la hiérarchie judiciaire; elle peut toujours absoudre les députés qui serviraient ses vues anti-démocratiques, elle peut toujours entraîner dans le dédale d'une accusation et d'une longue procédure à une haute-cour nationale ceux qui, préférant l'intérêt général de la nation à l'intérêt particulier de leur corps, porteraient obstacle à ses vues. Nul autre qu'elle ne peut provoquer la révision d'aucun article de la Constitution qui lui est si favorable; elle a exclusivement la faculté de convoquer les Assemblées révisantes; il y a plus, ces Assemblées ne peuvent délibérer et présenter des projets de réformation au peuple que sur les articles dont elle lui ordonne de s'occuper; et elle peut ne jamais leur prescrire la révision d'aucun des articles que l'expérience démontrerait être favorables à ses intérêts de corps, quelqu'opposés qu'ils soient reconnus à l'intérêt général de la nation.

Avec de tels moyens, sous le charme de tels attraits, n'est-il pas possible, n'est-il pas même probable, qu'à une époque quelconque des hommes soient séduits; qu'ils préparent les voies par une suite de lois spéciales convenables à leur but, et par la nomination au Directoire de membres dévoués ou nuls pendant cinq ou six années; et qu'en altérant avec ménagement, sans aucun obstacle légal, quelques articles de la Constitution, après avoir changé la démocratie constitutionnelle de droit en aristocratie de fait, ils n'établissent définitivement en France l'aristocratie héréditaire, proclamée par Rousseau, d'après l'expérience constante du genre humain, la pire de toutes les dominations.

On me dispensera sans doute d'indiquer les lois spéciales à faire, les articles du Code constitutionnel à altérer, et les modes obscurs et successifs de l'altération; on me dispensera d'établir combien facilement les membres du Directoire, dévoués ou nuls, appelés au partage des dépouilles du peuple souverain, seront souples, liants et concordants; mais je dirai combien de familles en France seraient co-partageantes de l'aristocratie. Douze cents au plus, de calcul fait, auraient cet avantage, en évitant même de toucher aux chapitres de la Constitution de l'an III sur la formation et le renouvellement du Corps législatif et du Directoire, pour lesquels on affecterait un grand respect.

Cette belle contrée, la vaste et fertile Gaule, des Bouches-du-Rhône à celles du Rhin, des sommets des Alpes à ceux des Pyrénées, les vingt-huit millions d'habitants qui la couvrent de leur industrie et de leur vertu native, deviendraient l'héritage de douze cents familles !

Il y aurait dans chaque département dix à douze maisons régnantes, dont les membres les plus déliés et les plus intrigants rouleraient entre eux pour aller faire à Paris le service de la législature, du Directoire, des Ministères, de la Trésorerie-nationale, de la Comptabilité, du Tribunal de cassation, tandis que les autres resteraient dans leurs foyers pour s'y partager les fonctions administratives, judiciaires et financières, celles de commandants des gardes nationales, de la gendarmerie, des troupes de ligne, pour y tenir la correspondance avec les *hommes de leur nom* fonctionnant à Paris, et les familles dominantes des départements voisins, et maintenir les habitants dans la soumission et le silence de l'esclavage.

Au lieu de cette aimable fraternité, dont le spectacle si doux dans les démocraties a ému toutes les âmes tendres et sensibles, a satisfait toutes les âmes raisonnables et fortes, et dont l'établissement en France est devenu l'objet des vœux les plus chers des uns et des autres, au lieu de ce charme touchant de l'humanité compatissante aux maux, co-jouissante de la félicité de ses frères, par un sentiment profond de l'égalité pratique des droits et de l'identité des rapports politiques qui lient tous les sociétaires entre eux ; au lieu de ces condescendances mutuelles, de ces égards réciproques, qui, en laissant aux richesses ou aux talents tous leurs avantages matériels et d'éclat, en tempèrent cependant l'effet moral, affaiblissent la superbe des uns, atténuent la jalousie des autres, font que l'homme est encore un homme pour son frère, qu'il n'est point pour l'un une brute, pour l'autre une divinité ; au lieu de cette aménité qui naît dans le commerce habituel de la vie privée, de toutes ces relations sociales communes à tous, ce ne sera plus que tons méprisants et insolents de la part des uns, aigreur ou abjection de la part des autres.

Dans la vie publique, les douze cents familles dominantes exerceront un despotisme plus odieux et plus révoltant que ne fut celui de la noblesse monarchique et des intendants. Les tyrannies d'un noble de la cour étaient contenues par l'envie des nobles de provinces; les vexations de la noblesse d'épée, par la jalousie de la noblesse de robe; les usurpations des intendants, par la haine des parlements, par l'antipathie des commandants, et réciproquement. Lorsqu'il y aura unité de corps, unité d'intérêt, unité d'esprit; lorsque les passions d'une section de la caste devenue privilégiée ne serviront plus même à contrebalancer les passions d'une autre section, on doit s'attendre au débordement d'orgueil et de cupidité inhérents aux aristocraties. Alors, tout ce qui n'aura pas *l'honneur d'appartenir aux douze maisons régentes* par département, ou qui n'achètera pas leur patronat, par la plus basse servitude personnelle et les plus grands sacrifices réels, peut s'attendre à d'infamantes vexations.

On conviendra que ces tristes destinées, ou du moins les tentatives qui y conduisent, sont du plus haut degré de probabilité, si le Corps législatif peut apporter le moindre changement dans la Constitution de l'an III. Il le peut, non pas de droit, mais de fait, si l'inviolabilité promise de la Constitution n'a point de garantie légale spécifiée dans la Constitution même. Il n'est malheureusement que trop vrai qu'elle n'en a point; elle n'en a aucune.

Ce n'était pas sans desseins, on peut le juger d'après cela, que, durant la fabrication et la présentation de cette Constitution, les soixante-treize amnistiés et leurs adhérents de la coterie des médiocres, la nouvelle coalition des ex-royalistes et des ex-démocrates tendants à l'aristocratie, les députés saisis des pouvoirs, ou royalistes anciens ou nouveaux aristocrates, ont fait agir tant de ressorts, répandu tant de bruits, occasionné tant de mouvements, prétexté tant de conjurations, exercé tant et de si atroces tyrannies, pour exterminer ou retenir dans la nuit des cachots le plus grand nombre possible de ces hommes dont ils redoutaient les lumières et l'énergie, et qu'ils ont aussi affaibli les efforts de ceux qui restaient à la Convention ou dans la société.

Il n'est pas étonnant encore aujourd'hui, que, lorsque quelques-uns de ces républicains, à qui l'instinct d'une nature forte ou des méditations profondes font entrevoir une réformation plus élevée, ne s'enthousiasment pas pour cette Constitution, ses irascibles créateurs, au lieu des égards et peut-être du respect que mérite de leur part cette supériorité de tact ou de raison, leur témoignent une féroce humeur, répètent jusqu'à satiété les menaces de la mort qu'ils leur préparent. Ils oublient que si le sort de tous ceux qui devancent leur siècle, est la persécution, celui des persécuteurs est l'horreur et le mépris de leurs contemporains et de la postérité.

Est-ce crime? Est-ce erreur? Je l'ignore; mais ce que je sais, c'est, qu'erreur ou crime, ceux qui ont ainsi livré une nation débonnaire et confiante à l'ambition moralement nécessaire de ses premiers corps constitués, en écartant soigneusement tout mode effectif de garantie légale, sont et seront à jamais responsables, sous tous les rapports, devant les nations et l'humanité; et je le prononce hardiment, sans crainte d'être contredit par aucun homme probe, ni par aucun publiciste de bonne foi.

Ah! si c'est erreur, qu'ils la reconnaissent; si c'est crime, qu'ils s'en repentent; que les uns et les autres s'empressent de réparer cette fatale omission : il y va de leur intérêt. Le peuple français, après avoir abattu le trône, après s'être élevé au niveau des nations les plus célèbres de l'antiquité et des temps modernes, par ses hauts faits et sa constance pour défendre les principes de la liberté et de l'égalité contre toutes les puissances coalisées, ne deviendra pas impunément le patrimoine ou la pâture de douze cents familles aristocrates. C'est un piège que les royalistes leur ont tendu, persuadés que l'aristocratie ne pourrait se soutenir, et que, dans les dégoûts et les débats ultérieurs, elle deviendrait le marche-pied du trône. C'est un stratagème, dont les auteurs et les dupes seront, s'il n'est éventé, également victimes, et qui sera funeste à tous deux. Les vingt-huit millions d'êtres qui, par le sentiment d'un intérêt positif veulent la liberté et l'égalité, ne céderont pas aux quatre cent mille aristocrates, plus qu'ils n'ont cédé aux cent mille royalistes. Que fait cette petite différence dans le nombre, lorsqu'il n'y en a point dans l'intérêt qui les anime. Ni le peuple, ni les armées qui en font, qui en feront à jamais partie, ne subiront la domination aristocratique après avoir détruit la monarchique. Les faits éclaireront et le peuple et les armées sur l'horreur de cette domination, comme ils les ont éclairés sur la monarchique ; et au point où nous en sommes venus, la clarté et ses effets viendront plus rapidement : j'en jure par les dispositions naturelles et indescriptibles de cette Gaule, pour la liberté et l'égalité ; dispositions naturelles tellement fortes que, depuis dix-huit siècles, malgré toutes les chaînes politiques et religieuses dont on les surchargeait dès leur naissance, il ne s'est jamais écoulé trente années qu'il n'y ait eu, sous vingt formes diverses, dans quelques parties de ce beau pays, des insurrections de plus en plus favorables aux droits de l'homme ; progression insurrectionnelle toujours croissante en lumière et en succès, digne de toute l'admiration du philosophe politique, qui reconnaîtra que le dernier terme ne peut être que la fixation de la liberté et de l'égalité dans notre patrie.

Cependant, et pour prévenir les crimes de la tentative aristocratique, possibles, probables, moralement nécessaires, d'après l'omission que je relève, et pour prévenir les maux de l'insurrection, si elle devenait elle-même nécessaire pour cette tentative, puisqu'il n'y aurait point d'autre moyen de la réprimer, puisqu'il n'y a pas de mode effectif de garantie légale du gouvernement constitutionnel de l'an III, je provoque l'attention des députés patriotes du Conseil des Anciens sur ce dénuement absolu d'une sauvegarde pour l'inviolabilité de la Constitution contre les entreprises du Corps législatif, en les conjurant de faire comprendre la réparation de cette seconde omission dans les articles à traiter par l'Assemblée de révision qu'ils doivent demander dès cette année avec instance et persévérance.

Après avoir rempli ce devoir pour la cité et pour moi, sur cette partie de mon affaire qui a rapport à l'ordre public, non sans espérance qu'il préviendra de grands maux, je répète à Merlin, sur l'autre partie infime de cette affaire, qu'il est de son devoir, pour plus de sûreté, de proposer au Directoire le nouvel arrêté suivant :

EXTRAIT du Registre des Délibérations du Directoire exécutif.

« A Paris, le.....

« Le Directoire exécutif, après avoir entendu le Ministre de la Justice, vu la
« pétition du citoyen P. Touchet, batelier sur la rivière de Loire, et autres
« pièces y jointes, par lesquelles il expose, dans l'une, que le citoyen Pache,
« lors Maire de Paris, a exercé contre lui l'acte le plus arbitraire en le faisant
« emprisonner pendant onze mois ; dans une autre que, venant à Paris pour
« l'approvisionnement de cette commune, il a été, par l'acte le plus arbitraire,
« incarcéré de l'ordre du citoyen Pache, lors Maire de Paris, et qu'il a gémi
« dans les fers pendant plus de deux ans, tant dans les prisons que dans les
« communes qu'il a eues pour prison, et dans une troisième, que son incarcé-
« ration et son état de détention, de l'ordre du citoyen Pache, maire de Paris,
« pendant trois ans, lui ont fait perdre six bateaux marchands au port d'Or-
« léans, pour lesquels il demande des dommages et intérêts, ainsi que pour
« les bénéfices qu'il comptait faire pendant la libre circulation des assignats
« et des mandats, et des affiches en réparation, au nombre de deux mille
« exemplaires :
« Considérant que les articles III et VI de la loi du 4 brumaire an III,
« défendent les poursuites pour mises en arrestation et pour demandes à fin
« de dommages et intérêts à leur occasion ; mais que l'article IV de la même
« loi porte que tous délits commis pendant le cours de la Révolution et prévus
« par le Code pénal, seront punis de la peine qui s'y trouve portée contre
« chacun d'eux, et que cet article peut être appliqué à l'acte arbitraire par
« lequel le Maire de Paris aurait fait emprisonner le plaignant ;
« Arrête, conformément à l'article 243 de l'acte constitutionnel, portant :
« *Le directeur du jury poursuit immédiatement, d'après les ordres du Direc-*
« *toire exécutif, les attentats contre la liberté ou la sûreté individuelle des*
« *citoyens,* que le directeur du jury du département de la Seine poursuivra le
« citoyen Pache, ex-Maire de Paris, par toutes les voies de droit ; charge le
« Ministre de la Justice de l'exécution du présent arrêté, qui sera imprimé au
« *Bulletin,* etc. »

Je ne me suis pas cru déshonoré pour être destiné au tribunal révolutionnaire par le Septemvirat, à une commission criminelle et révolutionnaire par les royalistes ; je ne croirai pas l'être pour aller au tribunal criminel de l'aristocratie. Un démocrate, celui qui a voulu, qui voudra toute sa vie un gouvernement au lieu d'une domination, doit s'attendre à ces chances de la part de ceux qui veulent une domination au lieu d'un gouvernement.

En attendant le mandat d'amener, je quitte ces misérables tracasseries, et je me porte à cette hauteur plus analogue à la nature de mon âme, d'où je vois, dans quinze ou vingt années, l'état florissant de la France, de la Hollande et de l'Italie, venger de la seule manière qui puisse convenir à leurs cœurs, les révolutionnaires français, voulant fortement, mais selon la raison et le droit, déterminés dans leur but, mais humains dans leurs procédés, sévères mais justes, les vrais révolutionnaires, par principes et par sentiment, de toutes ces persécutions, de toutes ces injures qu'on leur prodigue. Les tyranneaux orgueilleux, vils esclaves de la maison d'Autriche, voulant conserver la domination monarchique, ou au moins une aristocratie, n'ont-ils pas insulté les Tell, les Verner ? Et les hommages de la postérité s'accumulent sur les noms de ces démocrates généreux.

PACHE.

A Thim-le-Moustier, le 13 floréal, an V de la République française.

II

Conjuration de Babeuf.

Pendant que Pache était assigné par un comparse devant les tribunaux civils en payement de dommages et intérêts fantaisistes, le Directoire, opérant ouvertement pour son propre compte, cherchait à en faire un factieux militant et à le ranger parmi ceux qu'alors on qualifiait « d'anarchistes, » parce qu'ils demandaient la mise en vigueur de la Constitution de 93.

Le mouvement connu sous le nom de conjuration de Babeuf était en préparation sous l'œil attentif de la police qui travaillait à l'étendre de façon à y englober tous les gêneurs pour les comprendre ensuite dans une râfle générale. Le cadre de cet ouvrage ne me permet pas d'entrer dans des développements concernant l'histoire de cette conjuration; le sujet a, du reste, fait l'objet de diverses publications auxquelles le lecteur n'a qu'à se reporter.

Pour atteindre son but, le gouvernement mit en pratique tous les moyens de provocation usités en pareille circonstance sous les régimes en décadence. Il usa même d'un procédé jusqu'alors inédit qui constituait un piège abominable tendu aux naïfs. Le nom de Pache fut mêlé à ceux des conjurés.

En raison de l'influence que l'ancien Maire pouvait encore avoir sur la population parisienne, il était évident que sa présence parmi les chefs du complot ne pouvait que donner de la confiance aux adhérents et encourager les hésitants à se montrer. Aussi, quel ne fut pas l'étonnement de Pache quand il lut dans un organe officieux du Directoire qu'il parcourait les rues de la capitale cherchant à fomenter une insurrection contre les pouvoirs publics alors qu'il n'avait pas quitté Thin-le-Moutier un seul instant !

La manœuvre était trop grossière, il ne chercha pas à se disculper, mais les journaux républicains se chargèrent de répondre à sa place, et le rédacteur aux ordres du Directoire, couvert de ridicule, ne réitéra pas ses absurdes informations.

Les conjurés avaient été arrêtés le 21 floréal an IV (10 mai 1796) et traduits devant une cour extraordinaire séant à Vendôme. Les débats s'ouvrirent seulement le 2 ventôse an V (20 février 1797). « La presse démocra-« tique, dit E. Hamel (1), ne montra pas beaucoup d'em-« pressement à défendre ces victimes prédestinées de la « réaction. Ce n'est pas que de grandes sympathies ne

____

(1) *Histoire de la République française sous le Directoire.*

« se fussent éveillées en leur faveur, seulement on n'osait
« pas les témoigner ». Un seul homme eut le courage
d'élever la voix, ce fut Pache. En présence de ces survi-
vants des luttes héroïques de 93 restés stoïquement
attachés aux principes républicains, poursuivis par des
renégats, des repus, et ignominieusement assis à la barre
d'une chambre criminelle, il ne put retenir son indignation. Il redevint l'homme intrépide qui avait bravé en
face le Comité de salut public à l'époque de sa dictature.
Au risque d'être lui-même incarcéré et de payer de sa
tête ce dévouement, il reprit la plume une troisième fois
depuis sa retraite et dans une brochure intitulée : « *Sur*
« *les Factions et les Partis, les Conspirations et les Conjura-*
« *tions et sur celles à l'ordre du jour* », sévère réquisitoire
contre Carnot dont il flétrit le rôle constamment louche
et sanguinaire, il embrassa hardiment la cause des
accusés. Ce fut son dernier acte politique.

On connaît l'issue du procès de Vendôme. Sur quarante-sept prévenus, deux furent condamnés à mort,
sept à la déportation ; les autres furent acquittés. Le
Directoire, déjà fort entamé, sortit de cette affaire encore
plus amoindri ; quant à Pache, on ne l'inquiéta pas pour
sa publication.

J.-N. PACHE

SUR LES FACTIONS ET LES PARTIS, LES CONSPIRATIONS

ET LES CONJURATIONS

ET SUR CELLES A L'ORDRE DU JOUR

———

DE L'IMPRIMERIE DE R. VATAR

PARIS, RUE DE L'UNIVERSITÉ, N° 139 OU 926.

An V de la République.

J.-N. PACHE

SUR LES FACTIONS ET LES PARTIS, LES CONSPIRATIONS
ET LES CONJURATIONS
ET SUR CELLES A L'ORDRE DU JOUR.

I

On a apporté dans l'emploi de ces mots : *faction, parti, conspiration, conjuration*, une confusion nuisible ; il est utile, surtout dans un moment où l'on en fait un usage aussi fréquent, de restreindre chacun d'eux à une signification propre, afin de parvenir à s'entendre.

Si la parole n'assure pas cet avantage, elle n'est plus cette découverte heureuse qui concourt le plus puissamment à élever l'homme au-dessus de la brute, et présage le perfectionnement de l'espèce dans sa longue durée ; c'est une invention futile, ou un artifice dangereux.

Les hommes vivent en association, sous la forme de démocratie primaire ou secondaire, avec un gouvernement qui maintient la liberté et l'égalité ; ou bien, ils vivent en rassemblement, sous une domination aristocratique ou monarchique, qui les contient dans l'esclavage.

Dans l'un et l'autre état, il y a à considérer les principes et les personnes.

Le mot *faction* paraît plus propre à exprimer la relation aux principes ; il a plus de fixité, et il a été plus souvent employé dans ce sens.

Le mot *parti* a été plus fréquemment employé, dans les mémoires du temps, pour exprimer la relation aux personnes : il ne s'agirait que de s'en tenir toujours à ces significations.

Le mot *faction* exprimera constamment et exclusivement, dans cet écrit, une relation aux principes du gouvernement; celui *parti*, sera aussi constamment et exclusivement relatif aux personnes.

Un homme est un factieux dès qu'il est en opposition avec les principes du gouvernement.

Mais pour qu'il existe une faction, il faut que plusieurs hommes soient animés de cet esprit; un seul homme ne forme pas une faction.

Il en est de même pour les partis; un seul homme ne forme pas un parti.

II

Dans l'état de société, les citoyens peuvent être divisés en deux classes : 1° en patriotes attachés au Gouvernement; et 2° en factieux qui tendent à le renverser pour établir une domination.

Il y a deux genres de faction, l'aristocratique et la monarchique, et il ne peut y en avoir davantage.

Chacun de ces genres se sous-divise en plusieurs espèces.

Les patriotes se divisent souvent en deux partis, dont l'un adhère aux personnes des gouvernants, et l'autre les repousse.

Chacun de ces partis se sous-divise aussi en diverses espèces.

Dans l'état de rassemblement, sous la domination, les esclaves se divisent également en deux classes : 1° en patriotes qui, malgré leurs fers, tendent à renverser la domination aristocratique ou monarchique, pour établir sur leurs ruines un Gouvernement; 2° en factieux qui s'efforcent de maintenir la domination existante, ou de lui en substituer une autre; savoir, dans la domination monarchique, de substituer l'aristocratique, et, dans la domination aristocratique, de substituer la monarchique.

Ces hommes sont factieux, non pas relativement aux efforts pour renverser la domination existante, mais aux efforts pour établir un autre genre de domination également en opposition avec les principes du Gouvernement.

Les factieux qui veulent maintenir la domination existante se divisent souvent en partis; les uns adhèrent aux dominateurs actuels, les autres veulent les culbuter pour les remplacer dans le même genre de domination.

III

Il peut exister des anarchistes dans une société et dans un rassemblement; il peut exister quelques hommes qu'un vice de tempérament ou d'éducation rend également incapables du frein salutaire du Gouvernement et du joug odieux de la domination; mais il ne peut y avoir de faction anarchiste; il ne peut y avoir un certain nombre d'hommes qui conçoivent et veulent une réunion permanente d'individus, sans rapports avec les êtres réunis.

Dès qu'il y a réunion, il est de nécessité morale que les rapports entre les êtres réunis soient déterminés sous l'une des deux formes, Gouvernement ou domination. Il n'y a, il ne peut y avoir qu'un moment d'anarchie, lors du passage d'une domination à un Gouvernement, et réciproquement; l'anarchie proprement dite, ne peut avoir de durée.

Une réunion sans rapports entre les êtres réunis, est une impossibilité morale, c'est une absurdité qui, n'entrant dans la tête, ne peut entrer dans la volonté de personne. Les mots : *faction anarchiste* impliquent contradiction. Ils ont été employés et répétés comme tant d'autres, sans aucune valeur, sans aucun sens, par les perroquets des deux factions, comme ils répètent *trinité* dans leur catéchisme, comme ils répètent *liberté* sous une Constitution qui établit la royauté ou l'aristocratie, usage au moins futile de la parole, si ce n'est un artifice pernicieux.

IV

En société ou en rassemblement, la classe la plus nombreuse est toujours patriote. Elle ne peut que désirer, dans le premier cas, de maintenir, et, dans le second, d'établir un Gouvernement qui maintienne la liberté et l'égalité.

Un Gouvernement est tout pour elle. Il est la source de toutes les améliorations de son sort intellectuel, moral, politique et physique, par l'instruction, le développement des sentiments, l'inoppression et l'accroissement d'une aisance individuelle absolue, résultant de son intelligence perfectionnée et d'une meilleure répartition de ses travaux, quelles que soient d'ailleurs les différences dans les aisances relatives.

Une domination la surcharge de tous les maux physiques, politiques, moraux et intellectuels, par l'obscurcissement de l'entendement, la compression des sentiments, le ravalement jusqu'à l'état d'êtres purement passifs, et enfin l'excès des travaux non salariés ou mal salariés qui en est le résultat. C'est tout ce qu'elle doit redouter.

Le voyageur reconnaît à l'œil ces vérités ; l'historien les recueille de tous les mémoires ; la réflexion les fait découvrir aux philosophes ; toute âme honnête en désire ardemment la sincère application à la nation, quoiqu'il puisse lui en coûter le sacrifice d'avantages personnels fondés sur des préjugés, mais un instinct plus puissant encore les fait sentir à chacun des individus de la grande masse. De là viennent, de là viendront à jamais les insurrections à des intervalles plus ou moins rapprochés, jusqu'à ce que, par une perfection possible de l'espèce et de la société humaine, les Gouvernements soient établis et hors d'atteinte.

Dans les sociétés, il y a rarement des gouvernés factieux ; mais les Gouvernants le sont assez souvent. Ils tendent à profiter des avantages de leur position pour altérer le Gouvernement, par un effet de cette malheureuse faiblesse qui porte l'homme, lorsqu'il n'est pas suffisamment éclairé, à désirer l'accroissement ou la conservation du pouvoir.

Dans les rassemblements, les dominateurs sont essentiellement factieux. Ils maintiennent le plus longuement qu'ils peuvent leur domination, en repoussant, en obscurcissant, en calomniant jusqu'à l'idée d'un vrai Gouvernement.

V

En société et en rassemblement, il y a presque toujours des partis dans les factieux et parmi les patriotes. Ces derniers, d'accord avec les principes, ne le sont pas alors sur les personnes gouvernantes. Les uns ont eu perception de quelques circonstances qui sont ignorées des autres. Il s'établit ainsi une opinion réfléchie différente sur les mêmes personnes, indépendamment de la diversité d'affection, qui naît par sympathie ou par antipathie, de la similitude ou de l'opposition des caractères et des formes, indépendamment encore de celle qu'entraîne la diversité des autres relations sociales.

Les patriotes, les factieux, les hommes de partis conspirent ou conjurent.

VI

Conspirer, c'est aspirer en commun après une même chose : nos vœux conspirent après votre retour, tout conspire à mon bonheur.

Appliquée à la politique, la conspiration est indifférente en elle-même, c'est l'objet de la conspiration qui lui donne la qualité.

On conspire pour ou contre les principes, le premier genre de conspiration est aussi vertueux que l'autre est vicieux.

Il serait utile d'avoir des mots différents pour exprimer les conspirations relatives aux principes, et celles relatives aux personnes, pour exprimer dans l'un et l'autre genre les conspirations vertueuses et vicieuses; mais la langue, sous son état actuel, ne fournit pas à cet égard des ressources suffisantes.

On conspire sans se connaitre, sans se communiquer, sans qu'il y ait jamais eu aucune relation entre les conspirateurs.

On conspire aussi d'une extrémité de l'État à l'autre, d'une extrémité du globe à l'autre.

La conspiration est une simple disposition de l'âme.

VII

Conjurer, c'est se promettre mutuellement, c'est se jurer réciproquement de s'aider pour arriver, par un acte extérieur et public, à un but politique commun. La promesse ou l'engagement réciproque peut être verbal ou écrit, conditionnel ou absolu, provoqué ou spontané, acheté ou désintéressé.

La conjuration est aussi indifférente en elle-même que la conspiration ; c'est l'objet de la conjuration qui lui donne qualité.

La conjuration est pour ou contre les principes du Gouvernement, le premier genre de conjuration est aussi vertueux que l'autre est criminel.

La conjuration est pour ou contre les personnes gouvernantes ou dominatrices. La qualité de ces personnes détermine celle de la conjuration.

Il est faux que ce soit le succès ou non-succès de la conjuration qui distribue d'une main inéquitable la vénération ou le mépris planant dans les siècles sur la mémoire des conjurés. C'est un préjugé que répandent ou maintiennent les dominateurs aristocrates ou monarchiques pour contenir les âmes élevées, mais susceptibles, plus attachées à leur renom qu'à leur vie.

Le respect environne les Seize, conjurés *aussi redoutables*, selon un historien royaliste, *aux chefs de la ligue, le Lorrain et l'Espagnol, qu'à l'héritier de la couronne*, parce qu'ils tendaient au Gouvernement démocratique ; il les environne, quoiqu'une nouvelle coalition de parlementaires, de sorbonnistes et de hauts-bourgeois, qui avaient conservé dans leur cœur une arrière-pensée vers l'inégalité, se formant tout-à-coup au milieu d'eux et s'en détachant, puis établissant, pour les affaiblir, des pratiques et des intrigues dans lesquelles ils étaient plus habiles et se livrant enfin eux-mêmes à Mayenne pour y livrer ces démocrates, ait fait enfin avorter leur généreuse entreprise.

Le mépris environne le Comte de Brissac et son état-major, conjurés qui, voyant l'affermissement de l'esprit public après la destruction des Seize et l'indifférence ultérieure du peuple pour une Révolution qui tournait seulement en faveur d'une poignée d'aristocrates, négociant secrètement avec le roi de Navarre, lui vendirent Paris pour un bâton de Maréchal de France et des pensions, lui en livrèrent les portes, et cette tant plate coalition aristocratique de parlementaires, de sorbonnistes et de hauts-bourgeois, qui furent aussi replongés dans l'esclavage, où ils entrainèrent le reste de la France.

Le respect environne les Rochellois et Guiton, conjurés pour établir une République dont le système se fût étendu sur les Gaules entières, soutenant, pour cette sainte cause, un des sièges les plus longs et les plus cruels, et ce Guiton, qui, pour le prolonger, dans l'espérance de secours extérieurs, offre sa vie et son corps aux plus affamés ; le respect les environne malgré le non-succès.

La haine et le mépris couvrent les conjurés Louis XIII, Richelieu et sa horde se baignant dans le sang de ces malheureux républicains, ou s'engraissant de leurs comestibles, et exerçant toutes ces cruautés pour acquérir sur leurs restes exténués une domination ennuyeuse pour le premier, dont il était embarrassé au point de s'avilir devant le second qui voulait bien l'en décharger ; tandis que celui-ci en était, à son tour, aussi fatigué, et que son âme, non moins lâche que féroce, était continuellement en proie à de telles alarmes, qu'il n'osait aller, sans gardes, d'une chambre à l'autre.

Le respect environnait les conjurés qui ont attaqué la Bastille le 14 Juillet, les conjurés qui ont ramené Louis XVI et l'Assemblée constituante à Paris le 6 octobre, lors même que le succès n'eût pas répondu à leurs efforts ; la haine et le mépris couvrent les conjurés Louis XVI et Bouillé pour le massacre de Nancy ; les conjurés Bailly, Lafayette et les réviseurs pour le massacre du Champ-de-Mars, malgré leurs horribles succès.

Le respect environnerait les conjurés du 10 août, lors même qu'ils eussent été foudroyés par les gardes Suisses et par les beaux grenadiers ; les conjurés du 31 Mai, lors même que l'ascendant de la raison, du droit de la nécessité pour la conservation de la République ne leur eût pas valu de succès ; et le mépris couvrirait les conjurés de thermidor et de vendémiaire contraires à la République, lors même qu'ils eussent réussi.

Les richesses de l'éloquence, les charmes de la poésie, trop souvent aux gages des dominateurs, n'altèrent point le sentiment de l'équité naturelle ; rien ne corrompt cet instinct précieux qui nous commande le respect pour le défenseur de la liberté et soulève les cœurs au nom de ceux qui trahissent, même avec succès, la cause des nations, la cause de l'humanité.

Nous manquons, dans l'état actuel de la langue, de mots propres et différents, exclusivement consacrés à exprimer ces diverses espèces de conjurations ; on pourrait employer *fédération*, en bonne part, *ligue,* en mauvaise part, lorsqu'il s'agit de principes ; *réunion,* en bonne part, *cabale,* en mauvaise part, lorsqu'il s'agit de personnes.

On ne peut conjurer sans se connaitre, ou au moins sans se correspondre de voix ou par écrit, médiatement ou immédiatement.

Quelquefois les conjurés sont dans un même lieu, quelquefois ils sont épars d'une extrémité de l'État à l'autre.

VIII

On peut changer la conspiration en conjuration par plusieurs procédés.

Ceux qui opèrent le changement, ceux par l'intervention desquels les conspirateurs deviennent les conjurés, sont les héros ou les criminels, puisque sans eux, sans leurs actes commutateurs, il n'y aurait point eu de conjuration, et les conjurés seraient demeurés simples conspirateurs.

IX

La conjuration, une fois formée par ce changement, a différents degrés de consistance à ses différentes époques. Il y a les projets d'actes, il y a leur exécution : il y a les actes préparatoires, les actes moyens, l'acte définitif.

Ceux qui font passer la conjuration d'un degré à l'autre, du projet des actes à leur exécution, ou des actes préparatoires aux actes moyens, ou de ceux-ci à l'acte définitif, ou de certains projets à d'autres, ou de certains actes préparatoires ou moyens à d'autres, sont encore les héros ou les criminels, puisque, sans eux, la conjuration stationnaire n'aurait avancé ni en projets, ni en actes, soit préparatoires, soit moyens, soit définitifs

X

La conjuration, à quelque époque et à quelque degré que ce soit, doit être considérée dans ses moyens qui en rendent l'acte définitif possible, ou qui en font une rêverie, un bavardage ou un griffonnage.

C'est la possibilité de l'acte définitif, par les moyens à la disposition des conjurés, qui rend la conjuration une affaire sérieuse et digne d'occuper une nation et la postérité.

Il ne suffit pas de rêver une Révolution, d'en causer avec trois ou quatre patriotes en se promettant de s'aider, si les circonstances en amenaient la possibilité, pour recevoir les honneurs dus aux bienfaiteurs du genre humain ; il faut ou avoir exécuté, ou bien, après avoir porté les actes préparatoires et réuni des moyens solides au point de donner au succès de la conjuration la plus grande probabilité, il faut avoir au moins commencé l'exécution des actes moyens.

Il ne suffit pas de rêver une Révolution, d'en causer avec trois ou quatre complices, en se promettant de s'aider, si les circonstances en amenaient la possibilité, pour recevoir les châtiments dus aux criminels de lèse-humanité ; il faut avoir exécuté, ou bien, après avoir porté les actes préparatoires et réuni des moyens solides au point de donner au succès de la conjuration la plus grande probabilité, il faut avoir au moins commencé l'exécution des actes moyens.

J'ai vu qu'un orateur royaliste avait dit qu'il fallait dans les conjurations, au défaut de faits, punir l'intention. Cette proposition n'est point celle d'un Barbare. Les Barbares n'ont point la politesse des hommes civilisés, mais ils ne sont pas dépourvus des sentiments de la nature, et ils ne les atténuent pas par de vaines subtilités. Elle est d'un de ces hommes dont les organes moraux sont à rebours, comme les organes physiques de ces enfants monstrueux qui ont l'œsophage au fondement ; elle est d'un de ces hommes qui, ainsi organisés contre nature, a vécu encore dans un état contre nature. C'est, en effet, dans les dominations que cette maxime a été inventée. Les tyrans ont voulu en imposer par la crainte des supplices, et quels supplices ! Je ne remonterai pas au taureau de Phalaris ; mais nous avons tous vu, sous le règne de l'humanité, les humains parlementaires ordonner, sur la réquisition de l'humain Louis XV, qu'on tenaillât un homme aux mamelles et aux autres parties du corps les plus sensibles, qu'on coulât sur ses plaies sanguinolentes du plomb fondu, que huit chevaux contre-tirassent ensuite tous les nerfs de ses quatre membres par un écartèlement. Ses cris douloureux et déchirants retentissent encore à nos oreilles. Cette crainte des supplices pour le moindre fait ne leur suffisait pas, ils ont imaginé de faire craindre les recherches jusque sur les pensées, d'ajouter à la terreur le scrupule ; ils ont porté le délire jusqu'à rendre l'homme responsable de ses songes, et ils ont été servis par des prêtres et des juges que dégradait l'esclavage. Mais dans une société, il ne peut y avoir ni récompenses, ni peines ainsi distribuées. Il faut 1° des faits, 2° l'intention. Avec l'intention sans les faits, comme avec les faits sans l'intention, il n'y a ni peines ni récompenses ; et les unes et les autres sont graduées sur les faits.

XI

Dans tout rassemblement, le peuple essentiellement patriote est en conspiration permanente pour un Gouvernement contre la domination : il y a de temps à autre des conspirations. Leurs intervalles sont déterminés par le concours de plusieurs circonstances.

Les dominateurs factieux y sont en conspiration et en conjuration permanentes contre les principes du Gouvernement, et contre tous les moyens qui conduiraient à l'établir.

Dans toute société, quelques factieux, parmi lesquels on peut presque toujours compter malheureusement des gouvernants, sont en conspiration permanente contre les principes des gouvernements.

Il y a très rarement conjuration de la part des gouvernés factieux, mais il y a ordinairement conjuration permanente de la part de ces gouvernants factieux.

Dans tout rassemblement, les factieux, hommes de partis, sont en conspiration permanente contre les dominateurs, et il y a de temps à autre des conspirations de leur part.

Dans toute société, les partis parmi les patriotes conspirent contre des gouvernants, et quelquefois cela va jusqu'à la conjuration.

XII

Dans toute société où les gouvernants remplissent leurs devoirs, les conspirations et les conjurations ne sont pas dangereuses.

Si ce sont des gouvernés qui attaquent les principes du Gouvernement, une immense majorité les défend.

Si ce sont des patriotes, hommes patriotes qui attaquent par erreur ces bons gouvernants, une immense majorité les défend.

XIII

Dans toute société où les gouvernants ne remplissent pas leur devoir, il y a deux cas. Les conspirateurs conjurés sont des gouvernants ou des gouvernés.

Si ce sont les gouvernants qui attaquent les principes du Gouvernement, la conspiration est dangereuse ; car quoiqu'une immense majorité couvre ces principes, cependant les moyens de séduction et de forces employés par ces gouvernants factieux, peuvent nuire momentanément à la chose publique.

XIV

Si ce sont des gouvernés qui sont les conspirateurs conjurés, ou ce sont des factieux qui veulent renverser le Gouvernement, et ils ne sont pas dangereux comme nous l'avons vu, parce qu'une

immense majorité le soutient contre leurs faibles attaques, ou
ce sont des patriotes qui, non pas comme hommes de partis,
mais comme patriotes, attaquent les mauvais gouvernants
ennemis des principes du Gouvernement; et la conjuration, bien
loin d'être dangereuse, est salutaire, est désirable; il y en a trop
peu de ce genre. Elle sauve la chose publique.

XV

Dans ces conjonctures, le grand art des gouvernants factieux
est de faire croire que les patriotes généreux sont eux-mêmes
des factieux, c'est de les rendre tels, sinon en réalité, au moins
en apparence.

Ils n'oseraient faire dire que conjurer contre leurs personnes,
c'est conjurer contre l'État. Cette maxime est réservée aux
dominations, où on la prouve aux incrédules en les faisant
écarteler, ainsi qu'on prouvait aussi l'inexistence des antipodes
à d'autres incrédules en les faisant brûler. On rirait au nez des
sophistes à leurs gages qui avanceraient une telle proposition;
les enfants même savent aujourd'hui que les gouvernants ne
sont point le Gouvernement, et par conséquent que conspirer
contre les gouvernants, n'est point conspirer contre le Gouvernement.

Dans cet embarras, ils usent de toutes les astuces possibles
pour faire naître quelques circonstances ou pour inspirer quelques actes dont on puisse inférer ce qu'il est de leur intérêt de
faire penser, que ces patriotes généreux qui attaquent leurs
personnes, en veulent aussi au Gouvernement.

XVI

Le nombre des conjurations dans toute société est la mesure
des qualités des gouvernants.

Si ce nombre est petit, les gouvernants sont passables.

S'il est grand, les gouvernants sont nécessairement très
mauvais.

Ce que doivent faire des gouvernants bons et prudents, c'est de diminuer ce nombre : 1° en éclairant les factieux sur les principes, pour les rattacher au Gouvernement ; 2° en rectifiant leur propre conduite, pour ne pas être justement désapprouvés et poursuivis par les patriotes, qui l'emporteront toujours à la longue, parce qu'ils ont le droit et la raison pour eux.

On n'institue pas un Gouvernement, on n'entretient pas des gouvernants pour tuer des hommes *ex abrupto*; on institue l'un et on entretient les autres pour rappeler les citoyens égarés aux principes, ou les citoyens aigris à de meilleurs sentiments, par des voies supérieurement dirigées, selon les circonstances et les esprits, par des voies douces, humaines, sociales, adroites ; ce n'est pas pour écraser les factions, pour écraser les partis les uns contre les autres par une force colossale, c'est pour les atténuer, par l'influence de la raison, l'attrait des procédés, les charmes de la douceur ; ce n'est pas pour rendre criminels des hommes faibles, afin d'avoir à les punir selon des lois sévères, c'est pour les fortifier, c'est pour les empêcher de tomber dans le crime, et prévenir le malheur d'avoir à leur infliger des châtiments terribles ; ce n'est pas pour inoculer le virus des forfaits à des hommes dont les humeurs sont déjà trop âcres, c'est pour éloigner d'eux jusqu'aux miasmes de la contagion ; ce n'est pas pour détruire, c'est pour conserver, et pour conserver par la méthode préservatrice : si elle mérite la préférence dans la médecine physique, elle est de devoir parfait et rigoureux dans la médecine politique.

XVII

Des gouvernants qui supposent des conjurations, sont donc des sots, qui proclament eux-mêmes, devant leurs contemporains et la postérité, leur ineptie ou leurs vices, à moins qu'ils n'y soient conduits par quelques intérêts particuliers majeurs, et la découverte de ces intérêts particuliers les change ordinairement de sots en factieux.

S'ils tirent de ces conjurations supposées des moyens de répandre le sang innocent, ce sont des criminels.

XVIII

Des gouvernants qui ne supposent pas, mais qui font des conjurations, sont ou des sots ou des factieux avec un degré de plus de malignité. S'ils tirent de ces conjurations qu'ils ont faites, des moyens de répandre du sang, ils sont des criminels d'un degré supérieur.

XIX

Je connais une commune où l'on avait cessé depuis longtemps de sonner les cloches. Les chrétiens, en exerçant librement leur culte, avaient pris, comme le démocrate Jésus le recommande, le parti de se conformer à la loi civile de l'État. La nouvelle de la découverte de la grande conjuration de floréal y arrive; le dimanche suivant, dès le matin, les airs retentissent et l'on sonne à double carillon. Après la grande messe un jeune substitut, qui n'a jamais lu au peuple le récit des victoires de l'armée d'Italie, y déclame avec emphase celui de la découverte admirable qui sauve la République, et quelques vieilles fanatiques de se dire : *C'est Drouet, c'est celui qui a arrêté le roi, il va être guillotiné, c'est Dieu qui le punit* (1). Et le fanatisme, avec ses acolytes, n'en a pas rabattu depuis. Vous sentez bien que si leur

(1) Les habitants de Varennes ont fait leur devoir envers la nation, en arrêtant Capet fugitif, et Drouet a fait le sien, comme ses concitoyens, en y concourant; la nation leur doit à tous estime et bienveillance. Ceci me rappelle un autre fait. Quelques jours après que le Comité de salut public eût pris un arrêté portant ordre à l'administration de police de transférer du Temple à la Conciergerie, Marie-Antoinette-Lorraine-Autriche, veuve Capet, pour qu'il fût procédé à son jugement, un député, membre des Comités de Gouvernement vint à la mairie sur les neuf heures du soir. Il me dit qu'ayant appris que Marie-Antoinette était logée dans une chambre basse et peut-être peu saine, il en avait fait part aux Comités, et en avait pris une autorisation pour faire la visite du lieu, et lui en procurer une plus convenable si cela était possible. J'envoyai chercher les administrateurs de police de service, et nous partimes sur-le-champ avec ceux qui l'accompagnaient. Introduits dans la chambre de Marie-Antoinette, il s'approcha de la détenue, lui parla avec les égards dus à sa position, *res sacra miser!* et lui présenta avec douceur les motifs de conso-

bon Dieu se mêle de punir celui qui a arrêté le roi à Varennes, il est encore bien plus probable, dans ces têtes, qu'il se mêlera de punir ceux qui l'ont condamné à mort et même ceux qui l'ont laissé exécuter, et que leur châtiment attendu, demandé peut-être aux *angelus* du matin et du soir, ne fera pas naître, lorsqu'il arrivera, d'autres sentiments que ceux excités par l'idée de la punition de Drouet. Sans doute ces sottises ne feront rien à l'existence de la République, mais tel est le bon effet politique de ce grand coup d'État.

On vint m'en parler; je dis : il est impossible que Drouet soit royaliste, qu'il soit aristocrate, qu'il veuille renverser le Gouvernement républicain; il peut seulement avoir eu l'idée de culbuter des gouvernants qu'il croit mauvais et nuisibles au Gouvernement; il est impossible que ceux que je connais dans cette liste, Cordas, Fiquet, Crespin, Paris, Antonelle, Lepelletier, Parein, Amar, Menessier, Bodson, Lindet, Chrétien, aient changé, qu'ils soient des anti-républicains; il est impossible encore qu'ils admettent toutes ces aberrations qu'on attribue à ce qu'on appelle la faction anarchiste; aberrations qui peuvent amuser l'imagination, intéresser même le cœur, mais qui sont toujours repoussées par un jugement sain : le partage égal des terres, la communauté des biens et toutes les autres folies qu'on a répandues sur le compte des démocrates pour les perdre, comme dans d'autres temps, d'autres tyrans attribuèrent aux Juifs de piquer des hosties, et d'en tirer du sang dont ils se

lation qui peuvent être donnés en de semblables circonstances. Il fit l'inspection de toutes les chambres, etc. Vous croyez peut-être que ce député est quelqu'humain exclusif? Non, c'est ce démocrate Drouet; c'est ce Drouet que les Autrichiens ont, par un contraste frappant, tenu peu de temps après dans une captivité si cruelle; c'est ce Drouet que, par un contraste plus frappant encore, les factions royalistes et aristocrates, dont aucun membre n'a eu l'humanité et le courage de faire la moindre démarche ou de dire le moindre mot, pour vérifier l'état de la détenue, appellent aujourd'hui buveur de sang, et qu'ils ont voulu envoyer à la mort. *Quantum distat ab illis!* Il entreprend avec fermeté tout ce qu'il croit nécessaire au salut de la patrie : il apporte dans l'exécution, tous les adoucissements de son ressort. (*Note* de PACHE).

Drouet, arrêté le 21 floréal an IV (10 mai 1796) parvint à s'échapper de la prison de l'Abbaye, grâce à la complicité de Barras. Il ne comparut pas devant la cour de Vendôme.

désaltéraient ; aux Templiers, de tuer, puis de rôtir leurs propres enfants dont ils se rassasiaient ; inventions mensongères de dominateurs perfides pour parvenir à des buts criminels. Je connais trop chacun de ces hommes pour ne pas croire à leur probité, à leur patriotisme et à leurs vues saines ; le temps éclaircira ceci.

Lorsque peu après, j'ai appris l'affaire de Grenelle et qu'on les fusillait largement, je me suis dit, l'amertume dans le cœur : encore une conjuration ! Un mouvement des conjurés ! Il est impossible que Huguet, Cailleux, Gagnant, Javogues, Cusset, dont on me présentait les noms, soient des anti-républicains. Les gouvernants supposent, selon ce que j'aperçois, des conspirations et des conjurations contre l'Etat, lorsqu'il y a, au plus, conspirations et conjurations contre leurs personnes, ce qui n'est pas la même chose. Ils montrent d'abord par là qu'ils sont mauvais gouvernants ; ils laissent présumer qu'ils peuvent avoir une arrière-pensée, ensuite ils légitiment en quelque sorte ces conspirations et conjurations, ils élèvent les conjurés au Panthéon, mais comme c'est en les faisant passer par une fosse meurtrière, ce sont des criminels.

Je me suis alors abonné à un journal patriote, afin de reprendre quelques notions sur le courant des affaires publiques. J'y ai vu, dans des débats, que les gouvernants avaient non pas supposé, mais fait ou favorisé la formation ou l'avancement progressif de la conjuration de floréal, probablement de celle de Grenelle, et peut-être de celle de Brottier ; qu'avec l'argent et les moyens de la République, ils étaient parvenus péniblement à changer de simples conspirateurs contre leurs personnes, en conjurés, ou des conjurés en projets, en des conjurés actifs, et puis qu'ils étaient venus se vanter de cette belle action devant les députés à la législature, dont les uns avaient été dupes, et dont les autres avaient fait semblant de l'être ; mais ces gouvernants, humides du sang de Grenelle, contre l'effusion duquel réclame enfin le Tribunal de cassation, sont des criminels d'un degré supérieur.

XX

Il est du devoir des gouvernants de surveiller les conspirateurs contre le Gouvernement, il est de leur intérêt de surveiller les conspirateurs contre leurs personnes, d'introduire même parmi les uns et les autres des hommes qui puissent leur rendre compte de tout ce qui s'y passe, afin de prévenir le mal, afin de rectifier les opinions des uns, et de se rectifier eux-mêmes d'après l'improbation des autres. Mais c'est une horreur que d'exciter au mal ces deux classes de conspirateurs quels qu'ils soient, pour avoir à les punir; de les transformer, presque malgré eux, de conspirateurs en conjurés, ou de conjurés en projets, en conjurés actifs, pour avoir le droit de les tuer juridiquement.

Il est difficile, direz-vous, de poser la limite et de se borner à observer sans exciter pour faire rendre. — Non, cela n'est pas difficile; et si vous ne savez pas faire les choses difficiles, allez planter vos choux; si ne sachant pas faire ce qui est difficile, vous y suppléez par un acte de scélératesse, vos noms seront à jamais en horreur.

La surveillance est indispensable dans une ville aussi grande que Paris et d'une population aussi nombreuse, Olympie où accourent aux jeux en même temps les vertus et les talents des deux mondes, sentine où se rassemble aussi tout ce qu'il y a de plus subtilement vicieux; mais c'est la surveillance d'un père; il se doute que, malgré ses instructions et ses reproches, son fils contracte l'habitude d'aller aux tripots; il envoie un homme de confiance pour le surveiller. Celui-ci doit s'avancer dans la familiarité du jeune homme égaré, pour avoir la facilité de l'accompagner partout; mais ce n'est point en l'excitant à ponter, ce n'est point en l'enflammant encore davantage de cette funeste passion. Il faudrait, répondrez-vous, des agents intelligents et honnêtes pour saisir et appliquer ces nuances, et nous n'avons que des Malo (1), des Grisel (2). Eh! Ne les avilissez pas, vous en

---

(1) Ancien Cordelier. — Etait colonel d'un régiment au camp de Grenelle au moment de l'irruption des Jacobins (9 septembre 1796). La maëstria avec laquelle il chargea les émeutiers l'a rendu célèbre. Devient général de brigade. Destitué en fructidor, an V, il disparaît de l'Histoire.

(2) Georges Grisel, capitaine au 3e bataillon de la 38e demi-brigade; s'était insinué dans la confiance de Babeuf et de Darthé, son second. Dès qu'il connut le secret de la conspiration et les noms des affiliés, il s'empressa de venir les dénoncer au Directoire. Ses dépositions devant la cour de Vendôme ne soulevèrent que du dégoût. Dix ans après ce procès, il fut tué en duel par un des fils de Babeuf.

aurez. Soyez vous-mêmes bons et délicats, ne donnez point de commissions infâmes, elles pourront alors être remplies par des hommes en même temps habiles et probes. C'est aussi un service rendu à la République.

Au reste la bonne foi est là. Elle y est fixée ; nulle force humaine ne peut la déplacer, l'éloigner ou la rapprocher. Tout ce qui la dépasse est un crime qui met la République dans un plus grand danger que de rester en deçà ; car des conjurations de gouvernés factieux sont toujours moins périlleuses que des attentats de gouvernants, et ce serait plutôt contre ces derniers qu'on pourrait appliquer le *Salus populi prima lex,* dont il faut d'ailleurs faire un rare usage : ce ne peut pas être, ce ne doit pas être une maxime de tous les jours.

C'est pour vous, comme nous l'avons vu, un devoir parfait et rigoureux de travailler à prévenir le mal.

Vous ne pouvez jamais le provoquer pour avoir à le punir. Vainement diriez-vous que vous provoquez le mal particulier, pour, en le punissant, prévenir le mal général. C'est un sophisme exécrable, puisqu'en prenant l'autre parti de prévenir le mal particulier, vous préveniez également le mal général, et qu'alors vous n'avez rien à punir.

Provoquer le mal particulier est donc un acte inutile au salut public, au salut de l'État, au salut du peuple.

Vous ne pouvez y être conduits que par des vues propres et intéressées, ou bien vous voulez vous donner faussement pour des sauveurs de la patrie qui n'était pas en danger, en l'y mettant simulément vous-même pour avoir l'air de l'en tirer, ou bien vous avez encore une pensée plus coupable.

En tout et malgré toutes les prétentions des génies, il n'y a point, il n'y aura jamais de société, de gouvernement sans morale. Elle est nécessaire, elle suffit.

J'ai bientôt reconnu, par un fait incontestable, que les gouvernants employaient des moyens opposés à ceux que tolère la morale dans ces précautions que commande la politique.

XXI

Le ministre de la police Cochon (1), a dit dans son rapport
du..... qu'il était instruit depuis un mois qu'il y avait un agent
royal à Paris, que cet agent devait, etc., etc., qu'il devait exciter
à un mouvement les faubourgs et les citoyens que, d'après Capet
et les royalistes, les aristocrates modernes nomment aussi des
anarchistes, et que ces faubourgs et ces anarchistes concouraient
aussi aux vues des royalistes.

Il a été sagement observé dans le Conseil des Cinq-Cents que
les pièces et charges ne présentaient rien de cette dernière
circonstance qui paraissait être de l'imagination du ministre
Cochon ou de ses souffleurs.

Voyons ce qui se passait un mois avant ce rapport du ministre
Cochon.

XXII

Annoncer dans un journal quelconque une tendance au mouvement n'est pas toujours le provoquer ; mais il est connu que le
moyen le plus efficace de le rendre probable, de le réaliser, de
l'activer, c'est de faire répandre par un journal accrédité, qu'un
homme, en qui le peuple a eu confiance, y prend une part active,
c'est-à-dire qu'il estime ce mouvement nécessaire et d'un succès
assuré. Un plus grand nombre de citoyens y donne attention,
s'en occupe, le discute ; à la moindre occasion, le peloton grossit ;
son agglomération entraîne proportionnellement plus de curieux
et l'on a un rassemblement, un mouvement.

Ce n'est point un journaliste ordinaire, un journaliste dans les
feuilles duquel on est accoutumé à voir des nouvelles tantôt
vraies, tantôt fausses, par l'impossibilité où il se trouve souvent
de vérifier les faits ; c'est M. Delagarde, secrétaire général du

(1) COCHON DE LAPPARENT. — Conventionnel obscur mais thermidorien
farouche. Proscrit au 18 fructidor et interné à l'île d'Oléron. Après le 18 brumaire on le retrouve préfet de l'Empire et sénateur. Exilé en 1816 comme
régicide, il put rentrer en France au bout de quelques années.

Directoire (1), et rédacteur du journal officiel de cette puissance, réputé à ces deux titres instruit de ce qui se passe, surtout en matière aussi importante qu'un mouvement subversif ou conservateur du régime établi ; c'est ce journaliste privilégié qui annonce la tendance au mouvement, en y ajoutant la circonstance que Pache se promène à ce sujet dans les rues de Paris, et y prend ainsi une part active.

Les gouvernants sous les yeux desquels M. Delagarde rédige son journal, ne pouvaient ignorer que j'étais tranquille ici comme je l'étais dans le château de Ham, lorsque, pour le mouvement de prairial, le grand-maître des hautes-œuvres conventionnelles (2), en service près de toutes les factions successivement dominantes, imagina la motion de me faire juger, sans déplacer, par une commission militaire ; je n'ai, certes, pas plus quitté Thim que Ham ; les gouvernants et M. Delagarde le savent.

Le rédacteur officiel, l'organe des gouvernants, a donc mis sciemment et volontairement cet article faux dans son journal, un mois avant l'époque du rapport du ministre Cochon.

XXIII

Quel pouvait être son objet ? Car enfin, un homme comme M. Delagarde n'insère pas sciemment un article faux dans un tel journal, sur une matière aussi sérieuse, sans avoir un objet. Il a tant d'autres choses à dire pour la satisfaction de ses abonnés et de ses non abonnés ; les travaux du Directoire lui fournissent tant de notes instructives ou intéressantes, qu'il ne peut s'amuser à inventer ou recueillir des futilités, et à entretenir le public de mes prétendues promenades, comme pourraient le faire quelques journalistes dépourvus de matériaux aussi précieux ; près de cette meule énorme de gerbes bien nourries, il est dispensé d'aller glaner ; quel était donc son objet ?

(1) LAGARDE. — Exerça plus tard les mêmes fonctions auprès des consuls. Préfet et baron de l'Empire.

(2) BOURDON DE L'OISE (Voir note de la page 67).

Pour ce qui me regarde, c'était de me compromettre en plaçant mon nom dans ce mouvement.

Mais pour ce qui concerne la chose publique, l'objet est bien plus grave. Je ne me fais point illusion sur mon influence réelle ; mais les longues et atroces persécutions dont j'ai aussi été la *victime*, et cela *sous toutes les factions*, prouvent qu'on m'en a supposé une grande, soit personnelle, soit nominale. Et dans cette supposition, mon nom ainsi placé doit réveiller l'attention de beaucoup de citoyens, donner plus de participants à la tendance au mouvement, le probabiliser, le réaliser, l'activer.

XXIV

Les gouvernants voulaient donc un mouvement des faubourgs et de ce qu'ils appellent les anarchistes, à cette époque antérieure d'environ un mois, au rapport du ministre Cochon. Ils le composaient dans eux-mêmes ; ils en rassemblaient les éléments ; ceux qui manquaient, ils les faisaient intervenir ; ne pouvant disposer de ma personne, ils faisaient intervenir mon nom ; ils déterminaient un mouvement au prix de la vérité, et par un mensonge volontaire.

XXV

Cependant les gouvernants, qui faisaient ainsi un mouvement, n'étaient sûrement pas en retard sur les précautions et les moyens de le réprimer ; en donnant des ordres à M. Delagarde, excitateur, ils en préparaient sûrement pour M. Malo, réprimeur. Tout cela est d'une perfidie, d'un néronisme, ou plutôt d'un dogisme aristocratique nouveau pour moi.

XXVI

Si cette infâme expédition n'eût pas été déjouée par des journalistes républicains, qui se sont moqués de M. Delagarde, de ses cors de chasse, de son Pache, et qui ont éclairé le peuple sur le piège qu'on lui tendait, il eût été possible que des groupes de citoyens mécontents, non du gouvernement, mais des gouvernants, se formassent; que des curieux les grossissent, que des Grisel, en faisant des actes insurrectionnels qui leur étaient commandés et payés par les gouvernants, entrainassent par le moyen puissant de l'imitation mécanique, trop peu pris en considération dans les jugements des Commissions militaires, entrainassent, dis-je, à les répéter, quelques citoyens seulement inconsidérés; que les uns fussent sabrés par M. Malo, et que les autres fussent transformés en conjurés, fussent condamnés à être fusillés par une nouvelle Commission militaire du Temple.

Ainsi, en mon nom, par les soins des gouvernants, une foule de bons citoyens aurait été trainée à cette double boucherie! J'en frémis.

XXVII

Pour couvrir toutes ces horreurs, on eût fait une proclamation et un message, dans lesquels on eût instruit la nation et la législature, que les faubourgs et les anarchistes avaient formé une grande conjuration qui mettait la République en danger; qu'ils concouraient, au moins, quant à l'époque, avec les royalistes, dont on faisait, ou dont on filait une conjuration d'un autre côté, pour la découvrir à temps. Les bons aristocrates modernes eussent demandé à grands cris mention honorable du zèle de ces bons gouvernants, qui découvraient si finement les conjurations qu'ils faisaient; qui sabraient si bravement les rassemblements qu'ils formaient, et ils eussent appuyé avec les royalistes la commission militaire, pour faire fusiller ceux qui étaient échappés au sabrement. Pauvre peuple, pauvres législateurs, coupables gouvernants!

Ce fait, qui m'est personnel, a complètement dessillé mes yeux sur leur conduite.

XXVIII

J'avais toujours présumé, d'après la connaissance que j'ai de Carnot, qu'il entrainerait le Directoire dans quelques-unes de ces mesures, dont je l'avais vu grand partisan au Septemvirat ; les lâches sont cruels ; j'avais toujours présumé qu'il tâcherait de rétablir *le régime par coups d'Etat*, dont il s'accommodait si bien. Mais je n'avais pas pensé que de telles monstruosités pussent maintenant se cumuler aussi facilement, ni qu'il pût trouver à la main des ministres de la police, des ministres de la justice, des Malo, des Grisel, des Delagarde, etc.

XXIX

Cependant, il me paraît maintenant prouvé, par les dépositions de Grisel, que ce sont les gouvernants qui ont fait à peu près tout ce qui existe de la conjuration du 20 floréal ; qui ont changé la conspiration contre leurs personnes, en ce qu'on veut appeler conjuration contre l'État, contre la République, et qui ont progressivement avancé la conjuration. Ce sont les gouvernants qui fournissaient à Grisel les moyens pécuniaires et de séduction avec lesquels on peut rendre conjurés les hommes qui, sans eux, resteraient de simples mécontents ; ce sont les gouvernants qui excitaient, par l'appât des récompenses, des grades militaires, ce Grisel, moins vicieux que ceux qui l'employaient, à faire les actes excitateurs et progressivement augmentateurs de la consistance de la conjuration. A quelque degré qu'on la suppose, quelque importance qu'on lui donne, quelque culpabilité qu'on lui attribue, ce Grisel, par ses actes, en serait un acteur, parce qu'il ne s'est pas contenu dans les bornes de ses fonctions, dans les limites de l'observation, et ce Grisel, ce sont les gouvernants.

Il me paraît qu'il y a eu également de semblables excitations pour l'affaire de Grenelle et pour celle de Brottier.

Mais sur le quatrième fait qui m'est personnel, l'excitation de M. Delagarde à un mouvement, en employant mensongèrement mon nom, est incontestable.

XXX

Indépendamment du crime de traîner à la mort des innocents, il faut considérer le but, il faut considérer l'intérêt particulier majeur, qui fait subir à des gouvernants la honte de se déclarer eux-mêmes ineptes ou vicieux par cette multiplication de conjurations et de mouvements de conjurés, dont ils se vantent de faire la découverte.

C'est l'objet principal de cet écrit. Les gouvernants doivent surveiller les conjurés gouvernés, pour découvrir si quelques-uns ne prennent point un esprit factieux, et les ramener. Les gouvernés doivent surveiller les gouvernants, pour découvrir si quelques-uns ne prennent point un esprit factieux, et les contenir. Les gouvernants patriotes doivent livrer les gouvernés, conjurés factieux, aux tribunaux; les gouvernés patriotes doivent livrer les gouvernants, conjurés factieux, à l'opinion nationale.

Pendant qu'un haut jury s'occupe à juger des gouvernés prévenus, la nation doit s'occuper de juger les gouvernants dénonciateurs, et je les traduis devant son tribunal.

On ne tourmente pas des citoyens incontestablement patriotes, et on n'en tue pas d'autres par des machinations aussi infernalement combinées, quand on ne veut que la République, quand on ne veut que remplir son devoir par l'exécution fidèle de la Constitution.

Il est remarquable que c'est Carnot qui tient la première place ; c'est Carnot qui confère avec les Malo, les Grisel, qui les dirige, qui les pousse, qui remplit, qui outrepasse les fonctions de ministre de la police. Cette affaire appartient plutôt à Carnot qu'au Directoire. Ainsi c'est le système revivifié, mais étendu, mais augmenté du Septemvirat, dont il faisait partie, et partie très essentielle, pour tout ce que les Septemvirs ont fait de condamnable.

XXXI

Lorsque par les travaux estimables des douze membres du Comité de salut public, soit dans le Comité, soit hors du Comité, on fut parvenu à ramener les affaires à un point qui ne laissait plus d'inquiétude sur l'existence de la République, et qu'on commença à être tranquille sur son sort, il se forma insensiblement, par un assentiment tacite, cette fameuse coalition, portée successivement à sept membres, qui cessèrent de s'épiloguer, de se contrarier, au moins en face, et qui parurent mettre en commun leur ambition et leurs moyens.

Les factions royalistes étant immobiles et muettes, le Septemvirat jouit un moment avec assez d'agrément du pouvoir. On s'y accoutume facilement. Une continuation impolitique des mêmes membres au Comité, en fortifia en eux la fatale habitude, et leur fit naître ce désir vague et obscur de le voir prolonger encore, désir qui est un effet si naturel du plus fort penchant de l'homme trentagénaire, qu'ils ne sont point condamnables, et qu'on devait s'y attendre. A ces désirs vagues succédèrent aussi naturellement l'éloignement pour toute disposition qui amènerait la fin de ce pouvoir si doux, et la tendance pour toute circonstance qui en produirait la durée. Bientôt, vinrent les vues pour repousser les unes et provoquer les autres, enfin les projets raisonnés, enfin leur exécution.

Cependant les partis qui, dans l'ordre ordinaire, ne devaient pas voir cette appropriation prolongée du pouvoir sans en concevoir quelque peine, inspirèrent de l'inquiétude. On crut, non sans quelque fondement, qu'ils pouvaient être jaloux du pouvoir. On le craignit; on craignit qu'ils ne s'occupassent de l'enlever, on craignit de le perdre; cette crainte y attacha davantage comme à tous les autres biens réels et fantastiques. On chercha définitivement les moyens de le conserver. Celui de détruire les hommes du parti contraire se présenta dans quelques esprits. Il fallait un prétexte. On ne pouvait faire périr des républicains connus, sans donner un motif apparent d'abord à ceux des Conventionnels qu'on séduisait, et qui se formaient en corps de faction septemvirale, ensuite au peuple. On supposa et on fit circuler parmi les premiers que les populaires n'étaient pas assez forts pour abattre complètement le royalisme qui faisait le mort; que, pour assurer la République et la Convention (le Septemvirat), il fallait se défaire des populaires qui déplaisaient à la classe moyenne, que cette opération rallierait, et qui était plus propre, par sa masse, à donner de la stabilité aux affaires, à la Convention (au Septemvirat). On comprit l'extrême royalisme dans la proscription avec l'extrême patriote, parce que si l'on n'eût expédié que des patriotes, le stratagème et son but eussent été trop à découvert. Ceux qui avaient le plus de goût pour la destruction des patriotes, ne cessèrent plus de se plaindre, dans le Comité, des embarras qu'ils leur occasionnaient. On s'accoutuma à les voir de mauvais œil, à en désirer la perte, à l'idée de l'opérer sans remords. La jalousie, l'envie, toutes les passions basses, achevèrent l'œuvre. Le mot d'ordre fut enfin *les deux extrêmes.* Quant au motif pour le peuple, on fit fonds sur sa confiance, et on espéra de le séduire par de frivoles rapprochements.

Ce fut alors qu'on commença à rechercher les plus futiles et les plus faux prétextes d'immoler tout patriote qui, par esprit de parti ou par immutabilité, fut soupçonné de ne point seconder actuellement ou dans l'avenir les vues du Septemvirat; qu'on les fatigua, qu'on les irrita, qu'on les aigrit, qu'on les divisa, qu'on les assassina. J'y vis le jeu des haines particulières; j'y vis Robespierre en céder à Billaud, et Billaud en céder à Robespierre, et un contentement alternatif dans les traits de chacun d'eux; mais je vis une joie constante briller pour la destruction de tous sur le visage de Carnot. Ce fut alors enfin que, pour couvrir les encharettements des patriotes aux yeux du peuple, on doubla les encharettements des royalistes.

Vainement, lorsque j'aperçus les progrès de l'idée fausse et surtout perfide, j'en représentai l'horreur; vainement j'observai que les populaires étaient suffisants pour contenir ou même abattre les royalistes; que les conséquences qu'on en tirait étaient d'ailleurs immorales, qu'elles étaient impolitiques; que ce ne serait autre chose que d'un côté réduire l'ennemi au désespoir, de l'autre, fusiller traîtreusement nos troupes légères; et que les avant-postes étant détruits, le corps d'armée courrait grand risque d'être surpris et culbuté. Les passions avaient formé un calus autour des cœurs, elles avaient obstrué les cerveaux. On tua des patriotes. Carnot eut ce plaisir.

XXXII

On les tua, et cela bien évidemment parce qu'on voulait prolonger l'exercice du pouvoir, parvenir à une forme qui en procurât la durée ou un retour plus facile que l'ordre adopté dans la Constitution suspendue ne le faisait présumer, parce qu'on voulait autre chose que la Constitution démocratique solennellement acceptée et promulguée. J'entends encore Carnot, quelque temps après les trois ou quatre premiers massacres des patriotes conventionnels et extra-conventionnels, se dandinant au coin du feu avec un air de satisfaction, me dire en ricanant : *Eh bien, citoyen Maire, on fera pourtant des changements à la Constitution.* On en a fait, ils ont coûté bien du sang des meilleurs républicains ; valent-ils le sang qu'ils ont coûté?

La grande majorité des Septemvirs était originairement patriote, je me plais à le dire ; mais à cette époque fatale ils étaient devenus factieux ; ils avaient bu dans la coupe du pouvoir, et l'un d'eux, plus esclave de l'amour des privilèges par les premières espérances de sa première profession, et aussi plus astucieux que les autres, profita de leur ivresse. Gouvernants factieux, ils usèrent de la force nationale à leur profit ; ils voulurent se débarrasser de tout obstacle ou même de toute surveillance, ils détruisent les patriotes, sous le prétexte d'écraser, avec des bras géants, les partis les uns contre les autres ; dans ce choc terrible, les crânes et les os se brisent, les lambeaux de cervelle et de moëlle jaillissent, vos visages en sont encore dégouttants : tels furent les fruits de ces ambitieuses et mégériques idées.

Carnot s'en est tiré. Il a dit, m'a-t-on appris, qu'il signait de confiance, et il a abandonné même ceux dont il s'était déclaré participant, lorsqu'il croyait qu'un parti puissant les soutiendrait et qu'il partagerait leurs avantages. Mais d'après qui donc signait-il de confiance? Était-ce d'après Robespierre, Couthon et Saint-Just? Non. Était-ce d'après Billaud et Collot? Non ; ceux-ci l'avaient toujours regardé comme un royaliste hypocrite, un jacobin honteux, et traité avec un mépris et une dureté qui n'appellent pas la confiance. Était-ce d'après Barère? Je n'ai jamais vu entre eux de ces relations intimes, de ces abandons absolus, qui fait que l'opinion de l'un devient celle de l'autre sans examen et sans difficulté. Mais sa confiance s'étendait-elle jusqu'à l'empêcher d'entendre les discussions qui se tenaient dans le Comité avant que l'on arrêtât le résultat des opinions, et que l'on minutât les arrêtés, jusqu'à l'empêcher d'entendre ce qu'on lui disait hors du Comité sur les faits conséquents aux arrêtés qu'il signait?

Je l'ai vu constamment à ce Comité, séant à la table ronde, prenant part à toutes les délibérations, y donnant son avis sur les choses et sur les personnes, non seulement concernant la partie militaire, mais concernant tous les autres objets de politique interne et externe. Nul n'a été plus que lui assidu au Comité. Barère, Robespierre, Collot, Saint-Just et les autres arrivaient quelquefois tard, parce qu'ils allaient aux spectacles ou aux Jacobins; Carnot, matin et soir, y arrivait toujours le premier, en sortait toujours le dernier. Il n'y a aucun membre dont il y ait plus de signatures sur les minutes d'arrêtés que de Carnot.

Il paraît qu'il s'est aussi excusé sur ce qu'il avait eu peur. Pour cela, j'en conviens, et grande peur; je lui en délivrerai un certificat lorsqu'il en aura besoin. Mais ce n'est pas depuis qu'il s'est glissé dans le Septemvirat, et qu'il y enchérissait sur les expressions et les mesures les plus outrées. Certes, il aurait eu peur de son ombre.'

XXXIII

Pourquoi Carnot, qui faisait tuer des patriotes à cette époque, parce qu'il voulait des changements à la Constitution lors existante de l'an II, en fait-il tuer aujourd'hui? C'est parce qu'il a pour la Constitution de l'an III à peu près les mêmes sentiments que pour l'autre. Il détruit encore les patriotes, parce qu'ils le gênent, et pour en faire passer la destruction, comme à l'autre époque, il sacrifie des royalistes. Les patriotes l'embarrassent. Quoiqu'ils ne puissent avoir d'engouement pour cette Constitution de l'an III, ils en veulent au moins l'observation fidèle; ils veulent cette Constitution non pas seulement de nom, mais de fait, puisqu'elle contient encore les deux bases d'une démocratie : l'inviolabilité de la Constitution acceptée par le peuple et la liberté des élections; puisqu'elle est susceptible d'être perfectionnée par des assemblées de révision; puisqu'enfin elle est mise à exécution.

XXXIV

Ce crime de tuer des patriotes pour avoir les coudées fran-
ches, fut celui des Septemvirs devenus factieux dans les derniers
temps de leur session, et notamment de Carnot. Les mêmes
machinations, dans les mêmes positions, font partie des mêmes
projets ; elles font partie des mêmes projets, surtout lorsque
c'est le même homme principal qui les dirige. Ce fut le crime de
Carnot dans le Septemvirat, c'est son crime dans le Directoire ;
c'est celui de ses coopérateurs dans la fabrication des conjurations, Cochon, Malo, Grisel et Delagarde, et de son coopérateur
dans l'assassinat semi-juridique des prétendus conjurés de Grenelle, Merlin de Douai.

Et il faut convenir que la partie est bien liée. Avec un membre
du Directoire qui s'est approprié les détails militaires, un ministre de la police générale, un ministre de la justice, on peut aller
loin en peu de temps. L'aristocratie moderne, s'ils ne la jouent
pas, et, par contre-coup, ou en dernière analyse, les royalistes
leur doivent une vigoureuse protection.

XXXV

Mais Carnot, il sert la République, il a réparé ce qu'avait fait
Aubry (1). Il n'a réparé qu'à demi dans toutes les parties, et dans
un sens qui convenait à sa direction particulière ; les pertes
résultant de ses ordres positifs sont doubles de celles d'Aubry,
et la part qu'il a dans les avantages ne compense pas. Prenez
ces deux hommes ; il ne faut pas une main très forte pour soutenir la balance.

Vous trouverez que, pour la République, Carnot ne vaut pas
mieux qu'Aubry, il est même plus dangereux. Un ennemi caché

(1) Conventionnel signataire de la protestation des 73 contre l'arrestation
des Girondins. Furieux réactionnaire après thermidor. Il remplace Carnot au
Comité de salut public pour la partie militaire, et désorganise les services,
en destituant les collaborateurs de ce dernier entachés de terrorisme. Déporté
à Cayenne au 18 fructidor.

nuit plus qu'un ennemi à découvert; et considéré en lui-même, Carnot a été plus sérieusement occupé de la destruction des patriotes que de celle des Autrichiens. Je lui ai vu une ardeur plus vive, une détermination plus forte pour la première que pour la seconde; c'est au sang des patriotes qu'il s'animait, et que son discours ou sa plume coulaient le plus facilement.

Mais les victoires de l'armée d'Italie! — On a des idées plus claires, que par le passé, sur la part qui revient, dans les victoires, à la troupe, au général et au cabinet. La part de la troupe est toujours positive. Il n'en est pas de même de celle du général et du cabinet; elles sont quelquefois zéro; elles sont même quelquefois négatives. La part de Condé à la bataille de Rocroy fut zéro; celle de Dumouriez à Jemmapes fut négative; celle de Bonaparte en Italie est positive. La part du cabinet dans la victoire de Denain fut zéro; dans la conquête des Pays-Bas, par Louis XIV, elle avait été positive; dans les campagnes de Turenne, en 1674 et 1675, elle fut négative. Je m'abstiens de traiter de la relation de quantité entre les parts, soit qu'elles soient ou non toutes trois positives; je m'abstiens de traiter les parts dans les défaites, puisqu'il s'agit ici de victoires; je m'abstiens de présenter l'échelle ou le mesureur de ces parts dans les victoires et les défaites, tant sur terre que sur mer, et je laisse faire les applications de détails.

Mais je suis très certain que notre armée d'Italie se serait aussi parfaitement battue, que Bonaparte se serait aussi parfaitement comporté, lors même que par les plans de Carnot on ne tiendrait pas sur la sellette, depuis un an, Drouet et Cordas; lors même qu'on n'aurait pas tué Huguet et Cailleux; et que ces actes tyranniques ne pouvaient diminuer en rien nos pertes d'Outre-Rhin et de Kingsal.

Je suis très certain que notre armée d'Italie se couvrirait encore de gloire et qu'on pourrait éviter à l'avenir les pertes d'Outre-Rhin et de Kingsal, lors même que MM. Delagarde, Grisel, Malo, Merlin, Cochon et Carnot ne seraient point gouvernants ou agents de gouvernants, et je crois fermement que s'ils eussent cessé de se mêler des affaires publiques, depuis un an, celles de l'intérieur ne seraient pas en pire état.

XXXVI

J'ignore le parti que la législature prendra à leur égard, mais convaincu, par le fait qui m'est personnel, de leur atroce perfidie dans ce qu'ils appellent mouvement de conjurés, et qu'ils sont des gouvernants factieux, conjurés dangereux contre la République, je les dévoue publiquement à l'exécration du peuple français et des hommes de tous les pays et de toutes les opinions qui ont quelque moralité. J'y suis autorisé par le sentiment de ce qui me concerne. Il n'y a pas de doute que je n'ai pas quitté Thim; il n'y a pas de doute que M. Delagarde et ces gouvernants ne fussent parfaitement instruits de ma résidence; on ne peut pas douter que ce ne soit par un mensonge volontaire qu'ils ont placé mon nom dans l'annonce d'un mouvement; on ne peut pas douter que mon nom ainsi placé, n'ait eu pour objet de concourir à le réaliser, à l'activer, et qu'ainsi ces gouvernants composaient eux-mêmes le mouvement; on ne peut pas douter qu'ils ne préparassent en même temps les deux moyens terribles de répressions, le sabrement et la commission militaire. Quoique déjouée par les journalistes patriotes, et par le bon esprit du peuple, cette machination n'en jette pas moins de lumières sur les autres mouvements, les autres conjurations, et sur le dogisme aristocratique insupportable qui va dominer et qu'on appellera la République, en attendant une scène de la royauté, si ces trames perfides ne sont manifestées par tous ceux à qui les circonstances personnelles les rendent sensibles, et si ces gouvernants factieux et leurs adhérents ne sont couverts de l'opprobre et de la haine qui leur est due.

PACHE.

A Thim-le-Moustier, le 21 floréal an V de la République française.

III

Occupations de Pache à Thin-le-Moûtier.

———

Après le coup d'état du 18 fructidor an V (4 septembre 1797), Pache vit ses ennemis réduits au silence. N'ayant plus rien à craindre de la réaction, il put enfin respirer.

L'Administration départementale lui témoigna sa bienveillance, et au bout d'un an, on lui offrait le titre de membre de la Société semi-officielle d'*Agriculture, Arts et Commerce du département des Ardennes,* titre qu'il accepta, du reste, sans hésiter.

Je mentionne plus loin, en détails, la part active qu'il prit, durant l'année 1799, aux travaux de cette Société. Mais son élan fut vite arrêté. Le 18 brumaire vint ébranler à nouveau ses espérances et le replonger dans l'angoisse. C'est alors que, profondément attristé de la tournure que prenaient les événements et des palinodies écœurantes dont il était le témoin, il se retira irrévocablement de la scène publique et se condamna pour toujours au silence et à l'inaction.

Par toutes les journées de beau temps, vêtu d'une longue redingote grise (1), il se promenait dans la campagne ; comme il adorait les enfants, il n'en rencontrait jamais un sans le saluer le premier, lui adresser la parole, et le questionner sur son savoir.

Il ne mettait pas les pieds à l'église, tout en respectant scrupuleusement les croyances, et il ne fréquentait personne ; mais il abordait tous les paysans sans distinction qui se trouvaient sur son passage, faisait une causette avec eux et ne les quittait pas sans leur donner quelques conseils pratiques concernant leurs travaux agricoles. Beaucoup ont fait leur profit de ces leçons, et, sous ce rapport, la mémoire de Pache est restée longtemps en grande estime dans le pays.

Jean Hubert, auteur d'une *Géographie des Ardennes,* écrivain qu'on ne peut suspecter de tendresse envers les hommes de 93, a fidèlement traduit sous ce rapport le sentiment des habitants de Thin quand il disait en 1856 : (2) « La carrière révolutionnaire de Pache a pu « être diversement jugée, mais sa vie privée a été celle « d'un homme de bien ; il n'a laissé à Thin que le sou- « venir d'une grande simplicité de mœurs, d'une grande « abnégation personnelle, et d'une incomparable bien- « veillance. »

La politique était rigoureusement bannie de sa con-

---

(1) PACHE était de taille assez élevée.

(2) *Géographie historique du département des Ardennes.* — Charleville. — EUGÈNE JOLLY, éditeur.

versation et de ses actes, à tel point qu'il se désintéressait même des propres affaires de sa commune (1).

Du reste, l'âge de la sérénité philosophique était arrivé. Fervent disciple de Rousseau, réfugié dans la nature, il trouvait dans cette grande consolatrice les satisfactions que le commerce des hommes ne donne jamais.

Le 18 thermidor an XI (6 août 1803), le premier Consul vint à Mézières, où une réception enthousiaste lui fut faite. Selon son habitude, il s'informa des personnages de marque vivant dans la contrée, et surtout de ceux qui s'étaient distingués sous la Révolution ; il cherchait à les attacher à sa fortune. On lui cita Dubois-Crancé et Pache, retirés l'un à Balham, et, l'autre, à Thin-le-Moûtier. En ce qui concerne le premier, il était fixé, il n'insista pas ; mais il résolut de tenter une démarche auprès du second, et, dans ce but, pour mieux toucher Pache, il choisit comme ambassadeur un intime ami de celui-ci, le célèbre Monge.

Quelques jours après, seul, incognito, Monge arrivait le soir à Thin-le-Moûtier ; il était porteur d'une lettre de Bonaparte renfermant ses propositions. « Imaginez quelle « chance pour l'homme de brumaire s'il avait pu mettre « dans son jeu l'ancien Maire de Paris! Quel redouble- « ment de popularité pour son gouvernement si l'on eut « revu en fonctions le Ministre de la guerre de 92! « Imaginez quelle destinée nouvelle pour Pache! Quelle « notoriété brillante lui eut été acquise! N'eut-il fait

____

(1) J'ai compulsé tous les actes de l'état civil dressés à Thin pendant le séjour de Pache, il ne figure dans aucun à titre de témoin.

« que passer au pouvoir on lui eut reconnu officiellement
« des capacités extraordinaires, comme à Carnot, car il
« aurait été distingué par le héros! (1) »

Le colloque qui eut lieu cette nuit-là entre ces deux
hommes dut être extraordinairement intéressant; mais
rien n'en a transpiré. Le lendemain de son arrivée,
Monge repartait, et Pache l'accompagnait jusqu'à la sortie
de la vallée à peu près à mi-chemin du moulin de Géronval à Warby; là ils se tinrent un instant embrassés, et
Monge, une dernière fois, essaya de convaincre le vieux
républicain. — Non! je ne veux pas! répondit Pache. —
Sur ces paroles, ils se quittèrent pour ne plus jamais se
revoir. Monge, irrévocablement dévoué à Napoléon, allait
poursuivre une carrière de gloire et d'honneurs; quant
à Pache, ferme dans ses principes, il regagna sa chaumière (2).

Un autre personnage de marque, Dubois-Crancé, cité
plus haut, vint aussi à Thin-le-Moûtier. De sa retraite, le
vainqueur de Lyon entreprit ce voyage pour payer un
tribut à l'amitié. Le fait est rapporté d'une façon plus
ou moins charitable par plusieurs biographes; l'un d'eux
insinue même que Pache, tant ses facultés étaient
affaiblies, reconnut à peine son ami. Cette assertion est

(1) Dans le n° 524 (23e année), de l'*Intermédiaire des Chercheurs et des
Curieux*, le fait est rapporté, inexactement, du reste, de la façon suivante :

« Napoléon désirait vivement attirer Pache. Un jour, en traversant les
Ardennes, il dit à Monge : N'est-ce pas dans ce village, là-bas, que s'est
enfermé Pache? Si nous allions lui rendre visite. — Sire, répondit Monge, tris-
tement, Pache ne reçoit plus. »

(2) G. AVENEL. — *Lundis révolutionnaires.*

absolument fausse. Dubois-Crancé s'était installé à Balham, le 1er avril 1800, et il est mort, à Rethel, le 29 juin 1814. C'est donc pendant cet intervalle qu'il effectua cette visite, et Pache était alors toujours en pleine possession de tous ses moyens. Il n'est pas resté trace de cette entrevue.

Les petits enfants de Pache venaient l'un après l'autre de Paris, où résidaient les parents, faire d'assez longs séjours auprès de leur grand-père. En dehors des soins que celui-ci prenait de leur éducation, sa principale occupation consistait à faire profiter de ses nombreuses connaissances scientifiques tous ceux qu'il jugeait capables de les acquérir.

A cet effet, il choisissait les plus intelligents entre les jeunes gens du village ou des environs et il se faisait gratuitement leur précepteur. La botanique et les mathématiques tenaient une large place dans son enseignement, mais pas le moindre mot touchant la religion. Souvent, avec sa petite troupe, il procédait sur le terrain à des études d'arpentage (1) ou parcourait les champs pour herboriser.

Je ne crois pas utile d'énumérer ici les noms des élèves de Pache que mes investigations m'ont fait découvrir; la liste en serait assez longue et sans intérêt, la plupart devenus notaires, géomètres, etc., ont occupé

(1) Il a existé, paraît-il, un plan cadastral du terroir de Thin, entièrement dressé par Pache. Il ne m'a pas été possible de savoir ce que ce plan était devenu.

des situations en vue et jusqu'à leur dernier souffle, tous, sans exception, ont conservé la plus profonde vénération pour leur vieux moniteur.

Parmi eux, deux surtout ont été l'objet de sa prédilection : Mlle Stévenin et M. Chardon; il les désigne, dans son testament, daté du 9 mars 1818, comme légataires de ses manuscrits philosophiques.

Chardon était de Monclin, petit hameau situé à quelques lieues de Thin. C'était un garçon très bien doué; il avait environ quinze ans en 1810, quand Pache le remarqua et entreprit de compléter son instruction. Souvent le professeur retenait l'écolier à dîner, ce qui faisait le désespoir de celui-ci, car la table de Pache était plus que frugale : « On n'y mange que des pommes de terre », disait l'adolescent à ses parents, avec une mine toute déconfite. Le jeune Chardon quitta Pache à l'âge de dix-huit ans, pour entrer dans les services de l'Etat; on le vit bientôt secrétaire particulier du Préfet. Il fut admis ensuite dans l'Administration des contributions directes, où il parvint à un grade très élevé. Il est mort le 2 mars 1880. Dans son numéro du 3 du même mois, le journal *Le Courrier des Ardennes* lui consacre ces quelques lignes :

« Nous avons reçu ce matin la nouvelle de la mort de
« M. Chardon, un de nos plus honorables et de nos plus
« éminents compatriotes, qui, après avoir exercé à
« Mézières les fonctions de contrôleur, devint adminis-
« trateur des contributions directes et officier de la
« Légion d'honneur. M. Chardon était, on peut le dire,
« un fonctionnaire hors ligne, aussi intelligent que

« conscieucieux et zélé. Aussi l'estime publique l'a-t-elle
« toujours accompagné pendant sa vie et le suivra-t-elle
« après sa mort. Depuis plusieurs années, il vivait retiré
« dans sa propriété de Monclin. Il est mort dans sa
« 86ᵉ année ; ses obsèques doivent avoir lieu demain à
« Auboncourt. »

J'ajouterai que M. Chardon a été l'auteur d'un immense
travail sur l'*Evaluation des revenus territoriaux de la
France*. Etant retiré à Monclin, il a composé un petit
ouvrage qui ne manquerait sans doute pas aujourd'hui
d'actualité. Il est intitulé : *Notice sur l'urgente nécessité
de remplacer tous les impôts actuellement payés en France
par un impôt unique sur le capital.*

Il paraît avoir entretenu avec Pache une correspondance assez suivie, mais quatre lettres de ce dernier sont
seules restées en la possession de sa fille, Mᵐᵉ veuve
Cuif-Chardon, qui habite encore actuellement Monclin.

On les trouvera publiées à la fin du présent chapitre.

Quant à Mˡˡᵉ Stévenin, elle entra chez Pache, fort
jeune, en 1803, en qualité de bonne d'enfant. Très intelligente, elle se fit vite apprécier de son maître qui
l'adopta pour ainsi dire. Elle finit par acquérir des
« connaissances supérieures » et elle dut même pousser
assez loin l'étude des plantes. Une variété de pomme
de terre, obtenue de ses semis et cultivée pendant quelque
temps dans la région, portait son nom.

Absolument sans ressources, elle épousa, peu après la
mort de Pache, un sieur Riché (Etienne), tailleur d'habits. Elle devint ensuite institutrice communale à Thin
où elle est morte le 10 février 1849, âgée de 56 ans.

Elle a laissé deux enfants encore aujourd'hui vivants.

En dehors de cette tâche d'instituteur, Pache travaillait à un ouvrage de philosophie dont le manuscrit légué, ainsi que je l'ai dit plus haut, à Mlle Stévenin et à M. Chardon, est resté longtemps entre les mains de celui-ci. En 1840, le fils de Pache le réclama d'une façon impertinente à son légitime propriétaire, qui s'en dessaisit très gracieusement; quatre ans plus tard (1), contre tous droits, et sans que M. Chardon en fut même informé, il paraissait imprimé sous ce titre :

INTRODUCTION A LA PHILOSOPHIE

OUVRAGE POSTHUME

DE

J.-N. PACHE

Ancien Maire de Paris.

———

PANCKOUCKE, imprimeur

1844.

C'est un bel in-8° de 32 feuilles, papier de Hollande On n'y trouve ni préface ni avertissement quelconque et pas de nom d'éditeur. Le *Journal de la Librairie* le mentionne avec cette note : *tiré à 150 exemplaires. Ne se vend pas.*

____

(1) **Un an après la mort du fils de Pache.**

Mon ami J. Leblond, le savant professeur de philosophie du Lycée de Charleville, a bien voulu se charger d'une étude sur ce traité, laquelle termine ce volume.

L'invasion des alliés en 1814 porta un coup terrible à celui qui avait présidé, comme Ministre, à la victoire de Jemmappes. Pache exécrait Bonaparte sans cependant lui faire opposition; fidèle à la conduite qu'il s'était tracée, une parole pour ou contre le pouvoir ne sortait jamais de sa bouche. Quand les malheurs causés par le régime impérial s'abattirent sur la France, il en fut vivement affecté. Il gémit d'autant plus d'avoir échoué dans la tentative de rapprochement des Dantonistes et de la Commune de Paris qu'il avait essayé de conclure avant thermidor, que, s'il avait réussi à opérer cette réconciliation, la marche de la Révolution étant modifiée, les catastrophes dans lesquelles la Patrie menaçait de sombrer auraient peut-être été évitées.

Afin d'échapper à des représailles ou, tout au moins aux mauvais partis que la soldatesque coalisée aurait pu lui faire subir dans son village où sa présence n'était pas facile à dissimuler, il dut se réfugier, à plusieurs reprises, en différents endroits, et notamment à Charleville où il séjourna même assez longtemps. On m'a cependant dit qu'il reçut à Thin en logement des officiers russes qui lui témoignèrent toutes sortes d'égards.

Après la tourmente, il reprit le cours régulier de sa vie paisible.

Sous la Restauration, Pache fut laissé en repos, du moins mes recherches à cet égard ne m'ont rien appris.

Il est vrai que la loi du 12 janvier 1816 ne lui était pas applicable, car il n'avait pas voté pour l'acte additionnel et il n'avait accepté « ni fonctions ni emplois de l'usur-pateur »; mais il était cependant aussi compromis que n'importe quel régicide, car c'est lui qui, ministre de la guerre, avait contenu l'élément militaire, et, ainsi qu'il s'en vante (1), « empêché que Dumouriez ne mit obstacle au jugement de Capet. » A quelle influence dut-il cette faveur de finir ses jours dans la tranquillité alors que tant d'anciens Conventionnels étaient obligés de s'expatrier? Sa conduite correcte sous l'Empire y fut sans doute pour quelque chose; peut être aussi perdu dans son trou, inoffensif et chargé d'ans, fut-il considéré comme mort par anticipation; mais il faut également savoir que son fils, son gendre Xavier Audouin (2) et les enfants de celui-ci s'étaient montrés zélés monarchistes après 1815 et avaient encouru les bonnes grâces du roi. Les relations dont ils disposaient devaient certainement être efficaces.

Une autre raison qu'on pourrait aussi invoquer pour expliquer cette bienveillante indifférence gouvernementale tient à un événement au sujet duquel on a bien bataillé sans arriver pourtant à élucider la question. Je veux parler de Louis XVII dont le décès au Temple n'a pas été prouvé. La garde du Dauphin était du ressort de la Commune de Paris. Si il y eut substitution d'enfant,

(1) Sur une affaire pendante à la troisième section du Tribunal civil de la Seine. — *Second mémoire.*

(2) Xavier Audouin avait été aussi fervent révolutionnaire que son beau-père.

cette substitution dut être opérée, Pache étant Maire, et ayant dans ses attributions spéciales la police municipale. Il était donc probablement dans le secret, et, comme son silence à cet égard était précieux, Louis XVIII avait un intérêt capital à le ménager.

Je reviendrai plus tard sur cette question, mais pour le moment, je me bornerai à rapporter un fait intéressant. Le docteur Pelletan qui procéda à l'autopsie du prétendu Louis XVII, et s'était emparé du fameux cœur dont les vicissitudes ont été si nombreuses, était l'ami intime de Xavier Audouin, et il resta constamment à Paris médecin de la famille. D'après les souvenirs que j'ai pu recueillir auprès des descendants d'Audouin, jamais, dans sa conversation privée, Pelletan ne fut absolument affirmatif quant à l'identité de l'enfant royal qu'il avait examiné; il s'en tenait strictement aux termes du procès-verbal qu'il avait rédigé le 21 prairial an III et qui n'ont rien de catégorique.

Lettres de Pache à M. Chardon.

Thym-le-Moutier, le 23 décembre 1813.

Je vous remercie, mon jeune ami, des témoignages de vos sentiments ; je les mérite par l'intérêt que j'ai pris et que je prends à votre sort. Je ne sais pas ce qu'il en résultera de votre myopie, mais que vous entriez dans la troupe ou que vous restiez dans les bureaux, vous serez toujours estimable, parce que vous avez les qualités du cœur et de l'esprit qui rendent un homme précieux dans les deux fonctions. Si les circonstances du moment vous plaçaient dans la première, et si vous rencontriez mon fils, vous pourriez lui parler de nos relations, et je suis certain qu'il vous recevrait avec intérêt. Vous êtes trop persuadé de celui que je prends et prendrai le reste de ma vie à votre sort pour qu'il soit nécessaire de vous en parler, et je termine, mon jeune ami, en vous renouvelant les assurances de mon estime et de mon atta·chement. PACHE.

Vous m'obligerez de ne pas me laisser ignorer votre sort et de m'écrire un mot de temps en temps.

Mézières, le 9 février 1814.

Je vous remercie, mon jeune ami, de m'avoir fait part de votre ajournement auquel on m'a dit que M. le Sous-Préfet a concouru.

Le texte de la loi provoque au service militaire tous les hommes, mais son esprit laisse certainement aux administrateurs une latitude dans l'application littérale, conservatrice des moyens d'administration ; vous êtes certainement myope, et plus utile au bureau que dans le rang.

Je ne sais si vous avez reçu la réponse que j'ai faite il y a quinze jours à l'une de vos lettres. Le paquet contenait en même temps de longs détails de Mlle Stévenin concernant différents articles de vos divers travaux, soit de botanique, soit de microscopie. Le messager a dit que n'ayant pu passer à votre bureau, il l'avait remise à un jeune homme de sa connaissance qui allait à la Sous-Préfecture. Mlle Stévenin copie maintenant pour vous une notice des propriétés médicinales des plantes de vos deux herbiers (1) qu'elle vous fera passer lorsque l'ouvrage sera terminé. Je vous renouvelle, mon jeune ami, les assurances du sincère attachement que je vous dois pour votre conduite et que je vous ai voué pour la vie.

Je vais rester quelque temps chez M. Lassaux, à Charleville.

PACHE.

Sans date.

Je vous rappelle, Monsieur, que vous devez venir demain dîner ici et partir aussitôt pour vous rendre dans ma carriole à Monclin où vous êtes attendu entre autres par Mlle votre tante, sous peine de damnation éternelle prononcée par elle. Vous reviendrez le lundi matin, et l'on vous conduira jusqu'à Barbencroc, en sorte que vous pourrez encore remplir dans la journée quelques-unes de vos fonctions.

Je ne pense pas que vous puissiez vous refuser à ces dispositions et encore moins douter de l'attachement sincère que je vous ai voué.

PACHE.

Ce vendredi matin.

---

(1) Mme veuve Cuif-Chardon possède encore un certain nombre de feuillets de l'un de ces herbiers sur lesquels sont indiquées les propriétés médicinales des plantes qu'ils renfermaient.

Thym, dimanche 2 octobre 1814.

Je vous suis très obligé, mon ami, des pièces que j'ai reçues hier et dont j'ai voulu entretenir aujourd'hui M. Villiers sans pouvoir le joindre. J'en essayerai encore demain. Il faut votre intelligence, l'esprit d'ordre, la patience inébranlable dont vous êtes heureusement pourvu pour se tirer d'affaire dans cette énorme quantité d'états et d'écritures produites dans une mauvaise saison et dans un temps de trouble. J'espérais vous voir à l'occasion du départ de votre ami Ponsard, mais il me semble que l'époque en est passée.

On m'a dit que Mlle Stévenin reviendrait bientôt.

Ma nièce se porte bien, et je vous renouvelle de bon cœur, mon ami, les assurances des sentiments qui vous sont dus.

PACHE.

IV

Pache membre de la Société d'agriculture des Ardennes.

La *Société libre d'Agriculture, Arts et Commerce*, fut établie dans le département des Ardennes par arrêté de l'Administration centrale en date du 22 prairial an V (10 juin 1797), et installée le 11 messidor an VI (29 juin 1798). Elle devait se recruter parmi les notables de la région.

Le procès-verbal de la séance du 11 nivôse an VII (31 décembre 1798) (1), mentionne que : « Divers mem-« bres indiquent les citoyens dont les noms suivent pour « être reçus dans le sein de la Société : »

MM. SEGOND, Médecin à Mézières ;
    PACHE, à Thym-le-Moustier ;
    POULIN père, à Charleville ;
    PONCELET-RAUNET, Fabricant à Sedan ;
    PAUFFIN-TIERCELET, Professeur d'histoire à l'Ecole centrale de Mézières ;
    MAUCOMBLE, Ingénieur à Mézières ;
    CHEVENUGE, Jardinier à Charleville ;

(1) Registre des délibérations de la *Société libre d'agriculture*. — (Archives départementales des Ardennes).

MM. Chartogne, à Saulx-les-Rethel;
    J.-B. Beuret, à Marlemont;
    Deschamps, Ingénieur des ponts et chaussées à Rethel;
    Feuillet, de Fontenelle, à Maubert-Fontaine.

Le 16 nivôse, le secrétaire de la Société écrivait à Pache :

« Citoyen,

« L'exécution du plan de prospérité départementale qui fait
« l'objet des travaux de la Société reposant sur les connaissances
« locales de toutes les parties du département et sur le concours
« des lumières des personnes intelligentes et éclairées, elle désire
« recevoir dans son sein les citoyens les plus capables d'assurer
« le succès de ses efforts.

« Les témoignages qui lui ont été rendus de votre civisme et
« de vos talents l'ont déterminé à vous désigner pour un de ses
« membres. Elle est entièrement persuadée que vous acceptterez
« cette nomination avec empressement et vous invite à vous
« rendre à la première séance publique qu'elle tiendra le cinq
« pluviôse prochain.

« Vous voudrez bien, citoyen, m'accuser réception de la pré-
« sente (1). »

« Salut et fraternité.

« Signé : Grunwald. »

D'après une mention portée sur le registre de correspondance de ladite Société, Pache accepta sa nomination par sa réponse datée de « Thym du 24 nivôse »
(13 janvier 1799).

____

(1) Registre des membres et correspondances de la *Société libre d'agriculture (nº 16)*. — (Archives départementales des Ardennes).

Il prit immédiatement à cœur les travaux de cette compagnie dont il fut, du reste, un des membres les plus écoutés et les plus influents.

Sa réception eut lieu le 5 ventôse an VII (23 février 1799) ; il avait préparé à cette occasion un discours que l'ordre du jour trop chargé ne lui permit pas de prononcer, mais qu'il fit imprimer et distribuer par la suite.

Il ne paraît pas avoir assisté aux réunions ayant précédé celle du 25 germinal an VII (14 avril 1799), mais une partie du compte rendu de cette dernière séance lui est consacrée :

« Le citoyen Pache a demandé qu'il soit fait mention
« dans le procès-verbal de l'exposé des diminutions suc-
« cessives dans la contribution foncière qui montent,
« depuis l'an V, à 1,189,500 francs et réduisent la contri-
« bution foncière de 3,690,900 francs à 2,501,400 francs.
« Cette mention servira, a dit le citoyen Pache, à trans-
« mettre la mémoire de l'esprit public dont nos admi-
« nistrateurs sont animés et des soins qu'ils se donnent
« pour le bien-être de leurs administrés. Cette motion a
« été adoptée à l'unanimité.

« Le secrétaire a ensuite distribué à l'assemblée très
« nombreuse des exemplaires d'un discours du citoyen
« Pache sur les avantages de la position du département
« des Ardennes (1). »

A la séance du 5 prairial an VII (24 mai 1799), Pache ne fait qu'acte de présence ; à celle du 10 messidor

---

(1) Voir plus loin ce discours de réception intitulé : *Pache à la Société libre d'agriculture*, etc

(28 juin 1799), dans laquelle furent arrêtés les termes du règlement de la Société, rien de particulier n'est également signalé à son actif; sa signature figure au bas de ce règlement non loin de celle de Dubois-Crancé.

Il est aussi présent le 5 thermidor (23 juillet) et le 5 fructidor (22 août), où « il expose les avantages d'un « journal publié par la Société. Il est arrêté que le « citoyen Pauffin s'occupera sérieusement de cet objet. »

Le 5 vendémiaire an VIII (27 septembre 1799), il est nommé rapporteur du Mémoire du citoyen Aubry sur « l'utilité des abris et des arbres que le sieur Chartogne « a renvoyé comme n'ayant plus de relations avec les « pays qu'il habite (1). »

Le 5 brumaire an VIII (27 octobre 1799), le procès-verbal relate ce qui suit :

« En conséquence du rapport fait par le citoyen « Pache (2) sur la lettre du citoyen Linotte au secrétaire « et sur la motion du citoyen Tisseron consécutive à la « lecture de ce rapport, il a été arrêté que le citoyen « Linotte sera invité à fournir à la Société, s'il lui est « possible, une petite provision de graines de chou-« navet de Laponie pour être distribuée aux membres « les plus zélés et le mieux à la portée d'essayer cette « culture.

« Les regrets exprimés par le citoyen Pache à la fin de « son rapport que la Société n'a pas à sa disposition un

---

(1) Ce rapport a disparu ou n'a pas été rédigé. Il n'existe pas aux Archives des Ardennes.

(2) Je reproduis ce rapport parmi ceux publiés dans le *Bulletin de la Société libre d'agriculture*, etc.

« moyen de propager dans le département les connais-
« sances acquises par des expériences utiles ont ramené
« la discussion sur l'impression d'un journal, et, après
« de longs débats, il a été décidé que le citoyen Pauffin-
« Tiercelet serait invité à s'occuper de nouveau de la
« question. »

La proposition de Pache reçut son exécution l'année
suivante. En l'an IX, parut chez Trécourt, imprimeur à
Mézières, sous le titre : *Mémoires choisis parmi ceux lus
ou adressés à la Société libre d'Agriculture, Arts et Commerce du département des Ardennes,* un Recueil répondant
au vœu exprimé.

Quatre numéros de ce *Bulletin* renfermant ensemble
339 pages furent seuls publiés. Le dernier est daté de
l'an XI. Il a survécu d'un an à la Société dont il était
l'organe officiel. Un poète du cru qui avait trouvé moyen
d'y déposer ses élucubrations lui chanta un *de Profundis*
sous forme de traduction d'une satire de Juvénal !

Dans la séance du 5 frimaire an VIII (26 novembre
1799), il est arrêté que « le citoyen Pache sera compris
« dans la liste de ceux à qui le secrétaire fera tenir de
« la graine de chou-navet de Laponie. »

Plus discret en cela que quelques-uns de ses collègues,
qui avaient obtenu les uns quelque chose se rapprochant
du navet, les autres un semblant de choux, Pache ne
rendit pas compte, du moins par écrit, du résultat de son
ensemencement.

Pendant près de deux ans les infirmités, mais surtout
le mépris qu'il professait envers le gouvernement de
brumaire qu'il ne voulait servir en aucune façon, empê-

chèrent notre agriculteur de venir prendre part aux réunions de sa Société. Le procès-verbal du 1er prairial an IX (21 mai 1801), mentionne que « le citoyen Pache « avait annoncé les obstacles à sa présence », et celui du lendemain indique que « lecture a été donnée d'une « lettre du 30 floréal (20 mai), écrite par le citoyen Pache « au citoyen Grunwald (1). »

La dernière session de la Société d'agriculture eut lieu le 9 vendémiaire an X (1er octobre 1801). Pache n'y est pas cité sur le registre des délibérations, mais il assistait à l'assemblée tenue la veille dans laquelle le secrétaire présenta de sa part un mémoire intitulé : « *Des* « *Cendres minérales des environs de Thym* (2). »

(1) Document disparu.

(2) Mémoire reproduit plus loin parmi ceux publiés dans le *Bulletin de la Société libre d'agriculture*, etc.

J.-N. PACHE

A LA SOCIÉTÉ LIBRE D'AGRICULTURE DES ARTS ET DU COMMERCE
DU DÉPARTEMENT DES ARDENNES (1)

Citoyens,

Vous avez fait à la prospérité commune le sacrifice de votre temps; en usurper la moindre portion pour vous entretenir des sentiments d'un individu, ce serait nuire à la chose publique et vous déplaire : je respecte ces dispositions élevées, et je m'abstiendrai de vous parler en ce jour de ma gratitude personnelle, pour traiter seulement des objets de vos estimables travaux; ils vous mériteront, Citoyens, la reconnaissance nationale : c'est en profitant de votre délicatesse même, placer votre temps à plus haut intérêt.

A l'inspection du titre de votre établissement qui annonce son important objet, j'ai reconnu la marche progressive de l'esprit humain.

Le but de toute association politique est le bonheur des citoyens; mais le bonheur de l'homme se compose de la jouissance des biens de l'âme et de la satisfaction des besoins du corps.

Après avoir réclamé avec courage, discuté avec chaleur, arrêté avec calme les principes du droit public universel, et

---

(1) En tête de l'opuscule est imprimé ce qui suit :

J'avais préparé ce discours pour le lire lors de ma réception, le 5 ventôse, et le faire ensuite imprimer. La multitude d'objets qui ont occupé la séance ne m'ayant pas permis de le prononcer, je me borne à l'envoyer à l'impression.

Thim-le-Moustier, le 11 ventôse,
l'an VII de la République française, une et indivisible.

avoir consacré dans une charte constitutionnelle spéciale les modes de liberté et d'égalité, de sûreté et de propriété qui, en élevant le cœur et tranquillisant l'esprit, sont les sources des biens de l'âme, l'homme social doit passer à la considération des principes de l'ordre économique, à la recherche des moyens de s'assurer la satisfaction des besoins du corps.

L'agriculture, les arts et le commerce les lui présentent; la première, en aidant la nature pour rendre ses productions de meilleure qualité et plus nombreuses; les seconds, en manipulant ces productions pour en faire, sous d'autres formes ou par de nouvelles combinaisons, des produits encore plus utiles; le troisième, en transportant et en échangeant les productions de l'agriculture et les produits des arts, pour satisfaire, par la diversité des objets, à la variété des besoins.

Lorsque, reportant sa pensée sur nos ancêtres, on les voit à peine couverts et abrités, à demi-rassasiés de fruits rêches des forêts, ou de la chair non préparée des animaux qu'ils y surprenaient dans une chasse fatigante et dangereuse, et que l'on compare cet état, dont on a la certitude morale, avec celui dont nous jouissons, on est pénétré de la plus vive reconnaissance pour l'agriculture, les arts et le commerce, auxquels nous devons ces heureux changements

À de tels sentiments, qu'inspire aux cœurs bien nés l'utilité de ces moyens industrieux, succède dans les bons esprits l'admiration pour l'industrie même, si l'on fait attention au peu de facilité que la nature offrait à l'homme, ou plutôt aux difficultés sans nombre qu'elle se plaisait à lui opposer dans les pénibles améliorations de son sort.

Elle s'obstinait à lui donner un sec gramen; cultivateur attentif, il a découvert le secret de sa maigreur et deviné celui de sa corpulence possible; et de sa tige nouvelle rendue plus forte, que surmontait alors un épi généreux, il a su recueillir des grains plus nombreux, qu'une farine substantielle et copieuse arrondissait encore. Elle multipliait l'acerbe prunier; jardinier observateur, il a épié la marche de sa sève; il en a conclu ses analogies; il a su le changer dans son essence même, et cueillir, sur les branches de ce tronc si âpre, la pêche succulente ou le doux abricot.

Elle avait jeté l'homme nu dans ces climats dont l'intempérie le détruisait avant le temps; manufacturier adroit, il forme avec cette herbe frêle, ce poil crépu d'un quadrupède, cet excrément d'un insecte, des vêtements salutaires, parce qu'ils le préservent de l'excès et des variations de ces intempéries, et plus commodes que s'ils adhéraient à son corps, puisqu'il en change à son gré, selon les saisons ou même selon les heures du jour. Elle nous plongeait dans l'obscurité durant la moitié de notre existence, qui en devenait plutôt désagréable qu'elle n'en était raccourcie; ouvrier intelligent, il a dit aussi : *que la lumière soit faite*, et nous poussons avant dans la nuit nos occupations productives, les tendres soins d'une famille chérie, les soulagements à l'humanité souffrante, ou les plaisirs consolateurs.

Elle avait placé le thé et le coton à l'Orient, le cacao et le kina au couchant; elle nous en avait séparés par des mers immenses en largeur et en profondeur, que rendaient encore plus impénétrables des tempêtes horribles; nautonier audacieux, *audax Japheti genus*, il se construit une maison en l'air pour la lancer dans l'eau; il habite cet élément que la nature destinait aux seuls poissons; il dirige par un gouvernail le mouvement de son édifice dans un sens différent de celui qu'elle donne au liquide qui le transporte; il le dirige par l'action composée du gouvernail et de la voilure dans un sens différent de celui qu'elle donne au vent dont il reçoit l'impulsion : les points de vue nécessaires pour fixer sa direction manquent à sa constance par son éloignement des terres, il en prend dans les cieux; elle lui dérobe les cieux, il les remplace par une mobile aiguille à laquelle il a su transmettre les propriétés qu'elle avait confiées aux inébranlables rochers. Cependant, le négociant, dont les faibles moyens naturels pourraient à peine manifester ses désirs à vingt mètres de sa personne, tranquillement assis à son bureau, fait, avec une ligne de son écriture, circuler, selon sa volonté, sur les quatre parties du globe et arriver dans nos foyers les productions et les produits épars qui calment nos besoins et satisfont à nos goûts.

Ainsi, dans les arts agricoles, manufacturiers et commerciaux, l'homme surmonte cette foule d'obstacles que lui opposait la nature, comme pour irriter son indolence, le forcer à déployer son active énergie, et se glorifier, dans sa propre défaite, des merveilles de l'intelligence humaine, la plus sublime de ses conceptions.

Mais quels que soient les succès de ces génies secourables, qui ont adouci ou embelli notre existence, plusieurs parties des arts agricoles, manufacturiers et commerciaux sont arriérées, et les méthodes les plus parfaites pour les autres ne sont pas généralement pratiquées. Il résulte de ces deux inconvénients très graves, que la quantité et la qualité des productions de l'agriculture et des produits des arts mis en circulation par le commerce, sont fort au-dessous de ce qu'elles devraient être, et qu'un grand nombre d'hommes, en état de société, sont encore, à beaucoup d'égards, dans une situation trop rapprochée des misères de l'état de nature.

La Nation française partage, sur ce point, le sort des autres peuples ; le département des Ardennes, celui de notre nation.

J'épargne à votre sensibilité les détails sur cet état demi-sauvage, demi-policé, qui rend l'être plus malheureux et moins bon ; qu'entretenait la domination, qui ne convient point au Gouvernement et que la philanthropie réprouve ; ils vous sont suffisamment connus, et l'épanchement des regrets même les plus légitimes doit céder, devant des hommes favorisés d'un cœur tendre, mais doués aussi d'une tête ferme, à l'indication plus urgente des causes du mal qui les occasionne et des remèdes qu'on peut y apporter.

La distance des lieux où l'on exerce des arts différents, et celle des lieux où l'on pratique le même art ; ce double éparpillage, si je peux m'exprimer ainsi, des différents arts et des établissements divers d'un même art, sont les causes principales de ces deux inconvénients.

L'invention est fille du génie et de l'occasion. Dans le premier état, où les ouvriers d'un même genre ne voient jamais que leur ouvrage, l'homme tournant, pour ainsi dire, toujours sur lui-même et dans la même atmosphère, sans modifications nouvelles, ni dans la position ni dans la matière, n'en éprouve point dans la pensée ; privé d'occasions de percevoir quelques nouveaux rapports actuels ou possibles, entre d'autres objets, et ceux qu'il manie et remanie depuis son enfance, il n'avance point son art : le génie célibataire ne produit rien.

Quant au second état, où les établissements d'un même genre sont à de grandes distances les uns des autres, une méthode réussit dans un pays, la renommée l'annonce dans un autre. On l'y essaye sans succès, par l'effet de quelques circonstances inaperçues, ou bien aperçues mais inappréciées. L'éloignement prive de moyens faciles et prompts de vérification et de redressement; les discussions s'établissent, l'opinion flotte. Le praticien des autres contrées, d'abord indécis et prêt à faire une tentative, devient bientôt dédaigneux et se confirme de plus en plus dans son ancienne routine; l'art reste stationnaire.

C'est à leur double rapprochement, c'est au contact de ceux qui les cultivent dans tous les genres, que les arts agréables doivent leurs principaux progrès. Les clartés de l'un d'eux reflètent sur ses voisins; du concours de plusieurs il se forme un foyer de lumière et de chaleur qui volatilise les esprits les plus grossiers, et résout les difficultés les plus matérielles. L'invention des meilleures méthodes est suivie de leur adoption de proche en proche, et répand ensuite au loin la perfection : il doit en être de même des arts utiles.

La France présente une variété de circonstances, qui permet d'y établir toutes ces sortes d'arts; mais à de trop grands intervalles peut-être pour détruire rapidement les deux inconvénients qui empêchent l'espèce humaine de jouir dès ce moment de la plénitude de ses destinées. Comme ici la puissance sera d'autant plus grande, et le bienfait d'autant plus prompt que l'étendue sera moins vaste, ne portons plus nos regards sur l'ensemble de la France; examinons-la dans ses parties.

Vous la trouverez divisée en arrondissements politiques de deux espèces.

Les uns dont la projection semble pour ainsi dire être l'effet d'une seule idée. Ils sont tout en plaines, ou tout en collines, ou tout en montagnes. Ils sont tout fromenteux, ou tout vignobles, ou tout vergers, ou tout forestiers. L'un donne en abondance des matières pour un art manufacturier, mais pour cet art seul; il en est de même d'un autre pour un autre art. L'un est dans l'intérieur, l'autre est frontière terrestre ou voisin d'une telle frontière; cet autre est frontière maritime ou en approche.

Il est un petit nombre de départements de la seconde espèce, et qui réunissent plus ou moins de ces diverses conditions ; celui des Ardennes est dans cette classe.

Son territoire, par la distance à peu près égale de l'équateur au pôle, par la variété de son sol, de ses formes, de ses aspects, de son élévation graduelle au-dessus des mers et des températures correspondantes à ces accidents, offre un laboratoire d'agriculture, où se rassemblent presque tous les phénomènes divers. Depuis le céréal, le moins pourvu de glutineux, jusqu'au froment le plus nutritif ; depuis l'arbuste faible et tortueux, dont le fruit nous donne le vin, jusqu'à l'arbre majestueux, mais utile seulement par son bois ; depuis l'herbe la plus fine jusqu'à la prairie la plus grasse, on y traite ou l'on peut y traiter les cultures de presque toutes les sortes. Bacchus couronné de pampres y donne la main à Cérès ; Pan les joint avec Pomone, et dans leurs aimables jeux se mêlent Sylvain, les Dryades, *gratiœque descentes cum Nymphis.* Les sources abondantes favorisent l'irrigation ; les cendres minérales avec ou sans pyrites, les marnes, les castines, les argiles, les sables se présentent en divers endroits, et, selon la volonté du cultivateur, peuvent donner à son terrain la compacité ou la légèreté, la chaleur ou la fraîcheur désirables. Les quadrupèdes à toisons, ceux à cornes, ceux de trait, ceux de somme de différentes races, y sont employés comme ancillaires, ou élevés comme productions. Aux volatiles domestiques terrestres et amphibies, se joint le précieux insecte qui nous enrichit de son miel.

Le même territoire fournit pour les arts chimiques les matières soit principales, soit auxiliaires, dont la pesanteur ou l'encombrement ne permettent nulle part un long transport : et ce qui n'est pas commun en de semblables contrées, les coupures du sol laissent cependant arriver pour les arts mécaniques des matières premières lointaines, auxquelles la main-d'œuvre ajoute une valeur suffisante pour dédommager le manufacturier de ses avances. Aussi l'on y rencontre des contrastes fréquents : ici de robustes cyclopes frappant en cadence l'enclume de leurs lourds marteaux, non loin des lieux où un chœur de jeunes fileuses chante en maniant le fuseau léger ; là des feux mille fois plus violents que ceux de la zone torride fondent le quartz plus apyre que le diamant, près des vergers où la fraîche rosée blanchit la cire et le lin. Ce département est dans son entier une sorte d'atelier mixte où les métiers battants de draps touchent aux tanneries, les étaux d'armuriers aux verreries, le rouet à cotonnade aux huileries, les ferronneries aux alambics, la préparation des marbres aux brasseries, les fabriques de bas aux forges, l'exploitation des ardoisières à la dessiccation des fruits, les fabrications d'acier aux poteries, etc., etc. Dans plusieurs arts, la subtilité et la solidité des procédés, la facilité et la précision de l'exécution donnent aux produits des qualités qui leur assignent un premier rang dans les marchés de la France et de l'Europe.

Enfin l'emplacement du département, cette position géographique, qui, concurremment avec les productions de l'agriculture et les produits des arts, détermine les relations commerciales, ne contribue pas moins à lui donner un caractère particulier; il est situé dans l'intérieur de la France, mais aux trois quarts de sa longueur du Midi au Nord, et au tiers de la ligne de l'Est à l'Ouest, que la convergence de la mer, de la Manche et du fleuve du Rhin raccourcissent beaucoup à cette hauteur; il est donc aussi en même temps voisin de deux frontières, l'une terrestre, l'autre maritime. Un solide le traverse du Nord-Ouest au Sud-Est; il le divise en deux parties et sépare aussi la France méridionale et moyenne d'une portion de la France septentrionale, et le midi de l'Europe de son nord. Le grand fleuve qui le vivifie a pour riverains, à sa droite inférieure la Basse-Germanie, contrée populeuse et consommatrice, et il décharge ses eaux à sa gauche, dans les mers d'une République pour jamais unie à la France. Dans cette situation, les denrées et les marchandises départementales, nationales et étrangères des quatre parties du globe viennent jusqu'à vous des deux côtés du solide, se pressent, s'accumulent aux pieds de la barrière que la nature a posée au milieu de vous, et vous demandent un passage facile, en vous offrant pour prix de votre complaisance, de participer aux bénéfices du négoce intérieur et extérieur, du négoce extérieur terrestre et maritime. Par un autre accident local encore très rare, le point précis de partage du midi au nord de l'Europe se trouve à la bifurcation des deux communications semi-méridionales divergentes, l'une tendant au Sud-Est par la Meuse et l'autre au Sud-Ouest par l'Aisne et l'Oise. Ce point devient un entrepôt pour les nationaux et les étrangers; le lieu non-seulement de la formation nautique, mais encore de l'assortiment mercantil des cargaisons fluviatiles, soit pour l'aller, soit pour le retour; une place de commerce, dont les négociants auront des comptes ouverts en espèces et en marchandises pour l'importation et l'exportation avec les commerçants du dedans et du dehors.

Le département des Ardennes réunit donc ou peut réunir presque toutes les opérations principales d'agriculture, des arts et du commerce, qui la plupart s'exécutent en différents arrondissements, ou à de grandes distances les unes des autres. On y trouve rapprochés, sous plusieurs rapports, pour l'agriculture, Eure-et-Loir et le Cantal; pour les arts, Lodève et Saint-Etienne; pour le commerce, Nantes et Strasbourg.

En le considérant sous ce point de vue, ne vous paraît-il pas une France réduite, confiée par la République aux soins ingénieux de ses habitants, une sorte de modèle en relief de ces vastes Gaules, dans lequel on peut joindre, aux arts et aux procédés qu'on y exécute déjà, ceux qui sont pratiqués avec le plus d'avantages dans les départements qui leur sont particulièrement consacrés; dans lequel le rapprochement et la variété des établissements fourniront une multitude d'occasions pour les observations favorables à l'invention de meilleures méthodes dans les arts arriérés, et pour les comparaisons utiles à leur expansion; où l'on peut enfin opérer les corrections, les rectifications et les améliorations ultérieurement applicables au tout représenté.

« Soyez heureux, nous dit cette mère tendre; hâtez-vous de « joindre à la liberté l'aisance qui la pare sans la gêner, qui « l'embellit sans l'affaiblir. Pour y parvenir, réunissez promp- « tement au patriotisme l'amour éclairé du travail. Qu'une « louable émulation vous anime à la fin de la Révolution, comme « elle vous transporta dès son commencement. S'il fut grand de « s'élancer des premiers aux dangers de l'insurrection, il sera « beau d'agir aussi des premiers pour son complément indispen- « sable. S'il fut grand de donner la liberté au monde, il sera beau « d'assurer sa prospérité. Ce partage, que l'antiquité fit des « talents de la guerre et des arts de la paix entre les deux « peuples les plus célèbres, *excudant alii, tu debellare*, ce

« partage ne vous concerne pas. La nature complète du Français
« n'admet point d'exclusion en qualités estimables ; c'est, en bien,
« l'Alcibiade des peuples ; il doit réussir dans tous les genres ;
« que l'Ardennais commence ! Soyez heureux, et reportant les
« moyens et les succès de votre industrie sur une échelle d'une
« dimension plus étendue, la grande nation le deviendra comme
« les Ardennais. »

Et vous, Citoyens sensibles et généreux, vous entendez, je le
pressens, vous entendez en ce moment retentir aux fonds de vos
cœurs cette voix des humains répandus sur le globe : « Soyez
« heureux, afin que la grande nation le soit comme vous, afin
« que l'espèce humaine le soit comme elle. »

Leurs vœux, ceux de la nation, ceux du département seront
accomplis ; vous agirez.

Nul moment ne fut plus favorable. Dix années de révolution
ont excité ou entretenu dans les esprits une effervescence
générale.

La sagacité des hommes studieux en est affinée ; ils pénètrent
dans les recez les plus intimes ; leur jugement plus exercé les
rend habiles à l'analyse des objets les plus compliqués ; et de
nombreux miracles dans tous les genres attestent assez que le
Français républicain peut ce qu'il veut. A votre invitation fra-
ternelle, ils prépareront à l'agriculture, aux arts, au commerce
toute la perfection dont ils sont susceptibles ; ils en referaient
des parties s'il le fallait ; n'ont-ils pas refait la science de la
guerre et créé celle du gouvernement ?

Quant aux hommes instudieux, dont on oppose communément
les vieilles habitudes à toute proposition d'amélioration, le fais-
ceau des erreurs populaires se dissout ; ses frêles vergettes
n'étaient unies que par la glue impure de la superstition et les
harts épineux du despotisme ; l'une est en pleine putréfaction, les
autres sont rompus, et votre souffle salutaire suffira pour en
débarrasser le département.

Les vérités d'ailleurs ont entre elles une affinité qui en forme
une chaîne, l'adoption des principes de l'ordre politique a disposé
nos intelligents concitoyens à saisir ceux de l'ordre économique.
La raison a plus de pouvoir que la politique de ses ennemis ne
lui en attribuait pour le diminuer ; chacun de vous n'a-t-il pas

éprouvé dans sa famille qu'elle influait jusque sur ses enfants? Comment sa douce lumière serait-elle méconnue par ceux que la Révolution a replacés au rang des hommes, par des Français, des Ardennais! Faites donc avec confiance un appel à la raison, comme à l'aurore de la Révolution vous en fîtes un au sentiment.

Celui de l'excès du malaise d'âme et de corps qu'entretenait l'esclavage, les porta alors à ce mouvement généreux qui renversa heureusement, en moins de dix années, une domination de vingt siècles, et la remplaça par un gouvernement. Aujourd'hui que leur âme est dans le calme par la jouissance assurée des biens qui lui sont propres, leur raison percevra facilement le moyen d'y joindre le mieux-être physique par la satisfaction des besoins du corps. Ils reconnaitront qu'il dépend surtout de l'intelligence et de l'ordre qu'ils mettront dans la nature et le mode de leurs travaux, pour en obtenir les résultats les plus précieux avec le moins de fatigue.

Ils éprouvent continuellement que leur supériorité sur les brutes, que la perfectibilité de l'espèce humaine consiste en ce que l'homme peut profiter des observations, des expériences et des améliorations de son père et de ses voisins. Ils concevront facilement l'avantage qu'il y aurait pour eux à profiter des observations, des expériences et des améliorations, non-seulement de leur père et de leurs voisins, mais encore de toutes celles qui ont pu être faites par d'autres hommes dans tous les temps et dans tous les lieux. Ils seront avides de les connaître pour les approprier à leurs travaux; ils attendront avec impatience que ceux de leurs concitoyens auxquels les études ou les voyages en ont donné des notions, les leur communiquent fraternellement.

Lorsqu'ils voient une production meilleure, un produit plus parfait que le résultat de leurs travaux actuels, après l'avoir examiné attentivement, je les entends dire et souvent avec raison : « Ce n'est point le sol, ce n'est point la matière première « qui nous manquent, c'est le mode d'opérer ; si nous le connais- « sions, nous ferions aussi bien. » Ils le désirent, vous le leur indiquerez. Si c'est le sol, vous leur indiquerez la manière dont, en beaucoup de cas, on l'a corrigé en plusieurs lieux ; si c'est la matière première, improductible dans nos contrées, vous leur indiquerez l'entrepôt étranger d'où l'on peut la tirer à meilleur prix.

Vous estimerez sans doute que, dans notre situation, la marche la plus convenable sera de vous procurer la connaissance précise de l'état du département en arts agricoles, manufacturiers et commerciaux, d'après la nature et les modes des travaux actuels; c'est notre *avoir*.

Vous formerez un tableau de ce qui nous manque en ces genres pour atteindre la prospérité départementale possible; c'est ce que nous devons au département, c'est notre *doit*.

Mais, dans un compte en *doit* et *avoir* tous les articles n'ont pas la même importance; vous les rangerez sous ce rapport.

Vous préconiserez, selon leur rang, sur votre liste, les arts et les procédés qui existent parmi nous et ceux qui nous manquent, en laissant tomber ou en négligeant ceux qui sont aux lignes inférieures.

A la voix de la raison, dont vous serez ainsi les organes, l'élite des excellents citoyens, dix, vingt, trente par commune, également doués de volonté forte et d'intelligence naturelle, s'empresseront d'exercer selon les meilleurs procédés les arts existants ou introduits.

Le rapprochement des différents établissements, le contact des ouvriers divers, celui des ouvriers et des savants, les correspondances avec les ouvriers et les savants les plus distingués de la France et de l'Europe, qui vous favoriseront comme école pratique, utile au bonheur commun, produiront les améliorations possibles dans les arts arriérés.

Les pratiques ainsi corrigées, étant facilement comparables sur une surface d'une étendue seulement départementale, offrant dès lors des succès débarrassés de tout doute, de toute ambiguité et devenus palpables, la solidité évidente de leur méthode les fera adopter de tous les habitants du département.

Il n'y aura plus un angle de terre qui ne soit cultivé; et ils le seront tous dans l'espèce de culture et selon la méthode convenable pour donner les productions les plus avantageuses; il n'y aura plus une commune où l'on n'exerce un art manufacturier approprié à ses circonstances, et leurs travaux exécutés selon les meilleurs procédés, donneront les produits les plus précieux ; les transports étant rendus faciles par tous les moyens de communication terrestre et fluviatile, les importations fourniront aisément, soit pour nos consommations personnelles, soit pour nos travaux ; et les exportations, excitatrices nécessaires de l'agriculture et des arts, les entretiendront dans une activité continuelle.

Dès lors, par les effets d'un travail régulier dans les dispensations du temps, éclairé dans le choix des matières, méthodique dans l'emploi des procédés, in-exténuant pour l'individu et profitable à sa famille, vous répandez sinon l'abondance, au moins l'aisance dans le département ; vous diminuez la misère relative, vous détruisez la misère absolue ; vous desséchez avec la première la source la plus féconde des vices, et vous tarissez avec la seconde celle des crimes. C'est la misère qui rend vicieux et criminel l'homme demi-civilisé ; nouveaux *Jéhovahs*, ils le faisaient méchant, puis ils le punissaient de la méchanceté !

Je vous parle, citoyens, d'après des faits ; j'ai vécu, j'ai habité dans des associations politiques, où, malgré la stérilité primitive du sol, le commerce, les arts et l'agriculture s'étaient développés à la faveur de ses variétés et de la démocratie. Le plus grand nombre n'y présentait point l'affligeant spectacle de l'exténuation, par les privations du nécessaire, ou celui d'un dépérissement précoce, par les travaux forcés. L'esprit de support mutuel, la bienveillance, la bonne foi dans les transactions étaient les habitudes communes, et depuis cent années le magistrat n'avait pas eu la douleur d'y prononcer une peine infamante.

Vous aurez donc rempli les deux objets d'avancer les arts arriérés et de répandre les meilleures méthodes ; et vous aurez obtenu pour résultat immédiat la prospérité départementale.

L'état fortuné du département sera observé par ceux de nos voisins qui auront l'occasion de le parcourir ; la grandeur et la solidité de l'exemple qui répondront à la majesté de la République et à l'importance de l'objet, frapperont les esprits. Ce ne sera plus l'essai hasardeux d'une frivolité destinée dans sa réussite dispendieuse à désennuyer un monarque imbécile ou des grands blasés ; ce ne sera plus l'agriculture pratiquée dans les plates-bandes d'un jardin ; les travaux des manufactures exercés dans les cuvettes d'un cabinet ; les spéculations du commerce rêvées dans la poussière d'un galetas. C'est l'exécution, dans un département entier, d'un plan raisonné pour la satisfaction des besoins d'un peuple, complément nécessaire de la jouissance des biens de l'âme, que lui assure sa constitution ; c'est déjà même le succès avéré, manifeste, public de ce plan dans cette portion très notable de la grande nation.

Cet exemple puissant ne peut frapper les esprits sans émouvoir les cœurs ; il les entraînera à l'imitation. Eh ! quel homme, en voyant l'état prospère d'une contrée, ne le transporte pas idéalement à son pays, à son manoir ? L'amour de soi, l'amour de son bonheur, de celui de sa famille n'opèrent-ils pas subitement ce machinal retour ?

Et comme par la diversité des modes d'agriculture, des arts et de commerce, à laquelle se prête votre local, il s'en trouvera d'applicables aux diverses conditions semblables qui existent dans les différents autres départements voisins, ils y seront adoptés de proche en proche ; vous rendrez honorablement à vos compatriotes ce que vous en aurez reçu ; de département-école vous deviendrez département-modèle, et par cet exemple vous concourrez à la prospérité nationale et peut-être générale.

Tout doit nous inspirer cette flatteuse espérance. Laissons ces *décourageurs* éternels confondre dans leur cerveau malade l'énergie d'une grande nation régénérée avec la faiblesse des ressorts de leur âme encore brisés par le choc d'une éducation servile ; si les philanthropes de tous les temps eussent toujours écouté de tels êtres, nous serions encore réduits aux glands comme nos pères misérables ; eux-mêmes n'auraient ni ces nourritures succulentes, ni ces vêtements douillets, ni ces abris commodes qui font leurs délices ou leurs soulagements, et qu'ils doivent aux généreux efforts de nos devanciers ; laissons encore à ceux qui se chagrinent de ne plus s'engraisser de mensonge et de corruption, la triste diversion de calomnier l'espèce humaine, notre nation, notre département, par l'affectation de leurs doutes simulés. D'après ce que nous avons fait, malgré leurs sinistres prophéties, pour le premier objet de l'association, jugeons de ce que nous ferons pour le second, et fortifions notre espoir pour l'avenir par le souvenir du passé.

En effet, si quelqu'un vous eût dit à pareil jour, il y a dix années : « Avant qu'une période décennale soit révolue, il n'y « aura plus de roi en France », le désir le plus violent dans l'âme la plus élevée en eut à peine fait concevoir l'espoir.

S'il eut ajouté : « Toute domination sera abolie pour jamais, « non seulement sous la forme de royauté, mais sous celle d'aris- « tocratie soit héréditaire, soit viagère, et elle sera remplacée « par un gouvernement ; — La France nouvelle réoccupera « toute l'ancienne Gaule ; — La République française débarras- « sera les Bataves du *Stadhoudérat* héréditaire ; les Helvétiens « du *Schulteissat* viager ; les uns et les autres de l'aristocratie, « et l'antique démocratie sera rétablie dans ces deux contrées ; — « L'Italie entière sera rendue à la liberté, ses différentes parties « se constitueront également en société et établiront chacune un « gouvernement ; — Des iles de l'antique Grèce seront des « départements français ; — La chevalerie Maltaise n'aura plus « de refuge qu'en Russie, et son beau port deviendra une relâche « nationale pour nos caboteurs du levant ; — L'Egypte sera une « colonie française, première échelle du commerce de l'Orient, « qui reprendra son ancienne route pour l'avantage de la plus « grande partie de l'Europe ; – La liberté des cultes sera établie « à jamais dans tous ces pays, en Italie comme en France, dans « la Suisse comme chez les Bataves, en Egypte comme à Corfou, « et nulle superstition privilégiée n'insultera plus à la raison, « n'occasionnera plus, comme sous ce monarque, jouet d'un « confesseur jésuite, la désolation du commerce, des arts et de « l'agriculture, par l'expatriation nombreuse des hommes véri- « tablement utiles, et de leur précieuse industrie ; — Celui qui « se disait le premier ministre du roi de l'autre monde, auquel « les Français voulurent bien donner un royaume dans celui-ci « en l'an 800, en sera chassé par les Français un peu avant 1800 ; « — Cet orgueilleux successeur de l'humble pêcheur, ce prêtre à « qui un seul diadème ne suffisait pas, qui, surchargé de trois « couronnes, donnait chaque année au globe terrestre une béné- « diction insolente supposée nécessaire à sa conservation ; qui « de fait exerçait le despotisme le plus dangereux dans les quatre « parties du globe ; qui a tant fait trembler les rois de France et « les empereurs ; sous l'autorité duquel on a brûlé tant d'hommes

« de génie, et tourmenté ceux qui prêchaient des vérités phy-
« siques utiles au commerce, et par conséquent aux arts et à
« l'agriculture, ne tirera plus de considération de ses supersti-
« tieuses momeries ; — Des soldats tirés des rangs ou des officiers
« auxquels on eut à peine confié la conduite d'une compagnie,
« mèneront à la victoire des armées imposantes par le nombre,
« mais plus effrayantes encore par la valeur ; — Les rois de
« l'Europe, après avoir menacé et combattu, fait succéder aux
« stratagèmes de la guerre, les fourberies de la diplomatie, rece-
« vront la paix en payant les frais de la guerre ; — Lorsque la
« France a fait sept campagnes, elle est épuisée en tous genres ;
« après dix années de révolution et sept campagnes de terre et
« de mer, qui valent bien vingt années de guerre ordinaire, les
« impositions seront très inférieures à celles que nous payons
« en cette présente année 1788, quoiqu'elle soit la sixième année
« de paix, et les neuf dixièmes de la nation seront cependant
« déjà mieux logés, mieux meublés, mieux nourris ; plus éclairés
« sur leurs devoirs et sur leurs droits ; — On n'ira plus à une
« grande distance sur-acheter la justice de juges inconnus, qui
« en ont acheté eux-mêmes le monopole ; elle sera rendue par des
« magistrats temporaires, que l'estime de leurs concitoyens
« élèvera à cette fonction respectable, et qui prononceront
« l'application de la loi d'après le mouvement de la conscience
« des jurés, pairs de l'accusé : — Il n'y aura même plus que des
« pairs en France devant la justice et devant la loi, cette mince
« feuille de parchemin avec laquelle les rois partagent le trou-
« peau en deux races fictivement différentes, mais aussi inmis-
« cibles entre elles que si elles étaient réellement deux espèces
« opposées et antipathiques, n'empêchera plus leur union et l'on
« s'étonnera d'avoir été dupe de ce prestige ; — Les nobles, les
« prêtres raisonnables et humains, que des préjugés de naissance
« ou d'état retiennent aujourd'hui dans une oisiveté qui leur
« déplaît, entreprendront des professions utiles, ils coopéreront
« de leurs moyens d'intelligence et de fortune au commerce, aux
« arts, à l'agriculture, et augmenteront ainsi la somme des
« richesses nationales qu'ils ne font que consommer » ; si, dis-je,
quelqu'un vous eut tenu ce langage il y a dix années, j'hésite de

prononcer l'épithète que votre politesse eut fait expirer sur vos lèvres.

Cependant ce sont aussi des faits. Vos voisins, vos amis, vos parents, vos enfants, vous-même en avez été les témoins ou les acteurs. Sans doute, comme il n'y avait jamais eu d'exemples d'une aussi prompte réunion de tant de grands évènements, il était difficile de saisir d'avance l'ensemble des causes qui devait les produire. L'imperceptibilité de la plupart, la subtilité de leurs liaisons, l'opacité ou la variation des milieux concouraient également pour laisser dans un doute timoré ceux qui étaient hors du point de vue, et l'hésitation à cette époque sur le succès de ce premier pas de la Révolution eut été excusable.

Elle ne le serait pas maintenant sur le second, et l'indulgence la plus facile y verrait moins une faiblesse d'esprit incapable de saisir un système de causes, qu'une sécheresse de cœur qui repousse l'idée de leur heureux résultat.

Il sort immédiatement de l'ordre actuel des choses, l'espoir dont je vous présente la coupe agréable ; il en est la conséquence aussi évidente qu'infaillible. Partout où la liberté s'établit, l'aisance relative la suit ; les obstacles disparaissent, ou leurs décombres artistement disposés, rassoient le sol sur lequel s'élève sa bienfaisante splendeur. Nous sommes soustraits à la domination, nous avons un gouvernement ; cette démocratie, qui fit autrefois des lagunes de Venise, des marais de la Hollande les lieux d'une abondance antérieurement inconnue ; cette démocratie qui, sur des débris de granit, aux bords d'éternels glaciers, remplaça près du chapeau de Tell, l'inutile bruyère par la vigne précieuse ; cette démocratie si propice pour les autres ne sera pas marâtre pour nous ; et ces pêcheurs de l'Adriatique, ces tourbiers de la Hollande, ces pâtres de l'Helvétie, ces héros auxquels la postérité paiera dans tous les siècles, auxquels je paie en ce moment le tribut du respect le plus mérité, ils n'étaient, qu'une poignée d'hommes isolés ; vous êtes aussi nombreux et vous faites partie d'une grande nation, dont vous partagez les moyens de puissance. Avec de tels avantages, que l'ancre des préjugés soit levé, que la voile de l'invention soit déployée, que le vent et le flot de l'industrie nationale et ardennaise nous emportent ; et déjà, heureux émules de ces âmes généreuses dans leurs titres à la gloire, comme fondateurs de la liberté de leur patrie, nous le serons encore dans leurs droits à l'amour public, comme instituteurs de sa prospérité ; oui, avant qu'une autre période décennale soit accomplie, nous les verrons réalisées ces flatteuses espérances.

Agissons donc ; en répétant ce mot, Citoyens, je ne suis que votre écho. Lorsque vos âmes se sont entendues, lorsque vous avez formé la Société libre d'Agriculture, des Arts et du Commerce, c'était pour agir. Ah ! si dans le moment suprême, si regardant en arrière des portes de la vie, je vois dans le département ce bonheur si désiré, avant-coureur encore de son expansion plus grande, je bénirai l'instant où m'admettant dans votre sein, vous m'avez permis de concourir au moins par mes applaudissements, à vos généreux travaux ; et cette douce affection se mêlera dans mon cœur aux sentiments de reconnaissance qui vous seront dûs pour la prospérité générale.

Je reproduis ci-après les rapports ou travaux de
Pache insérés dans le Bulletin de la Société d'agriculture intitulé : *Mémoires choisis parmi ceux lus ou adressés
à la Société libre d'Agriculture, Arts et Commerce du
département des Ardennes.* (Mézières, imprimerie Trécourt. — 4 parties, de l'an IX à l'an XI).

A bien des points de vue, ces écrits peuvent nous paraître aujourd'hui surannés; ils n'en témoignent pas
moins de la part de l'auteur une conviction profonde,
conviction que Pache ne cessa, du reste, jamais d'apporter dans l'exercice de ses diverses fonctions.

Un seul mobile le guide : le service à rendre à ses
semblables, et il vise toujours au même but : l'utilité et
le progrès.

A une époque de scepticisme comme la nôtre, on
s'explique difficilement de telles natures inébranlable-
ment stoïques et dont les plus cruels déboires n'ont pu
attiédir les sentiments.

CHOU-NAVET DE LAPONIE (1)

Cultivé à Bouillon, par le citoyen LINOTTE.

AVANT-PROPOS

*L'importation annuelle des huiles, dans l'ancienne France,
était évaluée à environ trois millions. La Belgique en four-
nissait une bonne partie. Depuis la réunion des neuf départements, ce tribut ne pèse plus sur la République ; mais la
dépense proportionnée de département à département sub-
siste. Il est donc d'un intérêt majeur pour celui des Ardennes
de s'en affranchir. La culture du chou-navet de Laponie
pourrait y contribuer. Un agronome par goût l'a essayée. Le
Mémoire qu'il a adressé sur ce sujet à la Société étant trop
étendu pour être inséré dans ce cahier, le rapport qu'en a
fait le citoyen Pache y trouve d'autant mieux sa place, que
cette plante, outre son utilité pour l'extraction de l'huile,
réunit encore l'avantage de fournir un précieux fourrage,
comme on peut le voir dans le Mémoire que le citoyen Sonnini
a publié sur cette culture. Le citoyen Linotte ayant mis à
même la Société de distribuer, l'année dernière, de cette
graine à plus de vingt cultivateurs, elle attend de leur amour
pour le bien public, qu'ils l'informeront, dans le courant de
celle-ci, des succès qu'ils en auront obtenus.*

On adresse à la Société deux sortes de Mémoires ; les uns contiennent un simple exposé des procédés suivis dans la culture,
les arts et le commerce, et de leurs résultats ; il est accompagné,
dans les autres, de réflexions sur l'application de ces procédés

(1) Première partie, an IX.

et de leurs résultats à d'autres lieux. Le Mémoire dont j'ai à vous rendre compte est de la seconde classe.

Le citoyen Linotte, de Bouillon, avait reçu du citoyen Grunwald quelques graines de chou-navet de Laponie; il a cultivé cette plante, durant quatre années, pour son amusement. Cette dernière circonstance nous prive de notes aussi détaillées qu'un tel observateur eut pu les fournir.

Ce végétal contient trois parties utiles, le *feuillage*, la *graine*, et la *racine* ou le *navet*.

1° Il a semé dans son jardin et transplanté ensuite ses élèves, soit dans ce même jardin, soit dans un champ de bonne nature pour le pays; ses plans, espacés de 5 décimètres en tous sens, lui ont fourni des tiges d'un mètre de hauteur, garnies d'un feuillage abondant, que ses vaches ont mangé avec avidité;

2° La quantité de graines qu'il a recueillie lui a paru satisfaisante proportionnellement aux produits analogues des autres plantes, quoique les oiseaux fussent très friands de celles du chou-navet. Son meunier lui a dit que, de toutes les graines qu'il avait pressées dans chacune de ces années, aucune n'avait donné relativement autant d'huile. Comme il a négligé cette liqueur, elle s'est décomposée; mais il expose les raisons chimiques de cette altération accidentelle, et il en conclut que, si l'huile eut été soignée convenablement, elle eut été douce et inodore;

3° Quant aux navets, les ayant toujours laissés en terre, pour en obtenir des graines, il ne peut prononcer sur leurs qualités sapides et nutritives.

A cet exposé, le citoyen Linotte fait succéder des réflexions pleines de justesse, que je vais vous présenter, en employant ses propres expressions.

« Lorsqu'un sol élevé, sans abri, a été frappé de stérilité par
« la nature; lorsque tous les moyens d'amélioration connus dans
« l'agriculture pratique suffisent à peine pour le dompter impar-
« faitement, il ne se prête que comme contraint à la production
« des plantes utiles, et c'est le cas de *notre* malheureuse
« *Ardenne.* »

« Tous les choux en général exigent un terrain bon, subs-
« tantiel et frais; le *nôtre* n'a aucune de ces qualités. A peine
« dans nos jardins, obtenons-nous des choux pommés d'une gros-

« seur médiocre, tandis que la même graine, semée et cultivée
« chez *nos voisins*, produit des choux monstrueux. Les jardi-
« niers du *Fond-de-Givonne* qui, après avoir fait 15 kilomètres
« avec leurs choux, nous les donnent à 5 centimes la pièce, et
« quelquefois trois pour un décime, ont forcé nos jardiniers de
« profession à renoncer à cette culture. »

« Le succès du chou-navet a suivi cette même proportion. On
« nous annonce son navet comme devant peser 4 ou 5 kilo-
« grammes ; ceux de mon jardin n'en pesaient que 2 ; trans-
« portés sur un bon terrain des champs, ils ont perdu un quart
« de leur poids. Il ne faut donc pas que le pauvre Ardennais s'en-
« thousiasme des belles relations écrites sur ce végétal. Jamais,
« et dans aucun cas, il n'élèvera sa culture à la hauteur des bons
« pays. »

Je dois remarquer ici que cette réflexion, par laquelle le
citoyen Linotte, en étendant sur une plus grande surface le
résultat de la culture du chou-navet tentée à Bouillon, restreint
le produit individuel de chacune de ces plantes, est applicable
seulement à ce qu'on peut appeler la *haute* Ardenne ; c'est-à-
dire à la portion de notre pays que diverses circonstances physiques, mais surtout son élévation au-dessus des mers, ont rendu
naturellement boisé ; à l'Ardenne enfin, en prenant ce mot dans
son sens étymologique. Cette réflexion et la restriction consé-
quente ne sont pas applicables à *la totalité du département des
Ardennes*, qui, pris dans son entier, est l'objet de votre sollici-
tude, et où il se trouve des parties moins élevées, exposées au
midi, à l'abri du nord, douées d'un sol plus libéral, dans lesquelles
on peut ainsi espérer que ce végétal approchera de la corpulence
et des qualités décrites dans les ouvrages qui le recommandent.

Cette plante, réduite au produit qu'on en a tiré à Bouillon,
pourra même être cultivée utilement dans les parties semblables
de la haute Ardenne, puisqu'il y est encore en feuillages et en
graines plus généreux que les plantes indigènes analogues ; et
c'est l'opinion définitive du citoyen Linotte ; car il ajoute : « Je
« suis loin de conclure que l'Ardennais (le haut Ardennais) doive
« renoncer au chou-navet : autant vaudrait dire qu'il doit s'abs-
« tenir de semer du grain, parce que ses récoltes sont moins
« abondantes que celles de ses voisins ; il retirera du chou-navet

« une utilité proportionnée à celle de toutes ses autres cultures,
« *et elle ne sera pas médiocre.* »

La culture du chou-navet de Laponie doit donc être essayée
dans les parties du département des Ardennes qui ont été favo-
risées de la nature, et dans celles qui en ont été moins bien
traitées ; et d'après ces premières expériences du citoyen Linotte,
la Société me paraît devoir s'efforcer de la répandre dans tout le
département.

Au surplus, il entrera sans doute dans vos vues, Citoyens,
lorsque vous aurez fini la topographie rurale de ce département,
d'arrêter un plan général d'expériences comparatives en végétaux indigènes et exotiques, afin de déterminer pour chaque
nature de notre terrain, sous ses différentes températures, les
sortes de culture en plantes céréales, oléagineuses, etc., qui leur
seront les plus convenables.

La lecture du Mémoire du Citoyen Linotte m'a fait encore
vivement regretter que vous n'ayez pas à votre disposition un
moyen de propager les connaissances du genre de celles qu'il
présente ; un extrait de cet écrit intéresserait certainement plusieurs cultivateurs, surtout si la Société envoyait aux plus zélés
des graines de ces choux-navets de Laponie, qu'elle pourrait se
procurer du Jardin national des plantes de Paris, par notre collègue Thouin.

J. N. PACHE.

DES CENDRES MINÉRALES

des environs de Thym (1).

Le citoyen Grunwald a réclamé l'envoi d'échantillons de la substance vulgairement appellée *cendres minérales*, pour les remettre aux Membres de la classe des Arts, section de la Chimie ; j'en adresse quatre à la Société. Ils ont été pris en différents points de la mine située près de Thym.

Je dois laisser à mes Collègues l'avantage d'en faire l'analyse (2), d'en tirer des conséquences, d'après les découvertes de la Chimie moderne, pour expliquer la manière dont cette subs-tance concourt aussi efficacement qu'elle le fait à l'acte intéres-sant de la végétation des prairies artificielles ; mais il me semble convenable d'accompagner ces échantillons de notes sur le gîte de la mine et son emploi dans nos contrées ; j'y joindrai quelques réflexions et une vue commerciale, dont ces détails font natu-rellement naître l'idée.

La colline qui contient ce précieux dépôt est au nord-ouest de Thym, et court de l'est à l'ouest (3). Elle unit un appendice de

---

(1) Troisième partie, an X.

(2) L'analyse de ces échantillons n'a pas encore été présentée à la Société. — (Note de PACHE).

(3) En tirant sur la carte des Ardennes un trait à peu près droit entre Neuf-maison et Signy-l'Abbaye, la ligne ainsi tracée suit la crête des collines séparant le bassin du Thin du bassin du ruisseau de Vaux-Vilaine, et sur ce parcours elle rencontre une ferme dépendant non de Thin-le-Moutier, mais de Lépron. C'est tout proche de cette ferme, appelée le Faluel, que se trouve ce dépôt de cendres minérales. Les personnes âgées du pays se souviennent par-faitement que jadis, au commencement de notre siècle, on tirait de là une sérieuse quantité de ces cendres et qu'on en expédiait beaucoup au loin comme un engrais très recherché. Aujourd'hui on y recourt assez rarement, mais on n'en a point perdu le souvenir, on appelle toujours cet endroit la Cendrière ou les Cendrières, et on y distingue encore des trous, des excavations, vestiges des fouilles et extractions d'autrefois. — (L. P).

la montagne dite *la Crête*, aux calcaires qui sont placés entre cette crête et les schistes.

La couche de cette substance peut avoir d'épaisseur moyenne, 5 mètres, de largeur 30, et de longueur 6.000 ; dimensions qui donnent 900,000 mètres cubes.

Elle repose sur un lit d'argile compacte ; l'inspection du flanc de la colline et des couches qui y aboutissent fait présumer que ce lit d'argile est placé sur la masse calcaire.

La mine de *cendres* est recouverte d'un autre lit d'argile sablonneuse, qui a moins de ténacité que l'inférieure ; on en appelle la matière *cendres blanches* ; et il est recouvert lui-même de lits de sables jusqu'à la terre végétale.

Le lit d'argile qui sert de base aux *cendres minérales*, contient quelques pyrites martiales à sa surface ; lorsque ce lit a été mis à découvert par l'exploitation des *cendres*, ces pyrites se décomposent ; celles qui sont en partie dans le lit et en partie à la surface ont une extrémité pyriteuse et l'autre ocrée.

La couche de la mine contient quatre substances sensiblement différentes du mélange de sable, d'argile et de points pyriteux qu'on a spécialement appelé *cendres minérales*, indépendamment des pyrites qui sont plus nombreuses dans quelques parties, mais jamais assez pour en faire l'objet d'une manufacture d'acides. Ces quatre substances sont des coquillages, du bois, du charbon et des cailloux. Les coquillages sont les uns épars, les autres en petits groupes ; ce sont des fragments d'univalves et de bivalves, parmi lesquels je n'en ai point vu de multivalves, si ce n'est une de leurs colonnes vertébrales de 14 divisions. Les bois sont épars et en morceaux de petites dimensions ; on ne peut reconnaitre à quelles espèces ils ont appartenus. Les charbons sont en extrêmement petite quantité et en très petits fragments. Les cailloux sont des quartz de différentes sortes, arrondis dans le roulis par le mouvement des eaux.

Le lit d'argile supérieur à la couche des *cendres minérales* contient moins de points pyriteux et quelques concrétions argileuses.

Le sable qui recouvre ces trois lits est silicé et rempli de morceaux de petites dimensions de grès, plus ou moins poreux et adhérents ; de géodes ocrés ; de cailloux roulés quartzeux de différentes sortes ; de brèches dont les composants ainsi que le gluten sont silicés.

La mine est exploitée par les gens du pays à ciel ouvert ; le peu d'adhérence de la matière des lits supérieurs ne leur permettant pas de travailler autrement. Ils en attaquent les parties qui sont le moins recouvertes, pour s'éviter le travail d'un grand déblai, et ils suivent conséquemment le flanc de la colline parallèlement à ses sinuosités, sans s'y enfoncer perpendiculairement à sa direction. Ils enlèvent les cendres à la bêche et les transportent avec la brouette ou le mantelet sur le sol où ils en forment une grande masse dont la surface s'effleurit. Ils y travaillent durant tout le cours de l'année, à l'exception du temps des gelées, du faneret et de la moisson.

Pendant la gelée ou la sécheresse, par les vents qui rendent les chemins plus faciles, les laboureurs viennent de la distance d'un, deux ou trois myriamètres, remplir leur char de ces *cendres* pour un prix convenu.

Ils déchargent leurs voitures par petits tas dans leurs prairies artificielles, en y mettant environ un char par arpent. Au printemps, après quelques jours de sécheresse et à l'approche d'un temps pluvieux, ils répandent ces *cendres*, soit à la pelle soit au semoir.

La petite surface de la terre sur laquelle ces tas étaient formés ne produit point d'herbes durant l'année ; les laboureurs disent que la terre est brûlée comme s'ils eussent deviné depuis longtemps la théorie moderne du brûlement par l'oxidation. Cette expression vient probablement de ce que cette surface présente les mêmes apparences que celles des lieux voisins où les petits pâtres ont allumé des feux pendant l'hiver.

On prétend que les prairies artificielles *cendrées* rendent, toutes choses d'ailleurs égales, le double et même le triple de celles qui ne le sont pas, selon que la température leur a été plus ou moins favorable, c'est-à-dire, selon qu'il y a eu de la pluie dans un temps plus ou moins propice. Cette opinion est tellement générale et dominante, que le pauvre y sacrifierait une portion de son nécessaire du moment, aussi volontairement que le riche son superflu. Elle est fondée sur l'expérience journalière, et son

énergie est entretenue par le souvenir que les anciens renou-
vellent périodiquement à chaque coupe, du bien que l'introduction de l'usage des *cendres* a fait dans le pays.

Il en est de même dans toutes les contrées d'un sol ou d'une
température peu favorable aux céréales de première qualité où
je les ai vu employer. Elles y ont doublé ou triplé les productions
du petit nombre de prairies artificielles que des agriculteurs
intelligents y avaient déjà établies ; et par l'appas de ce grand
produit, elles y ont généralement décuplé la quantité de terrains
soustraits aux friches ou à une culture ingrate, pour être mis en
prairies de ce genre.

Il en est dès lors résulté pour les habitants : 1° la possibilité de
nourrir des bêtes à cornes qui leur donnent les douceurs du
ménage, en lait, beurre, fromage, petit lait, dont les restes servent aux porcs ; 2° l'amélioration de la race de leurs chevaux ;
3° la rentrée de quelqu'argent par la vente du veau ou de la vache,
ou de chevaux plus forts ; 4° plus de fumiers pour engraisser
leurs jardins, leurs chenevières, ou leurs meilleures terres réservées pour les grains, qui en sont alors devenues plus productives ; 5° une récolte plus abondante de Mars, chaque fois qu'ils
rompent leurs prairies artificielles, parce que les débris des racines
et des feuillages y forment engrais ; 6° plus de temps disponible
pour leurs autres travaux. Ces avantages sont incontestables.

Je regarde l'introduction de l'usage des *cendres minérales*
dans les contrées de notre département où elles manquent et où
les céréales ne peuvent être cultivées avec succès, comme un des
principaux moyens de procurer à leurs habitants une grande
aisance directement par l'accroissement du ménage, du fumier
et de l'argent, et indirectement par celui du temps disponible
qu'ils pourront employer aux arts.

En adoptant les prairies artificielles cendrées, et des machines
animales qui en convertissent sur les lieux les productions peu
convenables à l'homme en produits qui lui sont au moins aussi
salutaires que les céréales, ou avec lesquels il peut s'en procurer ;
en adoptant, en conséquence, la vie des peuples pasteurs séden-
taires, dont les troupeaux sont nourris à l'étable ou dans de
petits parcs privés, genre de vie qui n'exige que peu de temps pour
soigner soit la terre, soit les troupeaux, les habitants de ces con-

trées, avec deux ou trois dixièmes de leur travail actuel, obtiendront dans leur territoire autant de moyens de subsistance que de leurs occupations présentes, et ils auront sept à huit dixièmes de ce travail à leur disposition pour les arts.

Je ne peux trop répéter que ce sont des habitants de vallées supérieures, où il ne croit que de l'herbe, qui envoient en Amérique et en Asie les caisses de montres et de pendules, dont ces parties du globe sont entretenues ; et je les ai vus, dans un instant de disette, secourir en subsistances, des habitants de vallées voisines de même position, mais qui, faisant partie d'états, où la répartition naturelle et raisonnable des occupations sociales était intervertie, consumaient leur temps et épuisaient leurs forces à gratter une terre ingrate.

Pénétré de ces vérités par les observations nombreuses que j'ai eu l'occasion de faire, j'ai souvent été affligé, en passant sur cette mine de prospérité, du cercle étroit dans lequel ses bienfaits sont circonscrits, par le manque de moyens propres à les répandre.

Ce regret est d'autant mieux fondé que la distribution des *cendres* entraînerait celle d'une marne excellente, dont un volume égal à celui des *cendres* se trouve dans le voisinage, et par suite encore, celle d'une castine qui se brise très facilement dont un volume, peut-être dix fois plus considérable, touche aussi la même colline.

Le pressentiment du bien qui résulterait de la distribution de belles sources de richesses, amène naturellement le désir qu'elle s'effectue par l'action du commerce.

Lorsque le ruisseau de Thym sera rendu navigable jusqu'à la Sormonne, et de la Sormonne à Warcq (1), dans un espace

---

(1) Pache fait ici allusion à un projet de canal de jonction de l'Aisne à la Meuse, par les rivières de Vaux et de Sormonne, en passant par Wasigny, Signy, Thin-le-Moutier, Clavy et Warcq et à la réalisation duquel il s'employa fortement.

Ce projet, élaboré en 1786 par un ingénieur en chef des ponts et chaussées nommé Le Jolivet, eut d'assez nombreux partisans et il en fut beaucoup question à la fin du XVIIIe siècle. Mais il fut reconnu qu'en présence du manque d'eau entre Thin et Signy et de l'impossibilité d'en rassembler assez par le moyen de l'art au point de partage, on ne pourrait l'établir à ciel ouvert en

d'environ deux myriamètres, travail qui ne présente aucune difficulté et n'exige que des bras, il y a lieu d'espérer que des spéculateurs établiront des dépôts de ces substances sur les bords de la Meuse, en la remontant par Sedan et en la descendant par Charleville. Les habitants des lieux de la haute Ardenne qui en sont dépourvus, pourront aisément s'en procurer à peu de frais, adapter à leur sol les prairies artificielles *cendrées*, jouir de la fraction d'aisance qu'elles procurent immédiatement, et l'augmenter par le moyen des manufactures, en y employant les heures dont ils pourront disposer.

Il faut tout attendre du temps et de l'accroissement, parallèle à son cours, quoique disproportionnel à sa durée, des connaissances de l'espèce humaine, par l'effet de sa perfectibilité qui est loin d'être encore parvenue à sa limite, et de la constance illimitée des sociétés économiques à propager, par la parole et les écrits, par l'influence de l'exemple et l'autorité du succès, les lumières dont elles sont les foyers bienfaisants.

cet endroit, et que le percement d'un souterrain de 3 à 4 kilomètres était nécessaire.

En présence de ces difficultés, le tracé dont il s'agit fut plus tard abandonné et le canal exécuté par la vallée de la Bar.

Dans le deuxième numéro du *Bulletin de la Société libre d'Agriculture des Ardennes*, on peut lire un Mémoire de M. Deschamps, ingénieur à Rethel, sur ce sujet. M. Laurent, archiviste du département des Ardennes, a également consacré un article aux différents projets de ce canal dans les livraisons de mars-avril 1898 de la *Revue historique ardennaise*, pages 98 à 104. Les idées de Pache y sont exposées.

RÉFLEXIONS

Sur la destination probable des Contrées en raison de leur fertilité naturelle

PAR LE CITOYEN PACHE, MEMBRE DE LA SOCIÉTÉ (1)

C'est à l'occasion de ma lettre au citoyen Pauffin-Tiercelet, président de la Société, sur l'introduction du commerce de toiles, dans notre département, insérée dans le deuxième cahier de nos mémoires, que l'auteur développe avec clarté, et avec sa profondeur ordinaire, la doctrine que les localités doivent régler définitivement le choix du genre d'occupations du plus grand nombre d'habitants. « Ainsi, dit-il, les couches élevées et stériles par la qualité du sol ou de la température, sur lesquelles les céréales les plus médiocres ont peine à croître en petite quantité, malgré un travail opiniâtre, repoussent cette agriculture, et appellent en remplacement les arts manufacturiers, auxquels le génie des habitants est d'ailleurs disposé ; les plaines grasses et fécondes, qui rendent le décuple du plus beau froment pour prix d'un labour facile, provoquent au contraire leurs heureux habitants à s'occuper de cette grande agriculture, dont leur naturel s'accommode parfaitement. Enfin, les lieux centraux, où les productions de l'agriculture et les produits des arts peuvent arriver aisément pour l'entrepôt, l'échange où la vente, et dont ces objets peuvent ressortir par les mêmes voies pour leur distribution ultérieure, portent leurs habitants au commerce, dont ils prennent l'esprit dès l'enfance ».

« J'ai vu, dans les pays où cette répartition des occupations était établie conformément au vœu de la Nature et de la raison, les plaines nourrir les montagnes, celles-ci entretenir en mobilier les plaines ; et les unes et les autres concourir à la nourri-

---

(1) Quatrième partie. — An XI.

ture et à l'entretien des centres du commerce, qui présentaient, à chacunes d'elles, les marchandises extérieures, dont elles manquaient pour le nécessaire ou pour l'agrément. J'ai vu aussi d'autres pays, et malheureusement en trop grand nombre, où cette répartition avait été contrariée, en sorte que l'agriculture était sur les montagnes, les manufactures dans les plaines, et le commerce partout. Les hommes et les femmes des lieux stériles s'y exténuaient à une culture ingrate, tandis que les habitants des plaines, entraînés aux travaux des manufactures, laissaient leur terre féconde s'épuiser en végétaux inutiles, et que la privation d'un centre commun de ralliement réduisait le commerce à la langueur. J'ai souvent comparé, terme à terme, et à des époques rapprochées, le mode de l'existence domestique de chacune des trois sections d'habitants des premiers pays avec celui de leurs analogues dans les seconds, et j'ai autant de fois remarqué, à l'avantage des premiers, une supériorité d'aisance qui était perceptible pour les esprits les plus obtus, et qui a porté sous mes yeux l'émotion dans les âmes les plus apathiques et les plus endurcies. »

L'auteur fait ensuite l'application de ces réflexions à la France en général, et à notre département en particulier. « Dans un Etat comme la France où se trouvent les mêmes conditions, la juste application de ces principes, dit-il, doit être soigneusement, non pas commandée, mais inspirée par une administration sage ; et c'est à ce service que doivent s'employer d'abord des Sociétés libres d'Agriculture, Arts et Commerce, qui, par la réunion des trois objets de la science économique, ne sont plus susceptibles de s'abandonner à un engouement exclusif pour une seule profession, et qui peuvent d'autant mieux concourir à faire adopter cette désirable répartition. »

C'est par une suite de ces prémisses générales, qu'il pense que la Société d'Agriculture, etc., du département des Ardennes, ne peut trop répéter à ses compatriotes, habitant la partie haute, combien il leur serait avantageux, s'ils s'adonnaient à des manufactures en toileries, ou autres, dont les produits seraient surtout livrés au commerce étranger. « Qu'ils sachent, dit-il, que, dans leurs contrées, dix heures par jour d'un travail bien ordonné dans quelques-uns des arts, leur procureraient autant de moyens de subsistance et d'aisance, que quinze employées à la culture de leur sol. »

Il expose ensuite les motifs à mettre sous les yeux des habitants des plaines, et pour les porter à l'étude de la science de cultiver la terre ; ainsi que les principes qui doivent présider aux opérations du commerce, et assurer à ses agents des succès aussi certains que durables. Il termine sa lettre par les considérations sur le centre commun de ralliement des diverses ramifications du commerce départemental. Ce point central est, selon lui, fixé par la Nature, à Charleville : et c'est en conséquence de cette persuasion qu'il se prononce fortement pour la réunion de la Meuse à l'Aisne par la Sormonne, plutôt que par la Bar.

DES ARBRES A FRUITS PULPEUX

DANS QUELQUES PARTIES DU DÉPARTEMENT DES ARDENNES (1).

———

L'homme n'a pas été, comme le végétal, fixé au sol par la Nature; c'est la Société qui l'y attache. Pour prévenir les écarts, inutiles à l'individu et nuisibles à l'espèce, de sa faculté locomotive, elle a employé la propriété territoriale ; et bientôt l'être le plus vagabond, par son besoin d'éprouver sans cesse des sensations et des perceptions nouvelles, et par sa facilité à supporter toutes les températures et à s'accommoder de tous les aliments, est devenu le plus inhérent au territoire.

Dans un pays où l'on exerce la plupart des trafics et où l'on se livre à tous les genres de spéculations, des auteurs, en traitant du commerce, ont avancé que *l'homme était de toutes les marchandises la plus coûteuse à transporter*; un autre, à l'occasion du besoin de forces mécaniques dans quelques lieux, a écrit que *c'était de toutes les machines la plus difficile à déplacer*. Cette dernière assertion, quoique moins répétée, est aussi vraie que la première. C'est seulement, dans une certaine période de civilisation, qu'il reprend, par une cause contraire, sa disposition au déplacement : avant l'établissement de la Société, une indifférence imbécile pour la propriété le laissait errer; dans ce dernier état de l'Association, il se déplace par une fureur insensée de l'augmenter.

Quoiqu'il en soit, l'homme qu'un sort cruel, ou que l'abjection plus déplorable encore de son âme n'a pas avili au point d'être

(1) Quatrième partie. — An XI.

déplacé comme marchandise ou instrument; celui qu'un espoir trop souvent trompeur, ou qu'un devoir supérieur à tout autre n'éloigne point de sa propriété, se doit à lui-même, doit à la Société de tirer, pour son bien-être particulier et pour l'avantage général, tout le parti possible de cette propriété, dont l'attrait lui fait une patrie.

Ce genre de biens consiste : 1º dans un solide terrestre recouvert par une surface qui seule frappe nos regards; 2º dans l'espace aérien dont cette même surface est la base ; en sorte que l'on peut la considérer comme un plan générateur des deux parties de la propriété qu'elle mesure.

Ce solide et cet espace sont divisibles parallèlement à l'horizon; le premier en couches terrestres, le second en tranches aériennes, selon les besoins du possesseur.

Les constructions et la culture sont les deux seuls emplois qu'il puisse faire de sa propriété territoriale ; les constructions pour se loger ; la culture pour en tirer sa nourriture et son vêtement.

Dans le premier cas, il détermine quelle est l'épaisseur d'une tranche aérienne qui lui sera nécessaire; il établit une couverture au plan supérieur de cette tranche, il la ferme par les côtés, et son logement est construit.

Son bâtiment peut bientôt n'être plus suffisant pour ses besoins et pour ceux de sa famille croissante; s'il est industrieux, au lieu d'acquérir une autre propriété voisine, il élève dans son propre espace aérien un nouvel étage, et la surface génératrice de sa propriété se trouve doublée à son usage. Il la triple, en creusant dans le solide terrestre, une cave de même dimension; il la quadruple; en élevant un autre étage dans l'espace aérien, etc., etc. On voit dans plusieurs villes la surface élémentaire d'une propriété quadruplée, quintuplée, sextuplée d'une manière utile pour le possesseur.

Dans le second cas, lorsqu'il emploie sa propriété à la culture, s'il y sème des plantes graminées, céréales, légumineuses ou vesciaires, elles adhèrent par leurs radicules à la première couche terrestre; leurs tiges s'élèvent au-dessus, et leurs sommités forment un plan aérien, parallèle à celui de l'horizon. C'est dans cette tranche aérienne plus ou moins épaisse, comprise entre la surface élémentaire et les sommités, que réside la matière précieuse de sa récolte, soit en sommités, soit en tiges.

Si ces productions lui sont insuffisantes, il a recours aux arbres, dont les racines pénètrent dans la seconde couche terrestre. Comme ces fortes racines s'enfoncent au-dessous de celles des autres plantes, leurs tiges s'élèvent aussi au-dessus de celles de ces petits végétaux, et leurs sommités donnent un second plan aérien. La seconde tranche aérienne que ce plan termine est le lieu de la nouvelle et seconde récolte.

La Natûre avait enfoui des éléments de subsistances dans la seconde couche terrestre, elle en avait surhaussé d'autres dans la seconde tranche aérienne; les uns croupissaient enchaînés dans l'ombre, les autres vaguaient dans l'espace sans exercice de leurs affinités; l'homme les réunit par des canaux intermédiaires, il favorise leurs combinaisons, et il cueille les fruits de son intelligence.

La création de cette seconde tranche est tout ce que peut l'industrie du cultivateur en ce genre; là, sont ses bornes, bien plus resserrées que celles du constructeur : toutefois, ce second étage aérien doit être l'objet de considérations nouvelles.

L'arbre est un végétal, dont on a eu raison de comparer le tronc à la terre nourricière, et les branches implantées sur ce tronc pour être alimentées par lui, aux tiges des autres végétaux semés sur la terre pour être nourris immédiatement par elle. Mais le tronc n'est pas un plan horizontal comme le terrain; il est cylindrique ou plutôt conique; les tiges des autres végétaux sortent perpendiculairement du plan terrestre, les branches sortent du tronc sous divers angles; les tiges des autres végétaux sortent parallèlement entr'elles, les branches s'élancent du tronc en divergeant.

Il résulte de ces trois différences que la surface productive d'un arbre n'est point un plan égal à la surface génératrice de la propriété, comme celle de la tranche qui contient la matière des autres récoltes; elle est le développement de la superficie d'un solide, susceptible d'être plus ou moins grand selon les besoins, l'intérêt et la volonté du propriétaire.

Il peut paraître curieux aux uns et devenir utile aux autres de connaître, avec quelque précision, combien de fois l'industrie du cultivateur peut multiplier en surface productive la surface élémentaire de sa propriété, s'il profite de cette circonstance; et quelles doivent être les dimensions de ces arbres et de leurs intervalles pour obtenir le degré de cette multiplication qu'il désire.

La Nature n'opère pas sans doute avec une telle précision dans chaque cas particulier; mais ces connaissances n'en sont pas moins à désirer pour ne pas opérer soi-même en aveugle. Dans tous les arts, les théories présentent ainsi des quantités précises auxquelles se rapportent les moyennes que la pratique obtient sur un grand nombre d'opérations; ces quantités précises y servent de base pour régler les travaux, et pour estimer, par des approximations éclairées, les cas particuliers qui s'en écartent; et l'agriculture ne diffère point à cet égard des autres arts.

Les pommiers et les poiriers sont les arbres à fruits pulpeux dont on fait le plus de plantations. Les pommiers prennent assez communément la figure d'une sphère; et les poiriers celle d'un cône, dont la hauteur est le double du diamètre de la base; et l'on peut sans contrarier la Nature, l'aider à donner de telles figures à ces végétaux. La forme des pruniers et des cerisiers approche, l'une de celle des premiers, l'autre de celle des seconds. J'ai fait, en conséquence, sur ces deux solides, les calculs qui pouvaient déterminer la quantité que je cherchais.

Les différentes espèces de ces genres d'arbres ont diverses dimensions, et les mêmes espèces ont encore diverses dimensions dans différentes contrées; cette diversité m'oblige à employer une expression indéterminée.

Soit donc r, le rayon d'un arbre-sphère et de la base d'un arbre-cône, lorsqu'ils ont acquis leur accroissement; soit i l'intervalle des arbres disposés en carré.

La surface de l'arbre-sphère égalera la portion de la surface territoriale qui lui est attribuée, et, par conséquent, doublera en surface productive la surface élémentaire de la propriété, si le cultivateur dispose ses plants, relativement aux espèces d'arbres, de manière que

$$\frac{88\,r^2}{7} = i^2 \text{ ; d'où l'on tire, } 1^\circ\ r = \sqrt{\frac{7\,i^2}{88}} =$$

$$= 0,282 \text{ de l'intervalle ; ou bien, } 2^\circ\ i = \sqrt{\frac{88\,r^2}{7}} =$$

$$= 3,546 \text{ fois les rayons, c'est-à-dire, si le cultivateur fait en}$$

sorte que les rayons de ses arbres aient un peu plus que le quart de l'intervalle qui les sépare, ou bien que l'intervalle de ses plants ait un peu plus que trois fois et demie la longueur du rayon de ses arbres.

En faisant de semblables égalités pour les différents cas, on trouve que les rayons doivent avoir les dimensions énoncées dans le tableau suivant :

RAYONS DES

		arbres-sphères	arbres-cônes
La sur-face élé-mentaire de la propriété sera	doublée	0,282	0,251
		un peu plus que le quart de l'intervalle	
	triplée	0,398	0,353
		un peu plus que le tiers de l'intervalle	
	quadruplée	0,488	0,431
		moins que la moitié de l'intervalle.	

Pour fixer les intervalles qu'il doit donner à ses plants, chaque propriétaire, connaissant les dimensions moyennes des espèces d'arbres dans son pays, peut faire cette analogie ; *comme le rayon hypothétique ci-dessus est à l'intervalle hypothétique, qui est l'unité, ainsi le rayon effectif connu sera à l'intervalle effectif cherché.*

Par exemple, pour le premier cas, en supposant que le rayon effectif de l'espèce d'arbres qu'on veut planter, ait quatre mètres, on fera 0,282 : 1 :: 4 : 14,184, c'est-à-dire, que pour doubler la surface élémentaire en surface productive, il faudra placer les plants de cette espèce, dans ce pays, à 14 mètres et 184 milli-mètres de distance.

Dans cette supposition de 4 mètres de rayons, on aurait, pour les autres cas, les résultats suivants en intervalles.

	Arbres-sphères	Arbres-cônes
Pour doubler......	14.184	14.936
Pour tripler........	10.050	11.331
Pour quadrupler ...	8.073	9.280

Si le propriétaire est déterminé, par quelques circonstances, à planter ses arbres à des intervalles donnés, on peut facilement former un tableau, en faisant, pour les différents cas, des égalités semblables à celle qui doublerait,

$$i = \sqrt{\frac{88\, r^2}{7}} = 3{,}546 \text{ fois les rayons.}$$

Ensuite, en supposant, par exemple, dans le premier cas qu'il veuille un intervalle de 14^m184, il fera cette autre analogie, *comme l'intervalle hypothétique est au rayon hypothétique, qui est l'unité, ainsi l'intervalle effectif donné est au rayon effectif cherché*; 3,546 : 1 :: 14,184 : 4; c'est-à-dire, qu'il faudra qu'il se procure des arbres de 4 mètres de rayons, ou qu'il maintienne ceux qu'il plantera dans cette dimension.

D'après ces calculs, le possesseur d'un terrain actuellement implanté, mais susceptible de recevoir des arbres, peut, à volonté, doubler, tripler, et même quadrupler, en surface productive, la surface élémentaire de sa propriété, selon le genre de culture auquel il en destine la première couche.

Cette multiplication serait une futilité, si les productions de ces nouvelles surfaces étaient sans valeur : elles en auront toujours, en raison composée de la nature du solide terrestre, des circonstances atmosphériques et de la qualité des arbres plus ou moins accommodée à ces conditions.

On ne peut exiger que la création des nouvelles surfaces change ces facultés primordiales du territoire et de l'atmosphère. L'art qui peut en modifier quelques-unes jusqu'à un certain point, ne peut en détruire l'essence, et cette immutabilité contient, pour chaque lieu, entre des limites plus ou moins distantes, mais fixes, les genres, la qualité, et la quantité des productions que nous pouvons recueillir dans la première tranche aérienne; il en est de même pour la seconde. Ce que l'on peut, ce que l'on doit attendre de cette création, c'est qu'en introduisant des productions différentes de celles de la première tranche, elle augmentera et variera les aliments; augmentation et variété qui sont deux objets très importants. Et quoique ces productions additionnelles puissent, en certains lieux peu favorisés de la Nature, n'être pas douées de la saveur que recherchent les gourmets, elles y seront encore utiles ; tous les hommes n'ont pas le palais de ces Apicius ; parce qu'on n'atteint pas au vin de Beaune ou d'Aï, négligera-t-on de s'en procurer de seconde qualité?

Ces nouvelles productions, plus ou moins délicates, sont employées dans différents pays : 1º les unes étant mangées dans leur état de fraîcheur durant une grande partie de l'année, soit crues, soit préparées par la cuison ou entremets avec du beurre ou du lard, ou en compotes ; 2º les autres, d'abord coupées en deux et séchées au four, puis préparées au beurre ou au lard en entremets, ou bien cuites en confitures, sont consommables durant toute l'année, et se conservent même deux années de suite ; 3º d'autres servent à faire des boissons, cidre ou poiré, ou une combinaison des deux, dans la proportion qui plaît au sens du goût et qui est la plus salutaire au corps; 4º le marc qui reste sur le pressoir étant réservé dans des cuves ou tonneaux pour y fermenter et ensuite passé à l'alambic, donne une liqueur spiritueuse ou eau-de-vie de bonne qualité ; 5º les prunes et les cerises non séchées, ni employées en confitures pour être conservées, sont mises à cette eau-de-vie; 6º le résidu de la distillation, quoique privé de la partie spiritueuse, contient encore des parties mucilagineuses et fibreuses qui, décomposées par la voie humide ou par la voie sèche, rendent à la Nature des éléments favorables à la reproduction d'autres végétaux de la première tranche ; 7º enfin, lorsque l'arbre est abattu, il peut selon son âge, servir au menuisier, au tourneur, ou au chauffage.

Telles sont les sept sortes d'emploi que l'on fait des productions des secondes couches et tranches d'une propriété, lorsque le possesseur ne néglige pas de se les procurer.

Celles de ces productions, sous les seconde, quatrième et cinquième formes, qu'il ne consomme pas, peuvent être transportées dans des pays très éloignés. Il sort annuellement de certaines contrées des Alpes, dont les circonstances territoriales et atmosphériques ne sont pas très différentes de celles de quelques parties du département des Ardennes, des fruits séchés sous le nom de *Schnitz*, et des liqueurs spiritueuses sous celui de *Kirsch-Wasser*, avec destination pour la Baltique, et la valeur, soldée en roubles, revient en lettres de change, ou en marchandises d'autres contrées.

Lorsque les plantations ne donneraient point de tels excédents transportables au dehors, elles fourniraient, pour l'intérieur, un accroissement de subsistances qui mérite d'être pris en considération. On ne doit point rétrécir l'idée de cet accroissement, d'après ce que l'on voit dans les pays où les fruits rares, par la rareté des plantations, ne sont employés qu'au dessert des riches, ou au rafraîchissement accidentel des pauvres. Il faut l'agrandir sur ce qui se pratique dans les contrées, où leur quantité les fait employer tous les jours ou de deux jours l'un, dans l'état solide, comme un des mets fondamentaux des repas des gens de tous les ordres, et tous les jours en liquides comme boisson commune, ou liqueurs d'agrément; ils y composent en conséquence une partie notable des subsistances. A quelque degré que leur consommation soit portée, sous quelques-unes de ces formes, dans les lieux du département des Ardennes où l'on n'en fait pas encore ces usages, ce serait toujours un accroissement de subsistances; il contribuerait à l'abondance des comestibles, mère du bonheur domestique, que mine la faim, ou même seulement la parcimonie journalière dans la distribution des aliments. -

L'accroissement des subsistances produit nécessairement celui de la population de bonne espèce; et les subsistances et la population se maintenant dans une proportion convenable, les travaux de l'agriculture et des arts fournissent plus abondamment des productions et des produits au commerce extérieur dont les retours concourent à la prospérité publique.

Après avoir considéré les plantations sous le rapport de la multiplication de la surface productive des propriétés, et sous celui de l'accroissement des subsistances et de ses effets privés et publics, il convient de les envisager relativement aux dépenses qu'elles exigent; car si le profit était inférieur à la mise, elles cesseraient d'intéresser la profession agricole, le propriétaire et la Société.

Ce n'est point à des exemples extraordinaires que l'on doit recourir dans de semblables recherches; il faut se restreindre aux cas les plus ordinaires des dépenses et des revenus.

Pour établir leur évaluation, les métaux se présentent d'abord à la pensée; mais ils ont une valeur variable qui les fait exclure des spéculations générales; il faut encore employer une expression indéterminée à laquelle on puisse donner la valeur qui convient à chaque lieu, dans chaque époque.

Soit x la valeur du fossoyage, du sujet, du greffage, du placement d'un tuteur et de quelques épines ; on peut estimer à un autre x l'intérêt de cette première mise durant l'intervalle qui s'écoule entre la plantation et la production ; ce sont $2 x$ pour la première mise et pour son intérêt, jusqu'au moment où ces avances peuvent rapporter.

Le produit moyen d'un arbre ne peut être estimé annuellement, durant trente années, au-dessous du double de ces articles, déduction faite de la cueillette ou des préparations ultérieures des fruits qui en accroissent proportionnellement la valeur ; ce sont $4 x$.

Le planteur obtient donc une rente viagère de 2 pour 1 ; et cette rente viagère n'est pas établie sur la vie fragile de quelques hommes sujets à mille accidents, indépendamment du dépérissement du corps humain, selon la marche ordinaire de l'organisation animale ; elle repose sur celle de végétaux, dont la constitution moins compliquée et moins susceptible d'être altérée dans ses principes par l'action anormale d'agents physiques, et qui de plus sont soustraits à toutes les causes morales et politiques, ordinaires et fortuites de destruction lente ou subite qui nous assaillent.

Cependant, tout ce qui a un commencement marche dès lors vers sa fin ; tout ce que l'activité et l'affinité communes unissent dans le temps et dans l'espace s'y dissout aussi par elles ; tout ce qui, par la composition, prend une forme, une organisation, une vie, les perd plus ou moins promptement par sa décomposition : il faut compter sur le dépérissement du quarantième de la plantation par année. Pour remédier à cet inconvénient inévitable, le planteur peut prendre deux précautions, l'une relative à l'étendue de la surface qu'il veut avoir, et l'autre au remplacement des arbres pour les conserver.

S'il établit sa plantation de manière que les rayons de ses sphères et de ses cônes soient un peu plus longs que ceux qui ont été précédemment assignés ; par exemple, que le rayon du premier cas ait 0,285 de l'intervalle au lieu de 0,282, il aura un quarantième de surface productive de plus que celles qui ont été déterminées; la perte annuelle du quarantième de ses arbres ne diminuera pas, dans chaque année, où les choses seront dans cet état, la surface productive qu'il désirait.

S'il emploie chaque année un quatre-vingtième de son revenu fruitier pour le remplacement du quarantième d'arbres qui périt, il maintiendra, pendant une durée indéfinie, la surface aérienne dont il s'agit, dans toute l'étendue qu'il a voulu lui procurer. Cet effet est le même pour lui que s'il nourrissait une action de rente viagère avec le quatre-vingtième de cette rente, et que de viagère elle devint perpétuelle par cette médiocre rétribution.

Au moyen de ces arrangements, le planteur obtient de sa mise 197,5 pour 100 en rentes perpétuelles. Il n'est point d'emprunt, il n'est point de constructions, point de travaux agricoles, point de manufactures, point de commerce peut-être dans l'état actuel de civilisation, qui donne honnêtement un placement plus avantageux et surtout aussi solide.

Que la mise soit considérable ou non, que le terrain soit vaste ou de peu d'étendue, que la plantation soit nombreuse ou d'un seul arbre, qu'elle fournisse des objets soldés en numéraire et qui forment un revenu applicable à toutes sortes de dépenses, ou seulement des fruits consommés dans l'intérieur de la chaumière, ce taux du placement et conséquemment son avantage économique, sont arithmétiquement les mêmes; on ne peut le contester.

En quittant le calcul aride, pour avoir égard aux considérations morales, nous reconnaîtrons que l'utilité des plantations affecte différemment les grands et les petits propriétaires, et cependant qu'elle influe également sur les déterminations de ces deux classes.

En effet, leurs productions complètent le plus souvent l'indispensable nécessaire des derniers, tandis qu'elles ne servent jamais qu'à augmenter l'aisance des premiers.

Il en résulte d'abord que l'importance est évidemment du plus haut degré pour les uns; quant aux autres, *le superflu, chose très nécessaire*, étant pour eux un moteur aussi puissant que ce nécessaire même, le grand propriétaire n'est pas moins porté que le petit aux spéculations sur les plantations.

Aussi, l'intérêt étant réellement égal pour tous, observons-nous, dans un territoire occupé par des hommes réunis en société et conséquemment jouissant d'un gouvernement, que toute portion de grande, comme de petite propriété, qui est susceptible de recevoir des arbres fruitiers, en est également garnie; éclairés et libres, les uns pour le nécessaire, les autres pour le superflu, savent faire et font une légère avance pour un grand bénéfice qu'ils savent conserver.

Je me résume :

1° Les propriétaires de terrains actuellement implantés et qui sont susceptibles de recevoir des arbres à fruits pulpeux, peuvent à volonté doubler, tripler et même quadrupler en surface productive, la surface élémentaire de leur propriété, selon le genre de production auquel ils la destinent;

2° Ils se procurent une augmentation proportionnelle de comestibles solides et liquides qui est utile et agréable, soit comme addition, soit comme variété de subsistances, et contribue à l'aisance domestique;

3° Cette aisance seule favorise proportionnellement la population; celle-ci les travaux de l'agriculture et des arts; augmente par là les productions et les produits transportables par le commerce extérieur qui donne des retours utiles et agréables; ils concourent donc indirectement à l'accroissement de ce commerce et de ses effets;

4° Si cette augmentation de subsistances excède les besoins domestiques des propriétaires et des nationaux, ils vendent cet excédant au dehors, et par là ils concourent, de plus, directement à l'accroissement de ce commerce, et à l'opulence publique;

5° Les planteurs placent leurs mises en rentes viagères à 200 pour 100, sur la vie de grands végétaux bien constitués et sujets à peu d'accidents;

6° Si les planteurs emploient chaque année le quatre-vingtième de leur revenu fruitier au remplacement des arbres, ils changent la rente viagère en rente perpétuelle de 197 pour 100.

Il est donc conforme à la raison et à l'humanité de faire des plantations d'arbres à fruits pulpeux dans tous les lieux qui en sont susceptibles ; l'une ne veut-elle pas que chaque homme, dans on état de fixation au territoire, retire, pour son usage particulier, tous les avantages possibles de sa propriété ; l'une et 'autre ne veulent-elles pas encore qu'il en tire tout le parti possible, pour la prospérité générale de la Société dont il est membre compatissant et co-partageant ?

Négliger de cultiver, par des moyens et dans des proportions convenables, les deux couches terrestres ; négliger d'obtenir, par l'art, les productions diversement utiles et agréables des deux tranches aériennes, n'est-ce pas, dans le sein même d'une Société, se reporter à l'état sauvage ; n'est-ce pas, par une insouciance pardonnable peut-être à ces hommes bruts, mais condamnable dans l'homme social, multiplier et aggraver les malaises déjà trop nombreux et trop poignants, auxquels nous exposent, ou l'indifférence pour nos climats d'une nature intelligente, ou les combinaisons primitives des causes secondes ? Autant l'homme policé s'élève, dans les actes, au-dessus du dernier par le développement de son intelligence, autant il doit surpasser la première, par son amour pour ses semblables ; et s'efforcer, par le concours des lumières et de la philanthropie, dons précieux de l'éducation sociale, de corriger les défavorables effets, ou de l'impénétrable ordre établi des choses ou de l'inclémence de la Nature.

Quant à l'égoïste, qui, le dirai-je, essayerait de *persifler* un planteur sous le prétexte que, pouvant ne voir jamais du fruit de ses arbres, et ne devant certainement pas jouir de la perpetuité de sa rente, il s'impose *bonnement* des privations pour les plaisirs des autres ? Tout homme, d'un sens droit et d'un cœur honnête, lui répondrait avec le vieillard de Lafontaine :

> Eh quoi ! défendez-vous aux sages
> De travailler pour le bonheur d'autrui ?
> Oui : d'autres me devront ces fruits et ces ombrages ;
> Leur bonheur est un bien que je goûte aujourd'hui !

A Thyn-le-Moûtier, 13 Prairial,
10ᵉ année de la République française, une et indivisible.

J.-N. PACHE.

V

Dernières années de Pache. — Sa mort.

———

La somme immense de travail que Pache avait donnée jusqu'à l'âge de cinquante ans, les tourments de toutes sortes endurés pendant son emprisonnement, les épreuves par lesquelles il passa, aux époques de troubles, après sa sortie de la vie publique, avaient altéré sa santé. A partir de 1818, elle devint tout à fait débile.

Trois deuils successifs vinrent en outre le frapper; en 1819, le décès de sa mère, en 1820 celui de sa fille, en 1821, celui de sa petite fille, Silvie-Félicie. Cette dernière était son enfant de prédilection; elle avait été envoyée toute petite à Thin-le-Moutier; il l'entourait de soins spéciaux jusqu'à lui faire suivre un régime au lait de jument. Elle fut enlevée par la phtisie à l'âge de quatorze ans. — Superbe jeune fille dont les beaux traits rappelaient à Pache ceux de sa femme, elle emporta dans son cercueil le dernier sourire de son grand-père, qui, dès lors, ne traîna plus qu'une existence pénible.

Perclus de rhumatismes, c'est à peine s'il pouvait marcher. Aux premiers rayons du soleil printanier, on le voyait assis sur un banc, le front entre les mains; il restait des heures silencieux, absorbé dans ses réflexions, ayant toujours foi dans l'avenir, quoique désabusé, et ne pouvant comprendre, malgré le retour de choses auquel il assistait, que la vie des nations n'est en réalité qu'un perpétuel recommencement.

Durant les six mois qui précédèrent sa mort, absolument impotent, il dut garder le lit à peu près constamment. Personne de sa famille n'était auprès de lui ; un de ses petits fils revint seul sur le tard le soutenir pour ainsi dire dans son agonie. Mlle Stévenin le veillait, mais très peu soigneuse par nature, elle laissait tout aller à l'abandon ; la chambre du malade devint un vrai taudis. Le 15 novembre 1823, une pleurésie se déclara ; trois jours après, le 18, à trois heures du soir, le vieux Pache s'éteignit. Il avait soixante-dix-neuf ans (1).

(1) *Extrait des registres de l'état civil de la commune de Thin-le-Moutier.*

L'an 1823, le 18 novembre, par devant nous, Jean-Nicolas Jeantils, maire, officier de l'état civil de la commune de Thin-le-Moutier, arrondissement de Mézières, département des Ardennes, sont comparus Jean Baptiste Gillet, âgé de quarante ans, instituteur, et Paul Dufay, âgé de soixante ans, tailleur d'habits, tous deux témoins, domiciliés au dit Thin, lesquels nous ont déclaré que cejourd'hui, à trois heures après-midi, Jean-Nicolas Pache, âgé de soixante-dix-neuf ans, proche voisin au dit Gillet, fils de feu Jean-Nicolas Pache et de feue Jeanne Lallement, son épouse, est décédé en sa maison au dit Thin et les déclarants ont signé avec nous le présent acte après que lecture leur en a été faite. Signé : JEANTILS, GILLET, DUFAY.

Extrait des registres de la paroisse de Thin-le-Moutier.

L'an de grâce 1823, le 19 novembre, à quatre heures de relevée, je soussigné desservant de la paroisse de Thin-le-Moutier, ai

L'enterrement eut lieu le lendemain vers quatre heures. Misérable cérémonie, sans aucun apparat ; cinquante personnes à peine formaient le convoi. C'était par une de ces belles journées pleines de mélancolie dites d'été de la Saint-Martin. Sur le bord de la fosse, après la prière du prêtre catholique, quand on eut enlevé le lambeau d'étoffe noire qui recouvrait la bière, celle-ci apparut empourprée. Avant de disparaître, le pâle soleil d'automne semblait s'associer à l'adieu suprême des assistants, et c'est dans l'auréole de son dernier rayon qu'on descendit en terre les restes de l'indomptable patriote qui s'en allait oublié.

Nombre d'années après, des vieillards jadis présents à ces funérailles, l'esprit faussé par toutes sortes de légendes sur la Révolution et devenu facilement accessible au merveilleux, faisaient d'un simple phénomène une manifestation presque surnaturelle et imaginaient des rapprochements entre la vision dont ils restaient frappés et l'épopée sanglante dont leur concitoyen avait été l'un des héros.

inhumé dans le cimetière de cette paroisse, avec les cérémonies et prières prescrites, le corps de Jean-Nicolas Pache, décédé en cette paroisse, en son domicile, le 18 du même mois, à trois heures de relevée, à l'âge de soixante-dix-neuf ans. Etaient présents :

Son petit-fils, et Jean-Baptiste Villière, son fermier, tous deux de cette paroisse.

A Thin-le-Moutier, les dits jour, mois et an.

Signé : BEURET.

Pauvre Pache ! Son dernier désir, dont il s'était bercé sur la fin de sa vie, ne fut pas même réalisé. Il aurait voulu être enterré au sommet d'un petit monticule que, dans le pays, on désigne sous le nom de « la Motte. »

Ce monticule, qui n'est probablement qu'un tumulus, est situé entre Thin-le-Moutier et le moulin de Géronval, au milieu d'une prairie qui appartenait à Pache. C'était un but préféré de ses promenades ; il y avait fait pratiquer quelques fouilles sans résultat.

On l'inhuma dans le cimetière communal, à cette époque placé proche de l'église au côté sud-est. Entouré de murs, ce cimetière fut longtemps respecté même après l'édification, en 1834, du nouveau lieu de sépultures qu'on voit aujourd'hui hors du village et dans lequel se dresse une croix de fer, sans inscription, autrefois plantée sur la fosse de Félicie Audouin. Mais, lorsque les murailles tombèrent de vétusté, on ne les releva pas. Alors bêtes et gens se mirent à le traverser pour abréger leur chemin, tant et si bien qu'à la fin toute trace de tertre disparut : la terre se nivelait d'elle-même sous le pied des passants. Vers 1838, la municipalité fit disparaître les derniers vestiges de la clôture et les quelques dalles funéraires subsistant encore ; mais rien, ni monument, ni quoi que ce soit ne rappelant la mémoire de Pache, on n'eut pas la peine d'en effectuer l'enlèvement.

Depuis, une large voie traversa le terrain qui, sur le reste de son étendue, est couvert de fumiers, de bois ou de dépôts de pierres, et qui n'a conservé de sa précédente destination que le nom de place du cimetière.

D'après le témoignage des habitants, l'endroit exact

Place de l'ancien Cimetière, à Thin-le-Moutier.

(Sépulture de Pache)

où repose l'ancien Maire de Paris est en face la maison, en nature de grange, de M. Joseph Miser, à peu près à égale distance de cette maison et de l'église. J'ai pu questionner (1) deux vieilles femmes, Mme veuve Lassaux, née Davesne (Marie-Jeanne) et Mme veuve Gennesseaux, née Bouillard (Alexis-Ursule), âgées, l'une de quatre-vingt-quinze, l'autre, de quatre-vingt-douze ans, qui, toutes deux, se trouvaient aux obsèques, dont les souvenirs sont restés très vivaces et l'esprit bien lucide ; interrogées à part, elles n'ont pas varié dans leurs affirmations, lesquelles concordent, du reste, avec la tradition. L'une d'elles, Mme Lassaux, m'a même accompagné sur les lieux, et, en présence de MM. Decq, maire, Croison, instituteur, Duval, notaire, Gennesseaux-Chardron et Robert-Chardron, propriétaires, elle a, sans hésitation, précisé l'emplacement. Dix mètres plus loin, vers l'est, est enterrée Félicie Audouin ; enfin, à une trentaine de pas à gauche, entre la sacristie et le bureau de poste actuel, la mère de Pache dort de son éternel sommeil.

Le colonel Jung raconte (2) que, le 10 août 1880, à Rethel, devant le tombeau de Dubois-Crancé, tombeau entouré d'une simple grille, où pas une pierre, pas un mot ne rappelle au passant le souvenir de ce grand citoyen et que de rares personnes viennent seules visiter, il ressentit « une angoisse indicible. » Que dirait-il, s'il avait vu la place publique de Thin-le-Moutier où la trace

(1) 4 juillet 1898.
(2) Dubois-Crancé. — Tome 2, p. 368.

même de la tombe de Pache est effacée! Moi aussi, en présence de ce néant et de cet abandon, « je songeais à ce passé si près de nous par les dates et si éloigné pourtant par les faits, » je me retraçais en imagination toute cette fière existence d'homme, et comparant ce délaissement à certaines apothéoses, apanage de gloires usurpées, je ne pus me défendre d'un serrement de cœur.

Pache a laissé deux testaments, datés, l'un du 9 mars 1818, spécial aux manuscrits de ses œuvres philosophiques qu'il lègue à ses deux élèves préférés, M. Chardon et Mlle Stévenin, l'autre du 17 septembre de la même année, relatif à diverses recommandations.

Les voici tous les deux :

I

Ma fin très prochaine exige que je dispose de quelques livres et manuscrits entre les deux personnes qui ont le mieux mérité mon amitié.

Je vous prie donc de recevoir en dépôt partageable après ma mort entre Mlle Stévenin et vous : 1° la copie que vous avez bien voulu faire d'une introduction à la philosophie; 2° celle qu'elle a faite de l'une des conséquences de cette introduction; 3° les divers livres imprimés relatifs à ces objets délicats réunis sous une seule et même enveloppe.

Je connais trop les cœurs de l'un et de l'autre pour n'être pas assuré de vos sentiments réciproques dans ce partage et de votre souvenir d'un homme qui vous a aimés et estimés comme ses deux enfants d'alliance, selon l'expression de Montagne (*sic*), sentiments qu'il vous conservera toute sa vie (1).

Le lundi 9 mars 1818.

(1) Ce testament est resté entre les mains de la fille de M. Chardon, Mme veuve Cuif, à Monclin (Ardennes), qui a bien voulu me le communiquer.

II

Je meurs dans la relligion (*sic*) catholique, apostolique et romaine adoptée par mes pères, et je demande conséquemment à être inhumé selon les formes adoptées par les habitants de la commune de Thym qui jouissent d'une fortune moyenne.

Il sera remis à M. le curé, outre le payement dû à l'église, une somme de cent francs, dont il fera la distribution aux plus vieux nécessiteux de la commune.

Mon petit-fils, Maurice Audouin, donnera sur-le-champ avis de mon décès à mes deux héritiers et à M. Demaux d'Armonville qui voudra bien, j'espère, faire remplir à mon égard, et pour mes deux enfants vivants à Paris, les formes ordinaires.

Mlle Stévenin, placée depuis environ quinze ans dans ma maison, où elle a acquis des connaissances supérieures et qui, dans les années de trouble, m'a accompagné, vu ma débilité, dans les différents lieux où je me suis retiré, voudra bien, je l'espère, continuer de rendre à mes petits-enfants, pour leur instruction, tous les bons offices que l'on doit attendre de son obligeance naturelle.

Je termine en renouvellant (*sic*) à mes enfants et petits-enfants l'assurance, jusqu'au dernier moment, des sentiments que je leur ai voués pour la vie (1).

A Thym, le 17 septembre 1818.

(1) L'original de ce testament a disparu en 1870 avec tous les papiers de Pache, dans l'incendie de la maison que Mme Echaupre, née Elisa-Sylvie Audouin, habitait à Asnières. Xavier Audouin en avait fait faire plusieurs reproductions qui furent remises aux divers membres de la famille. M. Gabriel Echaupre, son arrière petit-fils, en possède une qu'avec beaucoup de gracieuseté il a mise à ma disposition.

VI

Famille de Pache.

———

Pache habitait la Suisse en 1786 quand il devint veuf. Adorablement belle, très intelligente et grande musicienne (1), sa femme était une personne de haut mérite (2). La perte de cette compagne lui fut profondément cruelle, il ne s'en consola jamais.

Onze ans après cet événement il écrivait (3) : « Je n'ai eu que deux passions dans ma vie, la première est éteinte, la seconde c'est l'amour de la liberté et de l'égalité ». Elle n'était éteinte qu'en apparence ; comme le feu qui couve sous la cendre, le moindre souffle pouvait la raviver. Quand revenu de ses illusions politiques, et

———

(1) Pache était lui-même un virtuose de la harpe.

(2) Elle était née à Sedan le 30 janvier 1746. Fille de Jacques Valette, marchand, et d'Anne Gendarme — de la famille Gendarme célèbre dans les annales de l'industrie métallurgique ardennaise. Toutefois, en dépit de son acte de naissance, on la considérait, dans la haute société, comme la fille naturelle de la comtesse de La Marck qui l'avait fait élever. (AVENEL *Lundis révolutionnaires*).

Cette comtesse fut, du reste, marraine du premier enfant des époux Pache-Valette.

(3) Sur une affaire, etc. — *Deuxième mémoire.*

jusqu'à son extrême vieillesse, un mot dans la conversation ramenait par hasard le souvenir de celle auprès de qui il avait passé ses seules années de vrai bonheur, une larme perlait dans ses yeux.

Pache arriva seul à Thin-le-Moutier. Deux ans après sa mère vint habiter avec lui. Elle mourut à ses côtés le 10 janvier 1819, âgée de 94 ans (1).

(1) *Extrait des registres de l'état civil de la commune de Thin-le-Moutier.*

L'an dix huit cent dix neuf, le dix du mois de janvier, par devant nous, Jean Nicolas Jeantils, maire, officier de l'état civil de la commune de Thin-le-Moutier, arrondissement de Mézières, département des Ardennes, sont comparus Jean-Baptiste Gillet, âgé de trente-cinq ans, premier témoin, et Jean-François Tanton, âgé de quarante-huit ans, tous deux domiciliés audit Thin, lesquels nous ont déclaré que cejourd'hui, à quatre heures du soir, Jeanne Lallement, âgée de quatre vingt quatorze ans, domiciliée audit Thin, proche voisine audit Gillet, veuve de Nicolas Pache, fille des feu Jean Lallement en son vivant domicilié à Verdun et de Marie Guincourt, son épouse, est décédée au domicile de Nicolas Pache, son fils, au dit Thin, près l'Eglise, et les déclarants ont signé avec nous le présent acte après lecture faite.

Signé : JEANTILS, GILLET, TANTON.

Extrait des registres de la paroisse de Thin-le-Moutier.

L'an de grâce 1819, le onze janvier, à une heure de relevée, je soussigné, desservant de la paroisse de Thin-le-Moutier, ai inhumé dans le cimetière de cette paroisse, avec les cérémonies et prières d'usage, le corps de Jeanne Lallement, veuve Pache, décédée en cette paroisse, le dix dudit mois, au domicile du sieur Nicolas Pache, son fils, à une heure de l'après-midi, à l'âge de quatre vingt quatorze ans. Etaient présents : le sieur Audouin, son petit-fils, et Jean-Baptiste Villaire son voisin, tous deux témoins domiciliés en cette paroisse.

Fait et rédigé au dit Thin-le-Moutier par moi desservant susdit, les jour, moi et an que dessus.　　　　Signé : BEURET.

De son mariage étaient issus deux enfants : une fille, Marie-Silvie, née à Paris, le 2 mars 1777 (1), et un fils, Jean, né également à Paris, le 21 mai 1779 (2).

Le 15 janvier 1793, Silvie Pache épousa François-Xavier Audouin, ex-premier vicaire de Saint-Thomas d'Aquin qui avait résilié ses fonctions et qui occupait

(1) *Extrait des registres de l'église royale et paroissiale de Saint-Germain l'Auxerrois.*

Le quatre mars, mil sept cent soixante et dix-sept, fut baptisée Marie-Silvie, fille de Jean-Nicolas Pache, bourgeois de Paris, et de Marie-Marguerite Valette, son épouse, demeurant Cour des Princes, aux Tuileries; le parrain messire Armand-Charles-Augustin de la Croix de Castries de Charlus, représenté par François Barthélémy, secrétaire de M. le marquis de Castries, la marraine dame Marie-Françoise-Ursule-Augustine Le Danois comtesse de la Marck, grande d'Espagne de la première classe, représentée par dame Marie-Elisabeth Chesneau, fille majeure. L'enfant est née d'avant-hier et ont signé à la minute.

(2) *Extrait du registre des actes de naissance de l'an 1779. Paroisse Saint-Roch.*

L'an mil sept cent soixante-dix-neuf, le vingt-deux mai, a été baptisé par moi, vicaire soussigné, Jean, né d'hier, fils de Jean-Nicolas Pache, bourgeois de Paris, et de Marie-Marguerite Valette, sa femme, de cette paroisse, rue Chabannais. Le parrain Jean Jaunot, avocat en Parlement à l'abbaye royale de Montmartre, la marraine, Jeanne Lallemand, femme de feu Nicolas Pache, rue Chabannais, de cette paroisse, qui ont signé avec le père.

PACHE, JAUNOT, LALLEMAND, THENAULT, vicaire.

alors l'emploi de secrétaire général de la guerre, Pache
étant ministre (1).

(1) *Extrait du registre des actes de mariage de l'an 1793.*

Du mardi quinze janvier mil sept cent quatre-vingt treize,
acte de mariage de François Audouin, secrétaire général de la
guerre, âgé de vingt-huit ans, né à Limoges, département de la
Haute-Vienne, domicilié à Paris, maison de la guerre, section du
Mont-Blanc, fils de Jean-Baptiste Audouin et d'Elizabeth d'Héral ;
et de Marie-Silvie Pache, âgée de seize ans, née à Paris, paroisse
Saint-Germain l'Auxerrois, domiciliée maison de la guerre,
susdite section, fille de Jean-Nicolas Pache, ministre de la guerre,
et de Marie-Marguerite Valette, elle défunte, lui présent et
consentant. Premier témoin, Antoine-Joseph Santerre, âgé de
quarante ans, maréchal de camp domicilié à Paris, grande rue
du Faubourg Saint-Antoine ; deuxième témoin, Nicolas Maurice,
capitaine de cavalerie, âgé de trente ans, domicilié à Paris, rue
des Filles Saint-Thomas, section de 1792, beau-frère de l'époux ;
troisième témoin, Jean-Baptiste Beamier, âgé de trente-huit ans,
maréchal de camp, domicilié à Paris, place Saint-Sulpice, section
du Luxembourg ; quatrième témoin, Jacques-René Hébert (*), âgé
de trente-cinq ans, substitut du procureur de la Commune, domicilié à Paris, rue Neuve de l'Egalité.

Les actes préliminaires sont extraits du registre des publications de mariage faites à la porte de la maison commune par le
citoyen Jacquotot, officier public, le six du présent mois, dont
extrait a été de suite affiché pendant huit jours tant à la porte
de ladite maison commune qu'à celle de la section des époux
suivant le certificat de Beffara, commissaire de police, l'acte de
naissance de l'époux en date du 18 avril 1765, et celui de l'épouse
en date du 4 mars 1777. Lesdits époux présents ont fait à haute

(*) La présence d'Hébert fut ici toute fortuite, il remplaça l'un des témoins
du marié qui manquait au dernier moment.

Xavier Audouin a, en quelque sorte, associé son œuvre politique à celle de Pache. Mon intention étant de faire plus tard, de sa biographie, l'objet d'une notice spéciale, je me bornerai ici à l'énumération de ses titres qui figurent sur sa pierre tombale dont les indications sont rapportées d'autre part. Je rappellerai toutefois quelques particularités de son existence pouvant se rattacher à la période de retraite de l'ancien Maire de Paris.

Audouin ne fit à Thin-le-Moutier que des apparitions peu fréquentes. Sous l'Empire il s'était tenu à l'écart, mais il passa complétement au royalisme sous la Restauration. Il ne reniait cependant aucun de ses actes de l'époque révolutionnaire. Resté fidèle à toutes ses amitiés, il avait particulièrement de l'affection et de la vénération pour son beau-père, affection et vénération qu'il entretenait comme un culte chez ses enfants.

Il n'eut jamais de réelle animosité contre personne, si ce n'est contre Camille Desmoulins, qui, dans le *Vieux Cordelier*, lui rendit bien la pareille. Cette animosité, qui datait de sa jeunesse, qu'il a conservée jusqu'à sa mort et sur le fond de laquelle il ne s'est jamais expliqué, a

voix la déclaration en ces termes: Moi, Audouin, déclare prendre en mariage Marie-Silvie Pache, et moi, Pache, déclare prendre François Audouin en mariage. Louis-François Verpy, officier public, a prononcé, en présence des témoins et des parties, qu'au nom de la loi elles sont unies en mariage, et a signé avec elles, les témoins, le père et l'aïeule de l'épouse et les frères de l'époux et de l'épouse.

HÉBERT, MEUNIER, F.-XAVIER AUDOUIN, J.-N. PACHE,
M.-SILVIE PACHE, MAURICE, VEUVE PACHE.

16

certainement été un obstacle à la réconciliation des dantonistes et de la commune de Paris, que Pache, ainsi
que je l'ai dit plus haut, essaya en vain de conclure et
dont le résultat eut été le salut des deux partis et celui
de la République.

Par contre, c'était avec une véritable indignation qu'il
repoussait l'accusation qu'on portait contre lui d'avoir
été pour quelque chose dans la mort d'André Chénier.
Il racontait que le père Chénier, craignant qu'il ne cher-
chât à se venger de l'injure que son fils lui avait adressée
dans l'ode à Charlotte Corday, vint lui rendre visite.
Xavier Audouin donna à ce vieillard le même conseil
que lui donnait Marie-Joseph : laisser oublier le prison-
nier. C'était alors la seule chance de salut. Mais le père
Chénier ne voulut rien entendre, il multiplia ses démar-
ches imprudentes qui amenèrent la mort de son enfant.

Marie-Silvie Pache mourut le 15 janvier 1820 (1). Elle
laissait deux garçons et deux filles :

(1) *Extrait des registres des actes de décès de l'an 1820. (10ᵉ mairie).*

Acte de décès du 15 janvier mil huit cent vingt à une heure et
demie après-midi. Ce jourd'hui à quatre heures du matin est
décédée, rue Jacob, n° 7, dame Marie-Silvie Pache, âgée de quarante-trois ans, mariée à M. François-Xavier Audouin avocat à
la cour royale de Paris. Constaté par moi Urbain-Firmin Piault,
maire du dixième arrondissement de Paris, chevalier de l'ordre
royal de Saint-Louis, officier de la Légion d'honneur, faisant les
fonctions de l'état civil. Sur la déclaration de MM. Nicolas-
Léonard-Xavier Audouin, demeurant rue et numéro susdits,
employé, âgé de vingt-quatre ans, fils de la défunte, et de Pierre-
Modeste Pierry, demeurant quai de l'Ecole, numéro 24, avocat,
âgé de soixante ans. Lesquels ont signé avec moi après lecture
faite de l'acte.

Signé : L.-X. AUDOUIN, PIERRY et PIAULT.

1º Nicolas-Léonard-Xavier, né à Paris, le 29 novembre 1795, décédé sans postérité, à Paris, le 10 novembre 1826 ;

2º Maurice-Ernest, né à Paris, le 30 avril 1802, décédé également sans postérité, à Paris, le 27 décembre 1847 ;

3º Alexandrine-Elisa-Sylvie, née à Paris, en 1804, décédée à Asnières, le 29 mai 1876 ;

4º Silvie-Félicie, née en 1807, et décédée à Thin, le 29 septembre 1821 (1).

(1) *Extrait des registres de l'état civil de la commune de Thin-le-Moutier.*

L'an 1821, le 29 septembre, par devant nous Jean-Nicolas Jeantils, maire, officier de l'état civil de la commune de Thin-le-Moutier, arrondissement de Mézières, département des Ardennes, sont comparus Jean-Baptiste Villière, cultivateur, et Jean-Baptiste Gillet, tous deux témoins majeurs et domiciliés audit Thin, lesquels nous ont déclaré que ce jourd'hui, à dix heures du matin, Silvie Félicie Audouin, leur voisine, âgée de quatorze ans, fille de François-Xavier Audouin, ancien juge à la cour de cassation, domicilié à Paris, et de feue Marie-Silvie Pache son épouse, est décédée au domicile de M. Jean-Nicolas Pache audit Thin, près l'église, et les déclarants ont signé avec nous le présent acte après qu'il leur en a été fait lecture.

Signé : JEANTILS, VILLIÈRE, GILLET.

Extrait des registres de la paroisse de Thin-le-Moutier.

L'an de grâce 1821, le trente septembre, à quatre heures de relevée, je soussigné desservant de la paroisse de Thin-le-Moutier, ai inhumé dans le cimetière de cette paroisse, avec les cérémonies et prières prescrites, le corps de Félicie Audouin, décédée en cette paroisse, au domicile du sieur Pache, son aïeul, le 29 du même mois, à midi, à l'âge de quinze ans. Etaient présents à son inhumation ledit Pache et Jean-Baptiste Villière de cette paroisse.

Fait audit Thin-le-Moutier, les jour, mois et an susdits.

La signature du desservant manque.

A l'exception d'Alexandrine-Elisa qui ne vint à Thin-le-Moutier qu'à de rares intervalles, leur enfance à tous s'est écoulée en partie auprès de leur grand-père.

François-Xavier Audouin, sa femme et leurs trois premiers enfants reposent au cimetière du Père-Lachaise, à Paris, dans des caveaux de famille.

L'un, le plus important, est situé derrière la chapelle, dans la 55e division. C'est dans la première allée parallèle au *chemin du puisard*, le huitième monument en partant de la gauche. L'autre, qui ne renferme que le corps d'Alexandrine-Elisa-Sylvie, est dans la 9e division, près du *chemin de l'ancienne porte*.

Voici, dans l'ordre chronologique, les inscriptions que l'on y trouve :

FRANÇOIS-XAVIER AUDOUIN

AVOCAT A LA COUR ROYALE DE PARIS

ANCIEN SECRÉTAIRE GÉNÉRAL DU MINISTÈRE DE LA GUERRE

COMMISSAIRE ORDONNATEUR DES GUERRES ET CONSEILLER A LA COUR

DE CASSATION.

NÉ A LIMOGES, LE 18 AVRIL 1765

DÉCÉDÉ A PARIS, LE 23 JUILLET 1837.

MARIE-SILVIE AUDOUIN

SON ÉPOUSE

FILLE DE M. PACHE

ANCIEN MINISTRE DE LA GUERRE

ET DE Mme SILVIE VALETTE

NÉE A PARIS, LE 4 MARS 1777 (1)

DÉCÉDÉE A PARIS, LE 15 JANVIER 1820.

(1) D'après l'acte de baptême elle serait née le 2 mars et non le 4.

Léonard AUDOUIN

Chef de bureau des lits militaires au département de la Guerre
Né a Paris, le 29 novembre 1795
Décédé a Paris, le 10 novembre 1826.

Maurice AUDOUIN

Employé des Contributions Indirectes
Membre des Sociétés d'Agriculture et de Statistique de Paris,
Marseille, Limoges, Mézières, etc.
Né a Paris, le 30 avril 1802.
Décédé a Paris, le 27 décembre 1847.

Elisa-Sylvie AUDOUIN

Morte le 29 mai 1876, a Asnières, a l'age de 72 ans.

Le 28 octobre 1825, Mlle Elisa-Sylvie Audouin se mariait avec M. Gabriel Echaupre, Administrateur de la Caisse d'épargne de Versailles.

Ils eurent une fille et deux fils :

1° Marie, mariée à Gustave Marie ;

2° Maurice-Gabriel, étudiant en médecine, né à Paris, le 19 juin 1833, mort à Paris, le 17 mars 1858, des suites d'une piqûre anatomique ;

3° Philippe, mort à Shang-Haï, pendant la campagne de Chine, le 27 décembre 1860, à l'âge de 33 ans.

Ce dernier avait deux fils, l'aîné, M. Gabriel-Joseph-Eugène Echaupre, demeurant actuellement à Paris, se trouve ainsi être aujourd'hui le chef de la famille Nicolas Pache, le fils de celui-ci étant mort sans descendance.

Le deuxième fils de Xavier Audouin, Maurice-Ernest,

fut quelque peu célèbre en son temps. Il s'est occupé beaucoup d'agronomie. Décoré de la médaille d'or du mérite civil de Prusse, il eut, un des premiers, l'idée des fermes modèles, et, à ce sujet, il publia une sorte de projet dont l'Institut s'occupa vers 1830.

Sous le nom d'Audouin de Géronval, ou simplement E.-A. de Géronval (1), il a fait paraître quelques ouvrages traitant surtout de science agricole, ainsi qu'un certain nombre d'écrits littéraires ou historiques.

La liste en serait assez longue. Je relate les principaux :

Mémoire sur l'Histoire naturelle et l'Économie rurale.

Manuel de l'Imprimeur ou Traité de Typographie.

Histoire de la Corse.

Relation du siège de Mézières.

La Flore des Ardennes.

Mémoires sur les Jachères (présentés au Roi).

Les Espérances d'un Français au berceau de Monseigneur le duc de Bordeaux (présentées au Roi).

Le Soldat vendéen (mimodrame).

Nouvelles Morales (1 vol. avec figures).

Lettres sur la Champagne (dédiées à Mme la Comtesse de Genlis).

Ces cinq derniers volumes ont été édités à Paris, chez M. Mondor, rue Meslée, n° 52, au bureau des *Annales françaises, des arts, des sciences et des lettres.* Celui intitulé

____

(1) Du moulin de ce nom, écart de Thin-le-Moutier.

Lettres sur la Champagne renferme quelques poésies, écho lointain de celles de Baour-Lormian ou d'Ecouchard-Lebrun.

Audouin de Géronval a également collaboré à la *Quotidienne* avec Lamennais. Ses attaques y sont particulièrement violentes contre tout ce qui tenait de près ou de loin au régime impérial. Après la Restauration, il renonça à la politique ; il fit partie du *Caveau* et il composa des chansons.

Il est inutile de dire que toutes ces publications sont aujourd'hui complètement oubliées.

Le fils de Pache embrassa le métier des armes. Dès l'âge de 14 ans il était enrôlé à la Compagnie des artilleurs volontaires de Paris.

Retraité comme colonel en 1833, il est mort célibataire le 23 avril 1843 (1). Il avait été créé baron en 1813.

(1) *Extrait du registre des actes de décès de l'an 1843. (10ᵉ mairie).*

Acte de décès du 23 avril mil huit cent quarante-trois, à dix heures du matin.

Ce jourd'hui à deux heures du matin, est décédé en son domicile, rue Las Cases, 16, Jean, baron Pache, âgé de soixante-trois ans, né à Paris, colonel d'artillerie en retraite, commandeur de la Légion d'honneur, fils de Jean-Nicolas Pache, ancien ministre de la guerre et de.....

Constaté par nous Achille-Nicolas-René Tourin, adjoint au maire du dixième arrondissement de Paris, chevalier de la Légion d'honneur, faisant les fonctions d'officier de l'état civil.

Sur la déclaration de Adolphe Grétry, employé, demeurant rue du Four, âgé de trente-sept ans, et de Jules Dubuisson, employé, demeurant rue des Saints-Pères, âgé de 27 ans, lesquels ont signé avec nous, après lecture à eux faite de l'acte.

Signé : Ad. GRÉTRY, DUBUISSON et TOURIN.

Voici la liste de ses états de service (1) :

Enrôlé volontaire à la compagnie d'artillerie de Paris, le 1er juillet 1793.

A quitté le 28 novembre 1794.

Elève à l'Ecole Polytechnique, le 27 décembre 1798.

Elève sous-lieutenant à l'Ecole de Châlons, le 22 novembre 1800.

Lieutenant en deuxième au 2e régiment d'artillerie à pied, le 23 septembre 1801.

Passé à l'Ecole d'artillerie de Châlons, le 8 octobre 1801.

Rentré au 2e régiment d'artillerie à pied, le 12 juillet 1802.

Lieutenant en premier au 1er régiment d'artillerie à cheval, le 11 juillet 1806.

Aide de camp du général Ruty, le 31 janvier 1807.

Capitaine en deuxième au 5e régiment d'artillerie à cheval, le 2 février 1808.

Employé à la manufacture d'armes de Klingenthal, le 2 octobre 1809.

Employé à la manufacture d'armes de Charleville, le 21 juin 1810.

Employé à la manufacture d'armes de Klingenthal, le 28 mars 1811.

Attaché au Comité de l'artillerie, le 8 août 1811.

Capitaine en premier le 5 octobre 1811.

Chef d'escadron à l'état-major de l'artillerie, le 13 février 1813.

Chef de bataillon dans l'artillerie de la garde impériale, le 14 mai 1813.

Major-lieutenant-colonel, le 21 juin 1814.

Attaché au Comité de l'artillerie, le 1er juin 1816.

Colonel, le 23 janvier 1822.

Employé au dépôt central de l'artillerie, le 16 mars 1822.

Colonel du 3e régiment d'artillerie, le 11 août 1830.

Mis en solde de congé, le 10 juin 1831.

Retraité pour ancienneté du service, par ordonnance du 7 avril 1833.

(1) Archives administratives du Ministère de la Guerre.

CAMPAGNES

1793-1794	Vendée.
1805-1806	Italie.
1807	Grande armée.
1809	Armée du Nord.
1811	Allemagne.
1812	Russie.
1813	Saxe.
1814 et 1815	France.

DÉCORATIONS

Légion d'honneur, le 3 mars 1807.
Officier, le 11 octobre 1812.
Commandeur, le 3 novembre 1827.
Chevalier de Saint Louis, le 1er novembre 1814.

TITRE

Nommé baron, le 6 novembre 1813.

Dès la première Restauration, il se rangea du côté de Louis XVIII. Après 1815 il devint un royaliste assez fougueux, à tel point qu'il avait presque honte du nom de son père en raison des souvenirs révolutionnaires que ce nom évoquait.

Il fréquentait beaucoup chez le comte de Broyes qui habitait le château de Jandun, près de Thin-le-Moutier, et à chaque voyage qu'il faisait dans le pays il descendait chez celui-ci. Aux jours de réunions il se faisait toujours annoncer aux invités sous le titre de colonel baron Jean. On ne le connaissait, du reste, que sous cette dénomination et il évitait de se faire appeler baron Pache.

VII

Fortune de Pache.

———

I

Dans la biographie Michaud, si consultée autrefois et rédigée avec une insigne mauvaise foi, on lit que « Pache « se retira à Thin-le-Moutier dans l'abbaye qu'il avait « achetée au temps de sa splendeur et dont il avait fait « un beau domaine ». La vérité est qu'il fit l'acquisition de cette propriété, le 7 août 1791, au district de Charleville (1), alors qu'il n'avait aucune situation officielle. Dans l'acte de vente (2), on le désigne comme simple

(1) *Extrait du tableau des ventes de Domaines nationaux effectuées dans le département des Ardennes en exécution des Lois antérieures à celle du 28 ventôse de l'an IV.* (Archives départementales des Ardennes).

BIENS NATIONAUX DE PREMIÈRE ORIGINE

No de vente	Date des procès-verbaux de vente	Désignation des objets aliénés et de la commune où ils sont situés.	Indication de l'ancien établissement ou de l'ancien propriétaire.	Nom de l'adjudicataire ou de son command.	Montant de l'adjudication.	Somme payée.
100	18 fév. 1791	Les terres, prés et bâtiments seulement de la grosse ferme de Thin-le-Moutier.	Le Séminaire de Reims.	Louis Henry Le Roy, homme de loi à Mézières.	100.200 Cet objet a été revendu à la folle enchère sous le No 250.	24.600
259	7 août 1791	La ferme de Thin-le-Moutier a été revendue à la folle enchère du citoyen Le Roy sous le n° 100.	Séminaire de Reims.	Pache, citoyen de Paris.	75.600	75.600

(2) Archives départementales des Ardennes.

« citoyen de Paris, y demeurant, rue Tournon, faubourg
« Saint-Germain, n° 12, et ancien premier Secrétaire de
« la Marine, » emploi qu'il avait exercé plusieurs années
avant la Révolution, sous le ministère de Castries, et
dont il s'était démis en 1784.

Cette abbaye de Thin (1), avec ses dépendances, terres
et prés, appartenait au séminaire de Reims et était ven-
due comme bien national. Passée une première fois, le
18 février 1791, aux mains d'un sieur Leroy, avoué à
Mézières, moyennant la somme de 100,200 livres, cet
acquéreur n'ayant pu effectuer le premier versement,
elle fut revendue à folle enchère et définitivement
adjugée à Pache au prix de 75,600 livres payé comptant.
Cette somme constituait à peu près toute sa fortune.
Elle était le produit de l'aliénation de ses propres biens
et de ceux qu'il possédait du chef de sa femme, opération

(1) L'Abbaye ou plutôt le prieuré de Thin-le-Moutier avait été fondé en 959,
sous l'invocation de Saint Quentin.

En 972, une bulle du Pape Jean XIII attestait et confirmait cette fondation
faite par « noble homme Etienne et son épouse Trewinde ».

Saint Gérard de Brogne y envoya huit religieux conduits par Léotald ou
Lieutaud pour réformer la maison qui fut dès lors placée sous le vocable de
Sainte Berlande dont les reliques avaient été transportées de Merbec à Thin
par un moine de Toul. Douze ans après, le même Léotald, à la demande de
l'Archevêque de Reims, Adalbéron, repartait accompagné de six religieux, et
avec eux les reliques de Sainte Berlande, pour aller fonder à Mouzon une
abbaye bénédictine. Adalbéron leur avait assuré la possession du prieuré de
Thin qui, depuis cette époque, dépendit de Mouzon. (*Les abbés de Mouzon
portaient le titre de seigneurs de Thin et plusieurs d'entre eux furent choisis
dans ce prieuré*).

La décadence commença quand le monastère tomba en commende.

En 1570, le village, l'église et le prieuré furent en partie brûlés, pillés et
dévastés par les protestants; aucun moine ne revint l'habiter après ce désastre,
et en 1684, l'Archevêque de Reims, Letellier, le réunit au Séminaire diocésain.

qu'il avait effectuée avant de se rendre en Suisse où il vivait retiré antérieurement à 1789.

Je ne m'attarderai pas à rappeler ici les contes absurdes débités par les collectionneurs de cancans ou auteurs de mémoires écrits sous l'empire de la haine, et concernant la probité de Pache. On a, sous ce rapport, épuisé contre lui à peu près toute la série des accusations. Pache fut un révolutionnaire aussi convaincu que désintéressé. Le désir des grandeurs ne l'a jamais hanté ; tel il est entré dans les fonctions publiques, tel il en est sorti, et c'est avec fierté qu'à tous points de vue il a pu dire : « Je marche avec une écharpe sans tache. »

« Je ne suis ni orateur, ni écrivain, ni riche, ni intri-« gant, écrit-il (1), si j'eusse voulu des places, je pour-« rais peut-être aujourd'hui figurer avec Dumouriez et « quelques autres sur la liste active des ministres d'un « roi ; si j'eusse voulu de l'argent, j'eusse pu passer, « comme quelques autres, des marchés à mes alliés ou à « ceux de mon domestique ; et, dans une sincère appré-« ciation de moi-même, sans être indifférent sur mon « renom, je n'ai pas été tourmenté de la folie de la « gloire. »

Avant de prendre une part active aux événements révolutionnaires, il avait déjà renoncé à une pension qui lui était servie en raison des fonctions désignées ci-dessus qu'il avait remplies avec un talent hors de pair au Ministère de la Marine.

---

(1) Sur une affaire pendante à la troisième section du Tribunal civil de la Seine. — *Deuxième Mémoire.*

Plus tard, dans un manifeste qu'il publia étant Maire (1),
il passe rapidement en revue sa carrière depuis 92 :

« Les ministres prétendus patriotes (2) avaient voulu
« me faire directeur général de l'Intérieur, j'ai refusé ;
« secrétaire du Conseil d'Etat, j'ai refusé ; directeur
« général de la Guerre, j'ai refusé, et, depuis le 10 août,
« administrateur général du Garde-Meuble, j'ai refusé.

« Le 11 août, des voix nombreuses m'appelaient au
« Ministère de la marine ; je les ai reversées sur un
« homme qui en était plus digne (3).

« On venait de pendre à Toulon les commandant,
« intendant et des administrateurs ; personne ne voulait
« aller dans cette cité, le nouveau Ministre de la marine
« m'a engagé à m'y rendre, et je n'ai accepté que parce
« que c'était une commission momentanée.

« C'est durant cette absence que l'on m'a nommé au
« Ministère de la guerre. A deux cents lieues de Paris,
« n'ayant point de nouvelles, ne sachant autre chose
« que la présence de l'ennemi sur le territoire français,
« et supposant qu'on me nommait parce qu'on n'en trou-
« vait pas d'autre, j'ai cru ne pouvoir refuser ce poste
« périlleux.

« Les ennemis de la République, les amis de Dumou-
« riez m'ont attaqué d'autant plus vivement qu'ils ne
« pouvaient attendre de moi que la destruction de leurs

---

(1) PACHE à ses concitoyens. — *De l'imp. de C. F. Patris, imprimeur de la
Commune.*

(2) Roland et autres.

(3) Monge.

« projets liberticides et le maintien de la République;
« ils m'ont harcelé et m'ont fait remplacer.

«" Vous paraissiez mécontents des principes politiques
« d'un Maire (1); il avait donné sa démission; vous
« m'avez nommé à la mairie, je n'ai accepté que par
« respect pour la volonté populaire. »

Ce qu'il néglige de déclarer, c'est que, pendant plusieurs mois, il avait aidé Roland à l'Intérieur et Servan
à la Guerre à réorganiser leurs ministères, et, cela, sans
titre ni rétribution d'aucune sorte ; du reste, par la suite,
peu soucieux de ses appointements de Ministre ou de
Maire, il se trouvait presque payé de ses peines par la
satisfaction du devoir accompli.

Un pareil désintéressement ne pouvait manquer d'é-
veiller des soupçons chez des esprits moins bien trem-
pés et incapables de dévouements sans profits; on l'a
taxé d'hypocrisie! Certains ont même insinué que derrière cette abnégation, il cachait des projets perfides!

II

J'ai dit que Pache ne possédait d'autre fortune que
sa ferme de Thin. Ne pouvant l'exploiter lui-même,
pour en tirer parti, son premier soin fut de la donner en
location.

En 1804 (an XII), d'après deux baux passés devant

(1) Chambon.

Me Mahin, notaire à Launois (1), le 20 ventôse (11 mars) et enregistrés à Jandun, le 4 germinal suivant, le domaine était affermé de cette façon :

Moitié à Jean-Nicolas Certelet et sa femme et à Jean-Baptiste Garot et sa femme, pour ....Fr.   1.700   »

L'autre moitié à Jean-Baptiste Villière et sa femme, pour.................................   1.700   »

Soit, en total........................Fr.   3.400   »
contributions en plus.

Les bâtiments étaient à l'usage des locataires, Pache s'était seulement réservé le corps de logis appelé « La Recette. »

Avec ces modestes ressources, obligé de subvenir à de lourdes charges de famille, l'ancien Ministre de la guerre ne vivait pas dans une large aisance. On dit encore à Thin qu'il faisait soigneusement ramasser les miettes de pain après les repas, forcé de ne rien laisser perdre.

Il ne put jamais s'agrandir par de nouvelles acquisitions. La seule modification qu'il apporta à sa propriété résulte d'un échange de terrains consenti, sans soulte ni retour de part et d'autre, entre lui et un sieur Nicolas Gouge et son épouse Louise-Françoise Lassaux, suivant acte passé devant Me Grenier, notaire à Signy-le-Grand, le 1er mars 1809 (2).

Le 9 juillet 1818, suivant acte dressé par Me Mahin,

(1) Ces actes, ainsi que ceux du 9 juillet 1818 et du 1er novembre 1819, sont déposés en l'étude de Me Dumay, notaire à Launois.

(2) Je dois la communication de cette pièce à Me Bourdeau, notaire à Signy-l'Abbaye.

Pavillon de l'Ancien Prieuré.

(Reste des Batiments de la Ferme de Pache, a Thin-le-Moutier)

notaire à la résidence de Launois, il vendit même à Jean-François Tanton, propriétaire à Warcq, moyennant la somme de 20,000 francs, dont 13,000 francs payés comptant et 7,000 exigibles le 18 mai 1819, le quart (excepté maison, bâtiments, jardins et chenevière), loué à Jean-Nicolas Certelet. Cette somme de 20,000 francs fut déboursée pour le compte de Xavier Audouin, « avocat à la cour royale de Paris, rue Jacob, n° 7, faubourg Saint-Germain », et employée au remboursement de dettes contractées par celui-ci.

Enfin, par un autre acte, reçu par le même notaire Mahin, le 1er novembre 1819, Pache fit donation entre vifs à sa fille et à son fils de tout ce qui lui restait, c'est-à-dire de la somme de 20,000 francs, montant de l'avance ci-dessus et de tous ses biens immeubles, avec réserve d'usufruit à son profit. Lesdits immeubles évalués en capital à 72,000 francs et d'un revenu de 3,600 francs.

De ces deux derniers actes, il résulterait que la fortune foncière de Pache aurait été de 20,000 francs, prix de la première vente, et de 72,000 francs, valeur en capital des immeubles donnés à ses enfants, ensemble 92,000 francs.

On pourrait prétendre que si l'opulence de Pache ne s'accusait pas dans ses terres, elle devait tout au moins ressortir de son mobilier, et comme il est même plus facile de dissimuler ce genre de richesses qu'une propriété au soleil, en homme d'esprit et pour satisfaire ses goûts artistiques, il dut s'entourer discrètement d'un certain faste. Je dois avouer que l'examen de son ameublement m'a rendu quelque peu perplexe ; par moments même, à certains objets, j'ai cru reconnaître, sous le farouche républicain, un émule de Verrès. Sa maison était toute garnie d'un attirail de grande valeur ; en 1822, sentant la mort approcher, il se dessaisit de ses trésors en faveur de son petit fils Nicolas-Léonard-Xavier Audouin, employé dans le service des lits militaires, demeurant à Paris, rue du Coq-Saint-Honoré, n° 11, auquel il voulait « donner des preuves de l'amitié qu'il « avait toujours eue pour lui. » Il lui fit un cadeau vraiment royal, ainsi qu'il résulte d'un acte de donation, passé le 22 juin de l'année précitée, par devant M⁰ Grenier, notaire à Signy-l'Abbaye (1).

Mon rôle d'historien scrupuleux et impartial, m'oblige à rapporter ici la liste des choses luxueuses énoncées dans cet acte :

1° Un lit composé d'une couchette, une paillasse, deux matelas, un traversin, une couverture de coton, estimé quarante francs..................................... 40 »

2° Une commode de buffet à deux portes avec son dessus en marbre estimée quinze francs.............. 15 »

3° Une bibliothèque composée de trois cent quarante-sept volumes reliés et cartonnés, et de deux cents volumes brochés, estimée cent francs attendu que la plupart de ces volumes sont dépareillés et en très mauvais état... 100 »

4° Une glace avec son cadre estimée six francs...... 6 »

A *reporter*................ 161 »

(1) Cette pièce est actuellement déposée en l'étude de M⁰ Bourdeau, à Signy-l'Abbaye.

Report.................. 161 »

5° Douze chaises et un baldaquin avec ses pentes, estimés six francs.................................. 6 »

6° Trois petits tableaux estimés un franc........... 1 »

7° Deux petites tables estimées deux francs......... 2 »

8° Un piano en mauvais état estimé quarante francs. 40 »

9° Un lit de sangles, un matelas, un oreiller et une couverture de laine, estimés vingt francs.............. 20 »

10° Une armoire à deux battants en bois de chêne esti-mée vingt francs.................................... 20 »

11° Un lit composé d'une couchette, une paillasse, un matelas, une couverture, deux traversins et un oreiller, avec un édredon et un baldaquin, le tout en mauvais état, estimé vingt francs.............................. 20 »

12° Une petite commode avec dessus en marbre, esti-mée douze francs.................................... • 12 »

13° Un lit composé d'une couchette, une paillasse, un matelas, un traversin, un oreiller, une couverture de coton, estimé vingt francs............................ 20 »

14° Une selle anglaise, une selle française, un collier, une sellette avec les traits et les étriers, estimés quinze francs.. 15 »

15° Deux lits de sangles, estimés trois francs .... 3 »

16° Un vieux matelas et une vieille couverture de laine estimés dix francs.................................... 10 »

17° Une petite carriole estimée quinze francs .... 15 »

18° Cent bouteilles de verre estimées dix francs...... 10 »

19° Deux paires de chenêts, deux pincettes et une pelle à feu, deux crémaillères, trois marmites, un chaudron, une cuisinière, une poêle à frire, un arrosoir de cuisine, un arrosoir de jardin, une bêche, deux paires de mou-chettes, deux paires de petits chandeliers, une lampe de salon, une lampe de cuisine tous ces objets en mau-vais état, estimés ensemble vingt francs.............. 20 »

20° Deux soupières, quatre plats, trois douzaines d'as-

A reporter.................... 375 »

Report................. 375 »

siettes, cinq déjeuners, deux sucriers, deux tasses, six
tasses à café, quatre pots à l'eau, le tout en faïence et
terre de pipe, deux seaux, un poële en faïence avec
ses tuyaux en tôle, deux petits ménagers, une maie
sans pied, le tout estimé ensemble vingt francs........ 20 »

    21º Cinq cuillers, six fourchettes, une cuiller à ragoût
le tout d'argent, sans filets, estimés cent francs....... 100 »

    22º Dix paires de draps, huit nappes, deux douzaines
de serviettes, une douzaine de tabliers de cuisine, une
douzaine de toiles d'oreillers, six essuie-mains, le tout
estimé quatre-vingts francs............................ 80 »

Total : cinq cent soixante-quinze francs (1)........ 575 »

Si le sujet ne prêtait pas plus à pleurer qu'à rire, j'établirais volontiers une comparaison entre cette nomenclature et celle du butin enlevé par les Grecs au sac de Troie, que Scarron a si magistralement dressée au deuxième livre de son *Virgile travesti;* entre les deux descriptions, la palme du burlesque serait peut-être difficile à attribuer.

Les dispositions prises par Pache de son vivant à l'égard de ses enfants simplifièrent singulièrement les affaires après sa mort : il ne fut fait aucune déclaration de suc-

(1) Il est probable qu'en dehors des pièces mentionnées dans cette liste, quelques raretés précieuses ont été réservées. C'est ainsi que Mlle Stévenin, à la mort de Pache, reçut des héritiers, à titre de souvenir, deux assiettes en faïence décorée valant bien à l'époque chacune cinquante centimes. J'en possède une, l'autre appartient à M. Gabriel Echaupre. (L. P).

La « Cour Pache » à Thin-le-Moutier.

cession. La table des décès au bureau de l'Enregistrement de Signy-l'Abbaye ne mentionne que son nom, et dans la colonne d'observation une note indique que le défunt ne possédait plus rien.

Les enfants de Pache ont aliéné tous les biens venant de leur père.

Suivant acte reçu par Me Bouillard, notaire à Attigny, le 23 juillet 1825, Mme Audouin se dessaisit de son lot en faveur de Jean-François Tanton, de Warcq, Pierre-Nicolas Lassaux, de Poix ; quant à son frère, d'après l'attribution qui lui avait été faite en vertu de l'acte de donation du 1er novembre 1819 et selon son inscription à la matrice cadastrale qui remonte à 1827, il possédait, outre les bâtiments d'exploitation, 80 h. 09 de terres, bois et prés. Il en vendit 9 h. 20 environ à divers, aux termes d'actes reçus par Me Grenier et Me Baudet, notaires à Signy-l'Abbaye, vers 1839, et, par acte dressé par Me Dupont et son collègue, notaires à Paris, le 1er juillet 1840, il céda le reste à MM. Jean-Baptiste-Prosper Dureteste, avocat à Charleville, Pierre-Urbain Sigas à Thin ; Pierre-Nicolas Lassaux à Poix, et Remy Migeon à Thin.

La maison qu'habitait Pache a été démolie en 1842 et sur son emplacement a été construite une école de filles ; des bâtiments de ferme, il ne reste plus qu'un pavillon situé à l'entrée d'une sorte d'impasse au nord-ouest de l'église ; cette impasse porte encore le nom de « Cour Pache ».

ÉTUDE

SUR

L'INTRODUCTION A LA PHILOSOPHIE

DE

PACHE

Par J. LEBLOND

Agrégé de Philosophie

Professeur au Lycée de Charleville.

ÉTUDE

SUR

L'INTRODUCTION A LA PHILOSOPHIE

DE

PACHE

Pache est l'auteur d'un travail philosophique de longue haleine qui a été publié après sa mort sous le titre modeste et un peu impropre de : *Introduction à la Philosophie*. Le titre est impropre en ce que l'ouvage ne se compose point, comme on pourrait le croire, d'une sorte de préface destinée à préparer l'exposé ultérieur d'un système ou d'une question ; il contient réellement l'étude d'un problème déterminé, et non des moindres, de la métaphysique : celui de la constitution de la matière et de sa divisibilité.

Pour avoir l'intelligence complète du livre de Pache, il faut que le lecteur se fasse préalablement une idée juste de la question qui y est traitée, et de l'état des esprits sur ce point à la fin du XVIIIᵉ siècle. L'analyse qui va être faite de l'ouvrage sera donc utilement précédée d'un rapide exposé du problème et des principales solutions qui ont pu en être proposées au cours de l'histoire de la philosophie. Celle de Pache se présentera ainsi à sa vraie place dans les conditions indispensables pour être bien comprise et équitablement jugée.

I

Qu'est-ce que l'Etre ? De quelle étoffe sont faites les choses qui nous entourent et forment ce que nous appelons le monde ? De quoi sommes-nous composés nous-mêmes ? Voilà le problème capital de la métaphysique.

Il y a longtemps qu'on s'est aperçu que, pour la solution de cette question, il ne faut pas s'en rapporter aux sens. Les sens ne nous donnent qu'une image faussée de la réalité. Cette vérité fondamentale, aujourd'hui établie, s'est dégagée peu à peu des recherches convergentes de la science et de la philosophie. Résumons ces recherches en quelques mots.

D'abord les philosophes ont constaté que nos sens sont des pouvoirs de notre esprit ; en somme, des propriétés de l'être connaissant que chacun appelle : *moi*. Posséder le sens du goût, c'est avoir la possibilité, lorsque certains corps sont dissous dans notre salive, d'éprouver un état interne, absolument incomparable à aucun autre, et qui se traduit par les mots : Je sens du salé, du sucré, de l'amer, etc. Posséder le sens de la vue, c'est avoir la possibilité, lorsque nos yeux sont ouverts en présence de certains corps dans un état particulier, d'éprouver un autre état interne, également spécial et irréductible, qui se traduit par les mots : je vois clair, je vois du bleu, du vert, etc. Nous avons cinq pouvoirs de cette sorte : goût, odorat, ouïe, vue et toucher ; nous les nommons nos cinq sens. Il est évident que nous pourrions en avoir six, sept, ou plus. Si nous en avions d'autres, certains états des corps qui nous entourent nous seraient directement accessibles, alors que, armés de nos cinq sens seulement, ou nous les ignorons, ou nous ne les connaissons qu'indirectement, et par leurs effets sur d'autres corps : tels sont, par exemple, les états dits magnétiques (barreau aimanté, courants magnétiques du globe, etc.) Nous ne pouvons donc avoir la prétention de connaître, à l'aide de nos cinq sens, le monde tel qu'il est. Nous n'en connaissons qu'une partie, celle-là seule qui peut entrer en relation avec nous. Si l'humanité n'était composée que d'aveugles, la propriété des choses appelée couleur n'existerait pas pour elle.

Il y a plus : celles des propriétés des corps qui sont accessibles à nos sens sont-elles bien *en nous* telles qu'elles sont dans les corps ? Existent-elles même dans les corps ? Plongez vos deux mains inégalement chaudes dans un seau d'eau : l'eau sera froide pour celle de vos mains qui est chaude et tiède pour l'autre. Le même rayon émané du soleil est perçu comme lumineux par vos yeux et comme chaud par votre peau. Les sens ne seraient-ils pas les modes de réaction d'un être conscient contre des actions extérieures ? A ce compte, lorsque j'éprouve une sensation, ce serait de ma propre réaction, c'est-à-dire de moi-même, que j'aurais conscience, et non du dehors, où d'ailleurs *je ne suis pas.* Quoi que je fasse, je ne puis sortir de moi ; je ne connais point les choses, mais les impressions qu'elles font sur moi, impressions dans lesquelles il y a nécessairement un élément qui vient de moi.

La science vient ici confirmer les inductions de la philosophie. Hors de nous, disent les savants, il n'y a que des mouvements ; ces mouvements diffèrent entre eux en vitesse, en direction ; leurs trajectoires sont des courbes de divers ordres, mais ce sont toujours des mouvements, des vibrations. Ces mouvements affectent en nous certains appareils tels que l'œil, l'oreille, dont la partie essentielle est formée de l'épanouissement terminal de nerfs spéciaux : le nerf optique, le nerf acoustique, etc. Selon que tel ou tel nerf est ébranlé, le même mouvement est interprété par la conscience soit comme lumière, soit comme chaleur, etc. Ainsi nos sens ne nous donnent point une image exacte, une photographie, si l'on peut dire, des choses extérieures, mais seulement une traduction et un symbolisme.

Dès lors on comprend le sens de la question posée plus haut : Que sont les choses en elles-mêmes ? Nous ne saisissons pas les choses directement, d'intuition. Ce n'est qu'au raisonnement que nous pouvons demander de nous renseigner sur leur nature.

Le monde extérieur nous apparaît comme une collection de formes, de couleurs, de sons, d'odeurs, de saveurs. Tout cela, ce sont nos sensations, et ces sensations, avons-nous dit, sont déterminées par les mouvements d'une réalité directement inaccessible.

Cette réalité, le vulgaire et les philosophes l'ont nommée : *matière*.

Arrêtons-nous ici pour faire une remarque importante : cette matière, encore un coup, nous ne la connaissons pas directement, cela résulte de tout ce qui vient d'être dit ; nous pensons simplement qu'elle doit exister, parce que nous en éprouvons les effets, qui sont précisément les sensations. Or, quand on tient un effet, on tient la cause, alors même qu'elle ne serait pas directement perceptible ; on est fondé à affirmer qu'elle existe. Appliqué à la question qui nous occupe, ce raisonnement n'est pas tout à fait irréprochable ; il a été contesté par de très grands philosophes, qui ont nié l'existence de la matière, et que l'on nomme idéalistes. Mais l'auteur de l'*Introduction à la Philosophie* semble ignorer leur existence et leurs doctrines. Pour lui la question de l'existence de la matière ne se pose même pas : la matière existe, c'est un postulat, dont l'évidence, à tort ou à raison, est pour lui telle qu'il n'a même point l'idée qu'on la puisse révoquer en doute et en faire l'objet d'un problème de métaphysique.

Cela posé, et partant du postulat de l'existence d'une matière indépendante de nos sensations et cause de ces sensations, on se demande naturellement ce qu'est cette matière, et quelles en sont les propriétés. Tout d'abord, répond-on, elle est étendue. Il semble bien que l'étendue soit la propriété essentielle de la matière. En effet, pour la philosophie comme pour la science, la matière est, par définition, la chose mobile, le principe de ces mouvements multiples dont il a été parlé plus haut et qui, recueillis par nos organes et donnant lieu en nous aux diverses sensations, sont ensuite interprétés par nous comme lumière, chaleur, son, etc. Or, qui dit mouvement dit étendue, le mouvement ne se concevant que dans l'espace. La matière est donc essentiellement étendue.

Or, dès qu'on a posé cette propriété fondamentale, on voit surgir aussitôt le problème dont la solution a partagé de tous temps les penseurs, savants ou philosophes, qui se sont occupés de la matière. C'est ce problème qui fait l'objet de la partie la plus importante du livre de Pache ; il importe donc de le poser clairement. Le voici : La matière étendue est-elle divisible à l'infini ? La question se comprend mieux par l'étude des réponses qui y ont été faites. Il y en a deux.

La première réponse peut se formuler en ces termes : Lorsque j'entreprends de diviser un morceau d'une matière quelconque, soit un morceau de bois, et que je le coupe ou le brise en deux, chaque fragment en deux, et ainsi de suite, je ne puis pas prolonger à l'infini cette division. Je ne le puis pas *physiquement*, cela est de toute évidence, puisque je ne tarderai pas à me trouver en présence de fragments si petits que l'objet dont je me servirai pour les diviser sera plus gros, plus épais qu'eux. Mais je ne puis pas davantage *penser* que la division se prolonge sans terme ; je ne puis pas concevoir qu'un être, même muni d'instruments parfaits, même tout-puissant, soit en état de diviser toujours, sans fin, des fragments de plus en plus petits de matière ; il y a là une série d'impossibilités logiques que les philosophes se sont plu à mettre en relief, notamment celle-ci : si la division pouvait être poussée à l'infini, on ne trouverait donc jamais l'élément constitutif de la matière, et l'on devrait dire qu'elle est composée d'une somme de riens. Cela ne se peut concevoir. Donc la matière n'est pas divisible à l'infini. Lorsque, par la pensée, je partage en deux, puis en quatre, puis en huit, etc., un morceau de bois, je suis forcé de m'arrêter à un moment donné devant un élément désormais indivisible, un petit solide encore étendu, quoique de dimensions extrêmement réduites, et qui ne peut plus être partagé. Cet élément a reçu le nom d'atome, et la doctrine qui en affirme l'existence est l'atomisme. Selon cette théorie, les corps sont composés d'atomes diversement groupés, et entre lesquels il y a des espaces vides ; c'est pourquoi dans l'antiquité, on la nommait communément : doctrine du plein et du vide. Les anciens admettaient que les atomes s'unissaient les uns aux autres par des aspérités qui les faisaient en quelque sorte s'accrocher. Les modernes, plus avisés, expliquent leur union par des forces dites de cohésion. L'atomisme, fondé en Grèce par l'école d'Abdère, fut repris ensuite par Epicure et Lucrèce. Dans les temps modernes, il fut soutenu au XVIIe siècle par Gassendi et trouva grande faveur au XVIIIe siècle chez les encyclopédistes ; vers la fin du siècle, et au commencement du XIXe, les théories chimiques de Lavoisier, Berzélius, etc., vinrent apporter à l'atomisme un appoint considérable : les phénomènes de combinaison et de décomposition des corps semblent en effet ne s'expliquer scientifiquement que par l'hypothèse des atomes.

A l'atomisme, s'oppose la théorie de la divisibilité de la matière à l'infini. Les partisans de cette doctrine attaquent l'atomisme dans son principe fondamental. Pourquoi, disent-ils à leurs adversaires, soutenez-vous que l'atome est indivisible ? Qui empêche qu'on en fasse deux moitiés ? L'atome est étendu ; or, tout ce qui est étendu est composé de parties juxtaposées, donc divisible. Si petit que soit l'atome, il est toujours limité par deux plans qui ne se confondent pas, et entre ces deux plans on en peut, par conséquent, faire passer un troisième. Vous dites, ajoutent-ils, qu'une division prolongée à l'infini ne se conçoit pas, et vous invoquez la célèbre formule d'Aristote : ἀνάγκη στῆναι, la nécessité pour la pensée de s'arrêter dans ce mouvement sans fin. Mais cela ne prouve que l'impuissance de votre pensée, et les limites de votre intelligence. Les mathématiques démontrent que la division de deux nombres premiers entre eux donne toujours un reste, et que, par suite, cette division n'a pas de terme. Vous ne pouvez pas, sans doute, la poursuivre à l'infini, parce que vous ne disposez pas de l'infini du temps ; mais il n'en est pas moins prouvé qu'elle serait infinie.

Parmi les grands noms que les partisans de la divisibilité de la matière à l'infini puissent invoquer en faveur de leur opinion figure celui d'un des plus puissants penseurs que l'humanité ait produits : Descartes.

Telle est la question à laquelle Pache a consacré la partie la plus importante de son traité. En somme, constitution intime de la matière, et démonstration de cette proposition : qu'elle n'est pas divisible à l'infini, enfin, exposé des conséquences philosophiques, mécaniques et physiques de la conception qu'il se fait des éléments constitutifs de la matière. Voilà, en substance, de quoi se compose l'*Introduction* dont on va maintenant aborder l'analyse.

II

L'ouvrage comprend quinze chapitres. Le plan en est un peu flottant, et l'idée générale qui devrait guider le lecteur ne se dégage pas nettement. Voici, à ce qu'il semble, comment on peut présenter, dans ses grandes lignes, le dessin de ce travail.

Une première partie, qui contient les deux premiers chapitres, est consacrée à établir la nature des différents êtres qui constituent le monde, et celle des éléments ultimes dont se composent ceux de ces êtres qu'on appelle matériels.

Suit une partie, comprenant trois chapitres, consacrée à la discussion de la divisibilité à l'infini, et dans laquelle l'auteur réfute la thèse de la divisibilité.

Enfin, la troisième partie commence au chapitre VI et se poursuit jusqu'au XVe. Matériellement, elle occupe les deux tiers de l'ouvrage, mais, en réalité, elle est la moins importante des trois : elle a pour objet d'exposer les principales conséquences de la théorie des éléments simples émise dans les précédents chapitres.

PREMIÈRE PARTIE. — Pache pose d'abord comme un axiome la proposition suivante : « Tout être est soumis de nécessité absolue aux deux conditions d'existence d'occuper une portion de l'espace pendant une portion de la durée ». Tout être occupe donc de l'espace, tout être est étendu ; ainsi Pache n'admet pas qu'il puisse exister des substances inétendues, forces, âmes, etc. Il ne se demande pas non plus si l'on peut admettre sans discussion la réalité objective de l'étendue : il la pose comme un postulat. Sa philosophie est donc matérialiste.

Tous les êtres se divisent en deux groupes : les *cérébraux* et les *excérébraux*.

« Les êtres excérébraux sont extérieurs à l'organe perceptionnel de l'observateur, et les autres sont dans cet organe même et le constituent. »

Voici ce qu'il faut entendre par cette division : Pache appelle êtres cérébraux ce que la philosophie spiritualiste appelle des âmes, et êtres excérébraux ce qu'elle nomme des corps. Mais pour lui, les uns et les autres sont de même nature, étant tous étendus ; seulement les êtres qu'il appelle cérébraux, c'est-à-dire, selon toute apparence, les différents organes du cerveau, sont doués de la propriété nommée conscience, qui fait défaut aux autres.

Les êtres excérébraux constituent donc le monde des corps. Ils sont eux-mêmes de deux ordres : les êtres composés et les êtres simples. Les êtres composés, ce sont tous les corps, solides, liquides ou gazeux que nous trouvons dans la nature. Or, ces corps sont nécessairement composés d'éléments simples, indivisibles, car la divisibilité à l'infini est une absurdité. Comme c'est là une des idées fondamentales du livre, il faut ici citer la preuve que l'auteur a donnée à l'appui de sa thèse :

« Si vous prenez dans un même creuset, où un métal
« est en fusion, deux portions métalliques dont l'une
« soit le dixième de l'autre en volume et en poids ; si
« vous opérez successivement sur la première cent
« milliards de divisions ou sous-divisions, toujours par
« moitié, et autant sur la seconde, vous aurez de chaque
« côté cent milliards de parties formant une suite.

« Si vous prenez ces deux restes, dont l'un est néces-
« sairement le dixième de l'autre, et que vous opériez
« encore sur chacun cent autres milliards de divisions,
« vous aurez encore des deux côtés une suite semblable
« à la première, dont, toutefois, chacune des parties sera
« cent milliards de fois plus petite que leurs correspon-
« ces dans les deux premières suites, plus deux restes,
« $\frac{1}{x}$ et $\frac{1}{y}$.

« Si vous opérez encore sur chacun des deux restes,
« vous aurez de nouveaux résultats semblables. Il en
« sera toujours de même, quelque loin que vous pour-
« suiviez la division de ces deux corps d'abord inégaux,
« puisque l'un contenait seulement la dixième partie de
« l'autre, tant en volume qu'en poids. Vous aurez donc
« toujours le même nombre de parties et de restes de
« plus en plus petits, lesquels restes seraient toujours
« eux-mêmes divisibles dans un même nombre de
« parties et de restes, ce qui est une absurdité ; car un
« corps d'un poids et d'un volume dix fois moindre
« qu'un autre, ne peut contenir définitivement autant
« de parties que cet autre.

« En résumé, il est contradictoire de présenter deux

« êtres parfaitement homogènes par leur nature, mais
« dont l'un a une dimension double de l'autre, et ensuite
« de prétendre que l'un de ces deux êtres contienne
« cependant autant de particules que l'autre. Or, toute
« contradiction est une absurdité. »

Ces êtres simples, comparables aux atomes de Démo-
crite, et aux monades de Leibnitz sont appelés par
Pache des *éités*. (Dans son texte, par une bizarre
convention, ce mot est du masculin.)

DEUXIÈME PARTIE. — Avant de passer à l'étude du
groupement des éités, Pache s'arrête à la discussion de
la divisibilité à l'infini. Selon lui, l'opinion fausse que
la matière serait divisible à l'infini a sa source dans
quelques phénomènes de la nature mal interprétés. Si
par exemple on ajoute de l'eau à une solution titrée
d'un sel coloré, la nouvelle liqueur sera plus pâle. Les
partisans de la divisibilité à l'infini diront que la même
quantité de sel primitivement dissoute s'est divisée en
particules plus petites pour se mêler à la nouvelle dose
d'eau introduite. La vérité est que, si l'on prenait aux
bouts de deux baguettes deux gouttes de même volume
de la première et de la seconde solution, celle-ci con-
tiendrait un moindre nombre de particules du sel dissous
que celle-là, d'où sa couleur moins foncée.

De même, l'arithmétique et la géométrie sont encore
des sources de la théorie erronée de la divisibilité à
l'infini. Le chapitre consacré à cette démonstration
commence par une digression longue et assez diffuse où

Pache, à l'exemple de d'Alembert, essaie, à son tour, une classification des sciences et se livre à de longues considérations sur l'esprit des mathématiques. Il explique ensuite comment ces sciences, fondées sur l'étude exclusive de deux abstractions, le nombre et l'espace, qui tous deux sont divisibles à l'infini, ont pu amener les savants à transporter indûment cette propriété aux êtres concrets de la nature.

Parmi les penseurs du XVIIIe siècle qui ont nié l'existence des être simples, se trouvent notamment Condillac et d'Alembert. Pache discute leurs opinions qu'il croit fausses, et essaie de prouver que leurs erreurs, comme celles de tous les mathématiciens, viennent de ce qu'ils confondent les abstractions mathématiques avec les réalités expérimentales.

Troisième partie. — L'auteur, considérant dès lors que « le terrain est sondé et la marche assurée » et qu'il a mis « l'existence des êtres simples à l'abri des attaques de leurs adversaires », va passer à l'étude des diverses relations que les êtres simples, ou éités, peuvent soutenir entre eux et des composés qu'ils forment.

Un chapitre préalable est consacré à établir qu'il y a de la certitude dans les connaissances humaines. Pache divise son argumentation en trois parties : 1° Il justifie les sens contre l'accusation qu'ils nous trompent, et montre ainsi que, dans des conditions normales, les données de nos sens peuvent être considérées comme des vérités. 2° Il attaque les fondements du scepticisme moderne ; ce scepticisme, c'est l'idéalisme tel que l'ont professé

Malebranche et Berkeley, et qui consiste à nier l'existence d'objets extérieurs correspondant à nos sensations. Avec une réelle sagacité, Pache remarque que l'origine de l'idéalisme se trouve dans la philosophie de Descartes : ce grand homme, dit-il, après avoir reconnu que toutes ses opinions étaient entachées d'erreurs, voulut trouver, pour fonder une philosophie nouvelle, une première vérité incontestable, qui servît de garant à toutes les autres. C'est dans sa conscience même qu'il la trouva : « **Je pense, donc je suis** », telle est cette première vérité ; elle n'affirme que l'existence d'une pensée, comme nous disons de nos jours, une certitude subjective. Dès lors, les disciples de Descartes furent assurés de l'existence de leur être pensant; mais « plus ils furent affermis dans cette conviction, moins ils furent disposés à reconnaître des bases de certitude qui leur paraissaient d'un degré moins solide ». Et c'est ainsi qu'ils en vinrent à nier l'existence des corps extérieurs. Pache estime qu'on peut réfuter l'idéalisme et prouver l'existence des objets extérieurs en arguant simplement que c'est une vérité de fait. Tous les idéalistes admettent l'existence d'êtres qui leur sont extérieurs ; rien ne s'oppose donc à ce que, parmi ces objets, se trouvent les corps matériels, et c'est un fait qu'ils s'y trouvent, puisque sans eux nos sensations n'auraient pas de causes, et, par conséquent, ne se produiraient pas. 3° Enfin, l'auteur croit qu'il est bon de fixer le sens de certains mots tels que *inexplicable, incompréhensible, évidence, certitude, démonstration, vérité,* sur lesquels on est en général mal d'accord. La dernière partie de son chapitre est consacrée à ces définitions.

Nous passons ensuite à l'examen de cette question : les êtres simples sont-ils nécessaires ou contingents ? En d'autres termes, auraient-ils pu, oui ou non, ne pas exister ? L'auteur pense que les êtres simples sont nécessaires (il faut bien qu'il y ait quelque chose) mais que leur composition est contingente ; ils auraient donc pu ne pas former les composés qui, en fait, existent et que l'on appelle le monde.

Les êtres simples durent : leur durée est la succession des instants, et elle n'est pas un être, mais simplement une idée, un rapport conçu par notre esprit. Cette durée, pour les éités, est infinie. Les éités sont éternels.

De même ils occupent de l'espace, et l'espace, comme la durée, est infini. — Longue digression sur le sens du mot infini et son emploi dans les mathématiques.

Tous les êtres, simples ou composés, agissent les uns sur les autres. En tant qu'un être agit, il est dit posséder une propriété ou pouvoir ; en tant qu'il subit l'action d'un autre, il est dit passif ou dans l'état de passivité.

Les pouvoirs des êtres diffèrent suivant qu'ils sont simples ou composés.

S'ils sont simples, on les nomme *facultés*, s'ils sont composés on les nomme *capacités*.

Il en est de même des passivités qui seront appelées *idonéités* si l'être est simple, et *susceptibilités* s'il est composé.

La propriété la plus importante des êtres est celle en vertu de laquelle ils meuvent ou sont mus : la *motricité*. Elle n'est pas dans les composés, qui, par eux-mêmes, sont stables ; elle est donc dans les éités. Cette propriété est la cause des principaux phénomènes physiques ; Pache insiste sur la lumière et le son ; il en étudie minutieusement les causes et les conditions, d'après la physique de son temps, dont il était d'ailleurs fort bien informé.

Une autre propriété fondamentale des éités, c'est leur *cohésivité*, c'est-à-dire la propriété qu'ils possèdent de s'unir les uns aux autres pour former des agrégats. La cohésivité, selon Pache, ne peut s'exercer que s'il y a contact immédiat entre les éités. C'était, au moyen-âge, une question fort débattue que celle de l'action à distance ; depuis, elle a aussi occupé Leibnitz. Pache ne nie pas la possibilité d'une telle action ; mais il admet que les éités qui constituent les êtres doivent être en contact immédiat quand s'exerce entre eux la propriété de cohésivité. Mais, indépendamment de celle-ci, il en existe une autre, du même genre, l'*attraction*, qui s'exerce entre des masses non contiguës. Moyennant ces deux propriétés, tous les phénomènes de dilatation et contraction, de fusion et vaporisation, de condensation, peuvent se comprendre, ainsi que les combinaisons chimiques, lesquelles ne sont que des manifestations de la cohésivité entre des éités de nature différente. En somme, Pache soutient qu'avec les deux propriétés essentielles de l'éité, savoir : la motricité et la cohésivité, on peut expliquer tous les phénomènes. Sa philosophie est donc rigoureusement mécaniste ; c'est une adaptation de l'atomisme ancien à la science telle qu'elle était à la fin du XVIIIe siècle.

Il n'y a, dans ce livre, aucune idée originale ; c'est le

manuel d'un bon esprit de ce temps, très informé des récentes découvertes de la physique, initié aux mathématiques, connaissant les grandes théories auxquelles s'attachent les noms de Newton, d'Alembert, Huyghens, etc., etc., peu capable de hautes spéculations métaphysiques, et qui ne pénètre à fond ni la philosophie cartésienne, ni le profond dynamisme de Leibnitz. Pour le juger d'une brève formule, Pache est une sorte de positiviste avant Auguste Comte.

TABLE DES MATIÈRES

ACHEVÉ D'IMPRIMER

PAR ALBERT ANCIAUX

POUR

ÉDOUARD JOLLY

ÉDITEUR

CE 10 DÉCEMBRE 1899